MINGUO
GUANGBOSHIYESHI
YANJIU

民国广播事业史研究

谢鼎新 著

团结出版社

图书在版编目（ＣＩＰ）数据

民国广播事业史研究 / 谢鼎新著. -- 北京 ：团结
出版社，2021.6
　　ISBN 978-7-5126-8628-1

　　Ⅰ．①民… Ⅱ．①谢… Ⅲ．①广播事业－新闻事业史
－研究－中国－民国 Ⅳ．①G229.296

　　中国版本图书馆CIP数据核字(2021)第 038728 号

出　版：团结出版社
　　　　（北京市东城区东皇城根南街84号　邮编：100006）
电　话：(010) 65228880　65244790
网　址：http://www.tjpress.com
E-mail：zb65244790@vip.163.com
经　销：全国新华书店
印　装：三河市东方印刷有限公司

开　本：160mm×230mm　　　16 开
印　张：25.75
字　数：313 千字
版　次：2021 年 6 月　第 1 版
印　次：2021 年 6 月　第 1 次印刷

书　号：978-7-5126-8628-1
定　价：58.00 元

目 录
Contents

绪论：民国框架下的广播史重构

广播电视学研究领域可分三大块内容，即史论方面的基础研究，围绕节目、频道（率）专业方面的应用研究和诸如广播电视传播学、广播电视管理学等交叉学科研究，进而形成广播电视的知识系统和学科分类。检视现有研究不难发现，广播电视基础研究薄弱，而后两个领域显得非常活跃，话题不断，成果多多，但也存在着浅表和重复的问题。故史论部分的基础研究亟待强化，以厚实广播电视学科的学术底蕴，同时可为应用研究、交叉研究提供必要的学术养分，推动其学科建设的整体提升。本课题就广播史研究的深化进行了相关的思考，提出并探讨民国框架下的广播史建构的新路径。

一、广播史研究的现状与问题

广播是现代科技发展的产物，世界上最早的广播电台于 1920 年出现在美国，1923 年作为引进的产物，中国最早的广播电台在上海出现。从此，国人的媒介观念、时空观念发生一系列变化，广播事业也快速发展。

1932年"中央广播电台"发射功率已达75千瓦，信号覆盖至西伯利亚、南洋等地区，系"当时公认为东亚最大之电台"①，1937年，中国的广播电台数量已达91座，仅次于美国，为世界第二。②20世纪上半叶的民国时期，中国社会由传统向现代转型，广播作为一种现代化的新媒体，与中国社会发展演变紧密地关联，伴随着这一进程有着丰富的历史内容，这一时期的广播历史研究也有了一定的积累。

代表性研究成果的有赵玉明著的《中国现代广播简史：1923-1949》（1987年），赵玉明主编的《中国广播电视通史》（2004年），温世光著的《中国广播电视发展史》（台湾，1983年），上海市档案馆等合编的《旧中国的上海广播事业》（1985年），陈尔泰著的《中国广播发轫史稿》（2008年），《中国广播史考》（2008年）等。此外，还有专门的电台史研究，如汪学起、是翰生编著的《第四战线——国民党中央广播电台掇实》（1988年），杨兆麟、赵玉明合著的《人民大众的号角——延安（陕北）广播史话》（2000年）等，及各地出版的广播电视志，如江苏省地方志编纂委员会《江苏省志·广播电视志》（2000年）、《上海广播电视志》（1999年）等相当的内容涉及了这一时期的广播。

上述研究成果在资料、体例等方面对广播史研究进行了种种探索，建立起一定的研究框架和研究范式。总体上考察《中国现代广播简史：1923-1949》、《中国广播电视通史》（2004年）在广播电视史研究领域具

---

① 陈果夫著：《中央广播电台创办经过》，台北市新闻记者公会编印：《中华民国新闻年鉴》，1961年，第47页。

② 参见殷增芳著：《中国广播无线电事业》（燕京大学学士论文，1939年），第一章中国广播无线电事业史略，第三表"中国与列强各国广播电台数目比较表"，第4、5页。

有开创性，材料丰富、体系完备，属于广播电视学科史的奠基之作，其基本架构与同时期的新闻史研究相当，从革命史体例和思路出发，以宣传为主轴，建立起与时代体制相适应的广播史叙述方式；《中国广播发轫史稿》《中国广播史考》的专题性、实证性研究特点突出，在资料与考证方面颇具功夫，然而广播（电视）史学体系建构不是其关注的重点；有关中央广播电台、延安（陕北）台等的研究，从个案出发，属史话类型，具有一定的故事性，可读性强，相比之下学术性略显薄弱；广播电视志旨在编年纪事，对广播的细节及专业学理论述不是"志类"文体重点讨论的范围；台湾版的中国广播电视发展史方面的著作，主要论述 1949 年以后，台湾地区的广播电视发展的内容，而大陆方面则对人民广播事业及根据地、解放区的广播史研究较为系统，成果丰富。

　　具体的研究考察，广播史中尚有诸多待深化拓展的领域，一些史实的认识评价需要用更加客观科学的态度重新考察。如 1936 年奥运会的中国广播直播报道，1946 年的广播公司化改制等，现有的研究少有提及；对于交通部和建设委员会两政府机构之间关于无线电管理权限重叠与调整问题，也只是从国民党派系争斗简单定性评价，缺乏对问题的由来、专业的复杂性和对新媒体认识、管理的时代性等做全面、深入的探讨；而对广播中的"党国思想"宣传，不仅仅是维护政治统治问题，其实，广播超时空的传播特点，在促进各地民众对国家、民族认同，培养国民现代素养方面所起的重要作用，也不可不察。凡此种种，广播电视史专家赵玉明先生曾就广电史研究存在的问题和改进的方向，做过中肯评价：

　　"从对广电属性的认知来看，已出版的广电史著作基本上是将广电作为宣传工具展开评述的，而对广电的技术属性、产业属性则着墨不多，从广电的文化属性来探讨其发展之路，还有待深化。

"从广电史的分期来看，基本上是按照革命史分期模式处理的，在如何着眼于专业史、行业史的角度探讨突出广播电视特点的分期模式方面，尚待突破。

"对错综复杂的现代广播史来说，解放区部分相对比较充实，而对北洋时期的广播及以后的国民党广播、民营广播、宗教广播，乃至形形色色的外国在华所办广播来说，无论从史料的占有、不同形态广播的叙述和分析都显得比较单薄，缺乏如实、深入的记载和分析。"①

在此，本课题认为中国广播史研究循着既有的体例补苴罅漏，则难免捉襟见肘、不伦不类，要有实质性改变，需在研究范式方面有所转变，建立起新研究视角，才能实现有效的深化和突破，而广播史范式转变的关键因素是研究框架的调整，从所涉及的广播史时段及其属性的命名环节重新思考、定位，则会有新的发现、新的可能性。

现行关于 20 世纪上半叶广播史研究的范畴把握，有用"旧中国"广播来表述，即 1949 年新中国成立前的广播，使人自然联想起所谓的暗无天日、百业凋敝。这是一种政治修辞，其指称具有一定的时代色彩，非严谨的学术语言。还有以"中国现代广播史"命名，这是参照历史学中的"古代""近代""现代""当代"大时段概念的规范表达，其中隐含的历史进化论的思想表达秩序，体现社会发展转换进程中，对现代性的追求。这一学科命名，细究起来也存有"盲点"，即这种现代性的概念似乎没有下限，另一方面"现代"提法显得较泛化，缺乏特定时空环境下本土语境特征的支撑。

---

① 《中国广播电视史研究的发端与历程》，赵玉明著：《赵玉明文集》第二卷，中国广播电视出版社，2014年，第434页。

中国现代史的考察，所契合的民国不仅是时间概念，也是实体概念，对应中国社会发展，这一时期是结束封建专制、走向共和、建立民国的时期，体现中国社会的现代性转型，故民国称谓其"所指"和"能指"的内涵丰富，具有独特性、排他性。鉴于此，本文提出民国广播的概念，可将一般范畴意义的中国现代广播史概念，置入"民国框架"下透视考察，进而实现以国家、社会的现代化进程为线索，以中国特有历史时期内的各要素互联互动为对象的广播史研究范式的转换。

二、民国框架的含义与意义

框架的基本内涵是一种结构体系的所指，它既有外在边界的轮廓范围的划定，又有内在关系的勾连转承的制动含义。所谓"民国框架"即指 20 世纪上半叶特定时代下的中国社会的政治制度、经济系统、文化结构、心理状态、精神氛围等内容的复合体。将广播置于"民国框架"下考察，能起到对其实体的重新拆装、对其理路的还原把握之效。如 1940 年，国民党"广播管理处"运用中央核拨的英国信用贷款十四万一千英镑和美国油锡贷款余额三十万美元分别向英美订购强力中波机三座，中型短波机二座，国际台备用真空管，各种测试仪器，及其他广播器材，约七百吨。[①] 后这批物资经过滇缅公路，千里迢迢运抵昆明、重庆，为中国广播的抗战事业提供了重要物质保障，这其中就涉及外交、经济等多方面的内容，其中的关系和影响从民国框架出发更能有效把握广播史的内容。

广播在民国是以新媒体姿态出现的，而构成民国框架结构体中的各种要素是如何作用于广播，广播与之展开怎样的互动，要全面、客观地认识

---

① 参见吴道一著：《中广四十年》，（台湾）中国广播公司，1968年，第112页。

这些，需要突破以往单一的政治考察视角，从框架多元要素、立体关系出发，对广播的历史重新梳理、客观评价；需要通过具体的媒介体制、广播技术、节目文本、人物事件、传播影响等来把握广播事业的演变，探讨广播传播规律及学理建构，解析广播与中国现代化进程关系。而这种"民国框架"的广播史重写的学术意义在于：

第一，还原历史。梳理广播史研究脉络，1949 年后中国共产党作为执政党，在建立起广播事业体系的同时，也同步建立起相应广播研究的思想秩序和话语体系，形成了现有的广播史研究模式，即着眼于党史、革命史的分期（如抗战前、抗战时期、解放战争时期的广播史阶段划分等），以共产党领导的人民广播事业为研究的主体，同时从政治立场出发，突出广播宣传的意识形态内容，这些研究特点构成了主流方面的广播史观和治史的方法，并完成了自身体例（或范式）建构，取得了系统性的研究成果。然而，学术研究中也难免存在着某些局限，在史料选择和评价方面往往是围绕一个政治正确的预设展开，这或多或少遮蔽、淡化了对广播本体发展影响因素的全面考察，以及对意识形态冲突的另一方及第三方广播内容的客观介绍与分析评价，如作为广播史存在的民营广播事业与大众文化、广播广告与现代都市生活等内容，相关研究尚未得到应有的关注。

随着观念转变，学术事业的发展，研究视野愈加开阔，各学科对自身历史开始反思，并提出各种重写的主张。而民国史的研究，也越来越成为一门显学，各门学科从自身研究出发，关注其在民国时期的表现。故提出"民国框架"下的广播史研究是广电学术领域对当下学术史这一发展趋势的回应，其用意首先在于能够更加全面地呈现那个时期广播的历史原貌。

考察媒介发展史，广播作为电子媒介具有突出的科技属性，需要有科学技术尤其是无线电技术的基础支撑，广播媒介的实体发展需要一定的投入，广播的传播离不开发射设备和接受装置，这些需要相关制造业及财力的配合，广播的电波资源及管理，涉及相关政策和国家主权的问题，等等。总之，广播业的发展不是一个简单的、个体自发的问题，而是需要有一定的社会环境和条件支撑，需要有强力势力的介入和推动，而这种强力势力来自或政治、经济，或文化、科技等不同的组织、团体，直至政府、国家的运作。广播作为现代化的电子传媒可最大限度地突破时空限制，其影响超出国界具有国际性，故需要各国间的参与合作。1927年，在美国华盛顿召开万国无线电会议，商讨无线电事业发展、频率资源分配及管理，中国也派员参会。1929年，《中华民国无线电台呼号条例》出台，第一条即规定"根据一九二七年华盛顿国际无线电报会议之规定，中华民国治权所达到之电台之呼号，应当在下列字母范围以内，XGA——XUZ"①，国内再依照电台地域、属性等细化。当时的"中央广播事业指导委员会"曾将全国广播分十二个区，如苏浙皖为第一区，规定全国广播电台呼号第一个字母均用X，第二个字母为十二个区分别对应I、K、L、M、O、P、Q、T、U、V、W、Y。② 此外，频率资源分配还涉及无线电报、海事、航空等领域，以避免电台间相互干扰，无序发展。显然这些内容规划、实施，难以在点和线层面完成，需要有顶层设计，需要从国家、政府层面统制管理，而这种管理既体现政治功能，又有社会公益的功能。从这个意义上讲，可以说广播是民国时代与民国制度的产物。

专门史研究中有所谓"内史""外史"之分，前者为某一领域专业及

---

① 《中华民国无线电台呼号条例》，《无线电新报》，1928年第一卷第一号，第42页。

② 《增订全国广播大纲计划草案请核议案》，宣传部档案，全宗号七一八（5），卷宗号24，中国第二历史档案馆馆藏。

技术性、事务性内容，后者涉及专业及技术性、事务性与所处社会环境的各方关联。它们彼此相互依托，互动互补，内外结合专门史研究方得信史。广播史研究中，涉及政治、经济、文化等社会环境问题，构成一种广播史的外部研究，而这种外部关系的考察，对应当时的民国社会，或者说统摄在"民国框架"之下，民国社会的组织系统、管理机构、文化心态等，构成所谓的民国影响机制，作用于广播的发生与演变。以往的研究中或因"民国"不是以我为主，这种外部研究并不充分，故仅从广播内部研究了解广播业务有哪些特点、功能，突出意识形态影响的广播史研究样态不尽完整。而将其置身在演变的历史环境中，从民国史的视角出发，建立起内部、外部的各种联系，有助于由表及里地触摸、把握广播演变的历史原貌。

第二，拓展内容。现有的广播史研究的体例和成果，重点在根据地、解放区的广播方面。提出民国广播史概念，从这一历史时期和特定的社会环境框架出发，观照广播，探讨广播传播与民国社会政治、经济、军事、文化、科技等方面的互动，梳理媒介生态的变化与传播观念的演进，显然那些存在于民国而又游离于现有广播史之外的内容可以得到有效涵盖，所涉及的对象也更丰富多样。此外，超越宣传中心式研究，可以对广播专业性问题进行客观、细致及学理性的探讨，由此打开种种问题域的研究空间。

民国时期的广播，在所有属性方面，有官方的、有民营的、有外商的；其主事者办台宗旨及政治立场多样，隶属区域的政权组织不同，又有国民党、共产党和日伪广播之分等等，这些在给广播史研究带来复杂性的同时，也丰富了研究的内容。在研究过程中，要了解、分析有关广播节目、编排、人物、听众、广播机构的运行与管理等内容，把握广播媒介传播的专业理论问题等，一旦去触摸、去考察这些文献资料，如同打开一扇扇历史之窗，新的发现、新的认识会一个接着一个扑面而来。其中有大量在某种研究框架下可能被忽视、被遮蔽的内容，诸如有关电台的数量、发射功率、覆盖区域、广播收音机数量、听众基本状况、广播传播效果与反馈、广播设备厂商等内容，以往少有涉及故不知了了，而缺乏这些资料、数据的广播史研究，很难说对广播发展史能有完整的把握。如果说在战争环境下，根据地、解放区的广播尚有统计资料方面的困难，但从民国框架考察，这些内容还是有文献资料可供挖掘整理的。

从民国框架考察，现有的广播史研究的体例和主要成果，也是其中历史内容构成的一个重要方面，而民国框架涵盖的范围，比之前的革命史视角，政治话语的广播史内容更具体、更广泛。由此出发，广播史研究还有许多工作要做，如梳理提炼各类广播大事记，各类重要广播史料主要有特殊时期、纪念日等的广播稿件（类似报纸的创刊号、改版号社论等内容）；收集整理有关广播研究的文章，有关广播的政策条例、法规等文本；探讨民国广播事业发展不同阶段的时代背景、媒介环境、内容特点、技术设备、事业管理等。通过这些内容的梳理分析，整体把握，以形成更加全面系统、更加专业精深的民国广播史体系。

第三，建构模式。"民国框架"下的广播史研究，在学术品质上有其范式价值，核心在于首先强调建立史事基础，后再有价值、意义、立场、观点的分析和评价。以此视角考察其间广播事业生成与发展演变，探讨作为一种新媒介形态的广播传播，以及不同阶段、不同类型的广播与中国社会各个方面的影响、互动；探讨有关广播在传播专业性方面的认识和积累，以期把握相对丰富完整的中国广播（电视）的历史内容。以往的广播史或传播史研究少有将"民国"作为专门研究对象或考察单位，故也屏蔽了广播发展中存在的一些历史事实。而以"民国"视角建立起的研究框架，可以纳入新内容，产生新发现，有利于全面、准确把握研究对象，使广播史研究成果更加学术化，进而形成某种研究范式品质，其内涵在于：

首先，强调研究的实证性。广播传播"过耳不留"，导致相关史料的散佚问题突出，从民国出发，通过对民国史研究的借鉴，"动手动脚"查资料，对老报刊、档案文献、回忆录等进行爬梳剔抉，将有关广播史料的碎片串联起来，初步构建民国广播史的内容。在充分掌握材料基础上，以更加专业、客观的角度评价民国广播的历史，避免曾经有过的简单化、片面性，最大程度实现论从史出。

其次，注重研究的本土化。民国框架本身有具体的时间、空间指向，有强化自我的意蕴，研究藉此整理、提炼广播的专业理论问题，使学理属性与本土内容有机结合，深化中国广播研究的问题特质，把握广播演变规律。如"中央广播电台"曾对教育、娱乐节目及主持人都有过专业的探讨，进行过听众调查、公司化改革等等，这些至今仍是广播电视研究热点，而通过大时段的贯通对比考察，与广播的中国履历、中国化结合，能对广播史研究产生接地气般的效果，充分体现广播史研究的价值。

再者，凝练研究的学术性。长期以来，广播电视作为集中统一的宣传工具，在其研究中，形成了对象部门化、思维行政化、表达工作化以及单调重复、缺乏个性等问题，而民国框架具有专门史与通史结合的特点，通过探讨媒体与社会各方互动影响，把握民国广播事业的演变、把握广播（电视）事业发展规律与趋势，以强化广播电视研究的历史意识和学科底蕴，在一定程度上可对存在的问题加以调整和改善，使广播电视研究有文献史料的基础支撑，有精当独到的理论阐释，以摆脱研究浅表、空泛的状况，打造一个高水准的广播电视学术研究平台。

三、新的问题及相关认识

民国框架下的广播史研究，是广播史研究系统视角转换的一种尝试，也体现学术研究多元化的一个方面及对新范式的探索。某种意义上讲，突出"民国"恰是对以往忽略于此研究所指的某种纠补。而其中新老内容在民国框架中如何结合、如何分配、如何安置又成了一个问题。方汉奇先生在其主编的《民国时期新闻史料汇编》影印本序中，说明其史料的选择范围后，特别指出："以上例举的，都不包括同时期在北洋政府、民国政府统治地区，以及在各苏区、陕甘宁边区、各抗日民主根据地和各解放区公开或秘密出版的党的报刊及相关出版物。这些报刊和出版物不属于本《汇编》的重点编辑出版的范围。"①从字面理解是不包括共产党的报刊及出版物，换句话说，这些内容在以往革命史、政治史体系中，已有较为充分的研究；而潜在的含义，也可以解读为以民国名义所展开的新闻学研究重点应是这些"不包括"内容之外的。事实上，其他学科凡冠以民国头衔如民国通史、民国文学史、民国教育史等等，也有大体类似情况，已成为学术界的共识，并已有成熟的研究成果可供借鉴参考。

此外，建立民国框架所体现的研究叙事方式的转换，能带来新的发现，但同时也会有自身的局限和盲点。如民国的时间概念问题，在大陆语境下是从1911年清朝封建统治结束，至1949年中华人民共和国成立，而海峡对岸仍在使用。还有，民国广播史概念的提出，某种程度是为了试图体现广播演变的内在媒介的特点，避免以往研究按革命史分期研究，导致

---

① 方汉奇主编：《民国时期新闻史料汇编·序》，国家图书馆出版社，2011年，第3页。

过于政治化叙事。但民国广播史又有什么理想的时期划分，来替代之前划分线索？甚至"民国"含义的本身，也具有一种政治替代另一种政治的意味，等等。其中还有许多理论问题和操作困境尚待探讨和解决。

新的框架难免会产生种种新的问题，但学术研究应是无禁区、无止境的，尤其不可能等这些问题都有共识、都有解决方案才开始研究，恰恰相反，而应是在研究中形成某种突破、逐步取得某些共识，以利于问题的解决。所以，应积极尝试民国框架下广播史研究，各方面也应给予更多的宽容和鼓励，早日形成前期成果，再以此为基础不断完善。

民国史现已成为史学研究的一大热门，各学科都有主动与民国史研究结合，以期形成新的学术增长点的发展趋势。这对广播史研究，也同样具有吸引力和启示意义，可积极吸收、借鉴相关民国史研究的成果，在资料性、系统性和原创性方面下功夫，力求突破原有的框架，使研究升级换代，建构起更加专业、更加完整的广播学科史体系。

上篇

第一章 民国广播事业的引进起步时期
（1923—1928）

第一节 电信通信登陆中国

广播是科技发展的产物，是建立在无线电基础上的远距离的声音的传播，其原理是将电波信号通过发射与接受设备进行信息传播，这是从后视前观的角度来理解广播。而其功能达成，经历了由有线到无线、由电信号到各种真切的声音、由点对点到一对众的传播历程演变，广播媒介的出现是技术逻辑向着更远、更直接、更快捷传播探索发展的必然结果。包括有线、无线在内的电信通信作为现代科学技术，产生于西方，至清末民初传入中国，其传入时的状况如何，可从电报及无线电知识的传播和电信技术的应用与电政管理两方面考察。

一、电报及无线电知识的传播

电报及无线电知识为物理学范畴，属自然科学，国外的科学家在这些领域进行了探索、总结，取得一系列的成果。1844 年，美国人莫尔斯有线电报实验的成功，标志着快速电信时代的到来。无线电领域的进展重要节点有：1815 年，丹麦科学家发现电与磁的关系；1831 年，英国法拉第首先发现了电磁感应现象；1873 年，英国科学家麦克斯韦在总结前人研究电磁现象的基础上，出版《电磁论》，完成了电磁波理论建构；1888 年，德国科学家赫兹验证了电磁波的存在，发明了产生、发射与接受电波的方法，发表了《电磁波及其反应》的研究报告；1895 年意大利的马可尼和俄国的波波夫分别利用电磁波，成功地进行了莫尔斯电码的发射和接收实验；等等，开启了人类开发利用无线电的新纪元。

相对而言，中国传统文化对自然科学的探讨内容不充分、兴趣不足，故发展滞后。到了近代西方借助科技力量实现工业革命，开始向海外扩张，伴随西学的传入，中国的学术也有了新的变化。有别于传统的经史子集内容，西学内容开始引进，涉及大量社会科学、自然科学方面的内容，在学科知识启蒙的同时，给传统的中国社会带来种种冲击，中国社会开启了向现代化转型之旅。

西学东渐与传教士的传教活动直接相关。伴随传教活动开始有了介绍西学报刊书籍的出版，其中西方近代物理学有关电信的知识及解释，令国人了解到除了传统的邮驿烽燧外，还有瞬息可达的电报通信手段。其中，墨海书馆是 1843 年英国伦敦会传教士麦都思等在上海创建的书馆，为上海最早采用西式汉文铅印活字印刷术的出版机构，翻译了许多介绍西方政治、科学、宗教的书籍。1851 年墨海书馆出版的玛高温所著《博物通书》，内容有电报知识、磁电知识、化学电能知识等。该书又名《电气通标》，全书分为"引言""电气玻璃器""电气五金器""吸铁石器""电气连吸铁""电气通标"六章。"电气通标"的含义是借助"电"或以电为载体，传递信号，实现两地信号的对接、共享，进行通信联系。

从体例来看，《博物通书》很容易看作电学知识、电学实验和电报技术的综合介绍。《博物通书》的序言明确指出了该书写作宗旨，即通过电学理论和电学实验所提供的解释体系来实现电报技术的介绍和推广，"西洋新法，凡通信移文，虽数千里，一刻即至，此宝贵之要法也。无论国政民事，皆所必需。今欲详明其理，先从电气立论。高明者即此细究，自能知之"。[①]就现有的史料来看，这可能是最早向中国介绍电报方面知识的书籍。

自1851年的《博物通书》之后，诸多中外书籍、期刊都不同程度地向国人介绍电报相关知识。京师同文馆和江南制造总局等机构翻译出版了一系列关于电学理论和电报技术的书籍；《六合丛谈》《中西见闻录》和《万国公报》等报刊对西方科技、电报技术的新进展也进行了跟踪介绍，而"电气通标"的概念逐渐被更加简洁明了的"电报"词汇所取代，为越来越多的人所知晓。

19世纪末20世纪初，随着无线电技术和通信的发展，相关知识应用和事业动态，也被介绍进来。一些文章中对无线电及其相关事物的称谓较多，五花八门，如《时务报》有"无线电报""电浪""无线电音"，《知新

---

① ［美］玛高温：《博物通书》，墨海书馆1851年版，序言。转引史斌著：《电报通信与清末民初的政治变局》，中国社会科学出版社，2012年。

报》提到的有"无线电信""电报",《湖北商务报》提到的有"无线德律风""无线电",《政艺通报》提到的有"电话""德律风""无线电塔",《东方杂志》提到的有"无线""无线电话",《科学》提到的有"无线电灯",等等，不一而足。

认识到电报快速强大的传播功能，国人尤其是洋务人士呼吁当局开办电报，而人才是不可或缺的，为此着手开办电报学堂，进行专业知识的系统学习和掌握。1874年日本侵台，沈葆桢奏设福建线，后与丹麦大北电报公司协议培养电报人才。1876年，福州电报学堂招学员。1880年李鸿章奏设津沽线，为配合建设开办了天津电报学堂，雇请洋人教习中国学生。随着大规模的电报建设，为满足对技术人才的需求，1883年上海电报学堂设立，学习有关电磁学、电测试、线路测量、制图、打报等电报理论和技能，由此开启了早期电信知识教育和人才培养。1905年，袁世凯在天津开办的无线电训练班其课程主要涉及无线电报。上述提到的电报学堂，有配合工程项目短期培训特点。

1905年中国的科举制度终止，现代教育教学制度开始建立，无线电通信相关学科专业、课程体系建设也随之进行。1909年铁路管理传习所成立，"邮传部统辖四政（即路邮电航，作者注）均需要管理人才，宣统二年正月（1910年2月，作者注）部议，以铁路管理虽经设所开办，船邮电三科尚阙不足以备扩充整理之用，除于上海吴淞口筹议创办船商学校外，铁路管理传习所内增设邮电班原有讲堂已足敷用无庸，另建专校并令邮政学生兼习电报以备接收邮政后实行邮电合一办法，爰设邮电高等简易各一班，铁路管理传习所即增设邮电班未便仍用原名，乃改名交通传习所，是年二月二十八日奏明开办情形"。①交通传习所担负起培养无线电通讯人才的重任，设办有线电工程班、无线电工程班、高等电气工程班和无线电速成班等，其中如高等电气工程班共开课24门，每周学时36—40小时，课程为数学、化学、物理、电磁学、图画、电气工学、收发电信实习、地理、文字、无线电原理、应用力学、电信学、有线电工程、电缆工程、电话、应用机械学、电信机械、无线电机械、电信设计、电律、无线电工程、有线水陆工程、工程簿记等。无线电速成班共开课程10门，分别为数学、英文、国文、图画、应用电气学、有线电收发、无线电收发、无线电原理、电律、簿记。邮电班毕业生中不少日后成为国内无线电事业的骨干。

1917年，交通部邮电学校成立，该校"以造就邮政电政适用专门人才为宗旨"。设三年制的无线电高等班、三年制的有线电高等班、两年制的高等电气工程班、两年制的有线电工程班及一年制的海军无线电工程中等班。②

另据《近代交通史全编》"学术无线电"部分介绍了北京邮电学校、上海南洋大学及天津北洋大学的无线电学术研究和实习情况，其中天津北洋大学1923年5月，装置德律风根真空管式无线电报话双用机，绘具图样及机器程式，"其发报机电力位五十华脱，波长六百米远，通信范围一百英里，收报机有真空管八个，波长三千米远，收音范围一千英里，

---

① 交通部交通史编纂委员会、铁道部交通史编纂委员会编纂：《近代交通史全编》，第48册，国家图书馆出版社，2009年，第462、463页。

② 根据交通部交通史编纂委员会、铁道部交通史编纂委员会编纂：《近代交通史全编》，第48册，国家图书馆出版社，2009年，其中"教育"内容整理。

除供学生研究与实习外，兼收各处广播演说及戏剧音乐"，[1]开启了广播的实验。

二、电信技术的应用与电政管理

电信技术进步是先有线再无线（电），再广播，其在中国的运用，首先是从有线电报开始，而且直接由官方主导进行。随着电报知识的了解，面对内忧外患，以李鸿章、沈葆桢、盛宣怀、郑观应、王韬等人为代表的洋务官员和学者从军事、政治、经济等多个角度论述了电报对于国家发展的重要性，并上奏朝廷，开办电报业务。其动议招致守旧势力反对，理由竟有指责电报破坏风水："中国视死如生，千万年未之有改，而体魄所藏为尤重。电线之设，深入地底，横冲直贯，四通八达。地脉即绝，风侵水灌，势所必至，为子孙者心何以安？"[2]

然而，传统的驿站通信系统与现代电报通信系统无法比拟，清政府在与西方列强处理政治、军事、外交问题信息方面被动、滞后，已令人无法容忍，在部分疆臣、洋务派及朝野人士强烈呼吁和积极努力下，中国终于将电报引入。1879年，北洋通商大臣李鸿章基于巩固海防的需要，在大沽、北塘两处海口炮台与天津之间架设了津沽电报线路，该线成为清政府在国内主持建设的第一条电报线。1880年9月李鸿章获准建津沪线，在天津设立电报总局，在上海设立分局，南北分头架设。1881年12月28日，

---

① 交通部交通史编纂委员会、铁道部交通史编纂委员会编纂：《近代交通史全编》，第14册，国家图书馆出版社，2009年，第326页。

② 中国史学会编：《洋务运动》（第6册），《中国近代史资料丛刊》，上海人民出版社，1961年版，第331页。

津沪线正式开通，实现南北信息快速交流，对中国社会产生了巨大的影响。1892 年 1 月 16 日《申报》即采用电讯稿报道京城动态，以往"南北之间相去三千里，京报极快亦须六七日，方可接到"，如今"消息灵通，瞬息千里"[1]，电报通信的快捷让人惊叹。

1880—1884 年先后有津沪线、长江线、沪粤线三大干线建成开通，之后从东三省，到西北的陕西、甘肃、青海、新疆，到云、贵、川、藏等都陆续建立电报线，延伸铺展在中华大地上，形成了电报通信网。有资料统计至 1911 年，全国电报线线路总长已达 6 万余公里，电报局达 500 余所。[2]

甲午战争失败，清政府委派袁世凯在天津小站编练新军，袁世凯特别看重电报通信在战争上的重要价值，组建电报部队，纳入其工程营的军事编制体系，并将更加先进的无线电通信引入。"清光绪三十年（1904 年，作者注）时，由北洋大臣袁世凯与意大利国订立合同，购置无线电机七部，同时招集人员至意大利使馆学习，旋于三十二年机件运到，以四部分装海圻、海容、海筹、海容四舰，以三部用于陆军，分装前北京南苑、天津新马路与保定府"[3]，开启了中国的无线电通讯。1913 年，北洋政府向德国订购无线电报机 8 台，可实现更远的距离直接互通消息。

在机构管理方面，经历了甲午战争、庚子国变等重大历史事件，清政府对电报通信重要性的认识逐步加深。电报是交通全国信息机关，是处理

---

① 《本馆告白》，《申报》，1882年1月16日，第1页。

② 史斌著：《电报通信与清末民初的政治变局》，中国社会科学出版社，2012年，第67页。

③ 王崇植：《二年来我国无线电事业之新进步》，《无线电新报》，1929年第1卷第2期，第21页。

政府的军国要政的重要手段，具有沟通信息、传递政令等多项职能，成为清政府政治统治不可或缺的工具。1906年清政府成立邮传部，掌管路电邮航四政。同时开始对电报事业展开全面整顿，将各省官办电报线路收归邮传部统一管理，实行电政统一，电报逐渐发展成为晚清"路、电、邮、航"交通实业体系中的重要一支。

民国肇兴，1912年4月北洋政府接收清政府邮传部，改组交通部，下设电政司，"电政事业大别之可分为有线电报、无线电报、市区电话，及长途电话四项，无线电话甫经发轫，可暂附属无线电报项下"。[1]北洋政府交通部不仅将清政府的电信资源和电政权利全部接收，而且裁撤了原为全国电政中心的上海电政总局，将南京临时政府的电政权利全面接收，从而使北京成为全国的电政管理中心。1912年7月，交通部在电政司中分设六科，并制定了《各厅、司分科暂行章程》，[2]使电政事务的工作职责得到了进一步细化。1915年发布《电信条例》，该条例在第二条中明确指出"电信由国家经营"[3]，《电信条例》建立国家基本电信制度，充分考虑了电信作为统治者维护自身利益的政治工具所具有的功能。

1927年，"国府奠都南京，交通部鉴于有线电线路大半失修，报务不畅，发展无线电。上海为人文荟萃之区，设计制造均较为便利，因于十一

---

① 国民党中央党部经济计划委员会主编：《十年来之中国经济建设》（1927—1936），南京扶轮日报社，1937年，上篇第三章交通，第1页。

② 交通部交通史编纂委员会、铁道部交通史编纂委员会编纂：《近代交通史全编》，第12册，国家图书馆出版社，2009年，第100、101页。

③ 交通部交通史编纂委员会、铁道部交通史编纂委员会编纂：《近代交通史全篇》，第13册，国家图书馆出版社，2009年，第3-5页。《电信条例》，《中国年鉴》，商务印书馆，1924年，第921、922页。

月间在沪成立无线电管理处"。①1928年6月，建设委员会也设立无线电管理处，交通部无线电管理处改组为无线电电报电话管理处。1929年8月，建设委员会无线电移归交通部管理，事权统一，事务增繁，交通部将无线电报电话管理处及建委会无线电管理处改组为无线电管理局，制定无线电台组织通则，分全国为若干区，每区设总台一座，分台若干座，进行分层统一管理。此外，1930年12月在上海真茹刘行国际收发的大电台建成，1931年2月成立交通部国际电信局专责办理无线电等国际通信事宜。

清末民初西学东渐，以物理学为基础的电信（包括有线、无线）知识和技术传入中国，其通信手段之神速，令传统的邮驿不堪比拟。随着对有线、无线知识的了解，对其传播功能的认识，朝野有识之士将电报技术的应用当作经时济世和强国的重要手段，提出要开办电信通信的诉求，而近代中国社会政治局势的动荡，朝廷在与西方列强交往频频失利中，也痛感现代化通信手段的重要，有了它才能谈得上有政治、军事实力，才能维护国家主权，有效行使国家管理，维护其统治。

电报通信作为信息传递与实物运输是相互交织的，近代中国交通史上，将电报通信事业置入中国传统的陆路交通和航路交通体系当中，于是有了"路电邮航"四政概念，电政是中国交通事业由传统步入现代的重要方面。"电"与"政"的结合作为一项专门的国家事务加以管理，应用在国家政治、军事、经济、外交、社会、文化等多个领域，也是民国时期交通部作为无线电广播管理机构的历史渊源。

从电信通信技术自身演变考察，从有线到无线，从电信号声到本真声

---

① 国民党中央党部经济计划委员会主编：《十年来之中国经济建设》（1927—1936），南京扶轮日报社，1937年，上篇第三章交通，第7页。

音的传播，是技术进步的必然结果。不用竖杆架线，电波可飞跃高山大河，收音机里有来自远方的声音，令听众有天涯若比邻之感。电信技术由简单到高级一环环递进，给传播带来一次次的飞跃，构成了后来意义上的广播，而对其发展路径的回溯，是探讨广播事业发展史的应有之义。

第二节　广播在中国的出现

一、广播探索及国人对广播的初步认知

广播是 20 世纪人类文明的重要成果之一，是科技进步的产物。广播传播的基础是无线电学原理及应用，在广播之前，已有"电报""电话"作为交通联络手段，"电报是利用符号来传达语言；电话则是直接传达语言，使嘴巴里吐出来的声音能够直接传达到本能力量范围以外的地方。但是藉电话传达的声音，可以接通到极远的地方，而不能使极多的人都听到。这一缺憾，终于由'无线电广播'来弥补了。它能够传达得'快'，传达得'远'，又能够传达得'广'"，[1] 由此，人类传播史进入了广播时代。

吴道一在《中国国民党中央执行委员会广播无线电台年刊》（1929 年）中阐述道："自马克史威尔及赫芝之发明，马可尼之实验。而无线电三字，而震耀于世，遂有有线电与无线电之分别。就字面观察，本极明显。如学理上作探讨，则前者系电能之藉导体以传送，后者则为电能之藉电波以推进。而电波之产生，全基于电流之振荡。凭藉'以太'为媒介，挟每秒

---

① 胡道静：《新闻史上的新时代》，上海世界书局，1946年，第4页。

十八万六千英里之速度，远及八方，无坚不进，无孔不入；遇有特别装置之收音机械，则贴然就范，故无线电之长于有线电者，在于引用轻便，既无植杆架线之劳，更属管理简易；即遇损坏，亦限于一台，而且发于一地，达于全球。公共消息之传播，可称尽善尽美。"①对其大加赞赏。

广播的出现是无线电科技发展的一个必然的逻辑。1906年，美国匹斯堡大学电机工程教授费辛登（R.A.Fessendon）发明了外差式线路，使广播出来的声音传真度大为提高，还发明了高频率的交流发电机，使发射出来的信号增强，传播范围更广。在1906年的圣诞夜，费辛登在马萨诸塞州港湾附近做了实验广播，内容有祝福圣诞节快乐的话语及播放圣诞音乐，被附近海船上的无线电报务员收听到，令习惯了滴滴答答电信号声的报务员万分惊喜。从工程技术标准考察，这标志着广播的诞生。1914年第一次世界大战爆发，出于军事上的考虑，各国无线电器材和电波频率资源都用于军事需要，对无线电台有许多限制。1918年大战后，无线电政策开放，陆续有广播电台开办。1920年11月2日，位于匹斯堡的西屋电器公司开办的KDKA电台，向美国商务部领取了第一家广播电台营业执照，正式开始播音，媒介传播进入了广播时代。1922年英国广播公司（BBC）成立，随后法国、德国、意大利、比利时、苏联等都相继成立自己的广播机构，1924年日本也开办广播②。

---

① 吴道一：《我国之广播事业》，《中央广播无线电年鉴》，1929年12月编印，第2、3页。

② 日本开办广播时间的说法有1924年和1925年两种，其原因是标准认定的不同，一个是广播电台成立时间，一个是正式播出时间。1924年11月，日本成立了中央放送局，不久，在邮电省的监督下，中央放送局下属社团法人东京广播电台（呼号JOAK）成立，这是日本第一家广播电台。东京广播电台于1925年3月22日试播，7月12日正式播出。参见郭镇之著：《中外广播电视史》，复旦大学出版社，2005年，第160、161页。

1920 年 11 月，世界上第一家正式广播机构美国的 KDKA 电台诞生，掀开了传播革命的新篇章，而在它曙光初露之际就引起国人的关注，被介绍到中国来。1920 年 8 月《东方杂志》的"科学杂俎"栏目以"用无线电传达音乐及新闻"为题，介绍广播，文中提道："最近美国 Burean of Standards 发明一种特别受音器，名曰 Portaphone。其外表与蓄音器相似，装有一匣，极便携带，无论何地，均可放置。此器能接受中央无线电发音机所发之声浪而扩大之，使其声自喇叭中传出，以布于全室。因有此种发明，故将来可有许多新用途。例如晚间八时半，为人民音乐跳舞之时间，此后可由中央无线电局于此时自无线电传出音乐，则跳舞之家，但将受音器开动，音乐立时大作。跳舞者可以应声而舞，不必更雇音乐班矣。又于晨间，由中央无线电局将是日所得新闻，发出报告，则家家仅需开动受音机，即可亲聆新闻。且可于早餐时，且食且听之。较诸披阅报章，便利多矣。"[①] 这是国人对广播的最早认知，它生动描绘了广播生活的场景。

值得注意的是文中特别关注到广播在新闻和音乐方面的功能和潜力，它从人们日常生活出发，所描述的景象实在令处在印刷媒体时代的人们向往，对当时的国人来说不啻为一个科幻故事。

二、初期阶段的广播

20 世纪 20 年代初，广播陆续在世界各国出现。在中国，通过技术的引进无疑大大缩短了广播走向现实的过程。一批外国人最早开始在中国办

---

① 《用无线电传达音乐及新闻》，《东方杂志》，1920年8月15日出版，第17卷第15号，第79页。

广播电台，随后国人及机构也开始办自己的广播。主要有：

1. "大陆报—中国无线电公司广播电台"，该台系 1922 年 12 月美国人奥斯邦（E.G.Osborn，早年有翻译亚司蓬）在上海开办广播电台，1923年 1 月 23 日首次播音，为中国广播无线电之发轫[①]。有资料记载奥斯邦"本一新闻记者，向留日本，结识一颇有资产之留日华侨张某，遂以在华筹办广播无线电说进，竟得张某之支助。以华人之资本，假外人其名，建设一无线电台于上海大来洋房之屋顶上，同时组织一无线电公司'Radio Corporation of Chian'焉。时民国十一年冬十二月事也。奥氏为某事业之发展，因竭力与大陆报馆联络，经大陆报纸之鼓吹，广播之名乃大著"。[②]该台呼号 HRO，波长 200 米，电力五十瓦特，每天下午八时十五分至九时十五分播一小时，"这是上海也是全中国境内的第一座广播无线电台……当时还没有'广播无线电'的名称，人家都称它叫'空中播音'"。[③]奥斯邦试图通过播节目，出售收音机，来维持其广播事业，当时中国对私人装

---

① 有关谁是中国最早广播电台的问题，赵玉明先生和陈尔泰先生有过学术之争，由此引发广播史的研究对象和范围的问题。赵玉明先生认为是1923年在上海出现的奥斯邦办的"大陆报—中国无线电公司广播电台"，陈尔泰先生认为应是1926年刘翰在东北办的"哈尔滨电台"。问题核心在于，前者是外国人办的，后者才是中国人办的。其实在中国领土上出现的，对中国社会的政治、经济、文化等产生不同程度影响的，都可纳入广播史考察的研究领域，这样才能有效解释一些广播现象。中国最早出现广播，国人有了广播的启蒙，是从奥斯邦办的"大陆报—中国无线电公司广播电台"开始，该台还播出了孙中山发表的《和平统一宣言》。广播是外来引进，这类问题在中国近代史研究中有很多，报刊的情况也类似，中国新闻事业史中就有大量的外国人办报介绍。故对这场争论，学术界还是倾向于赵玉明先生的观点，本课题也认同。

② 朱其清：《无线电之新事业》，《东方杂志》，1925年第22卷第6号，第84、85页。

③ 胡道静：《上海广播无线电台的发展》（上海市通志馆播音演讲稿），《交通职工月报》，1936年第4卷第7、8期，第56页。

用无线电是禁止的，无线电材料海关列入军用品，故难以维持，加上音质不佳，三月后即行停播。

2.同时奥斯邦又租用永安公司屋顶花园，另设发射功率为二百瓦的电台，以播送音乐，名称国有无线电局（National Radio Administration）。而以美国人许士氏（A. T. Hughes）出名承租，租金按月三百两，归与美商独办。因永安公司系在香港政府注册，逐呈由驻沪英美领事转请上海交涉公署呈部立案，交通部以其私设无线电违犯电信条例严词抗拒，交涉数月，1923年春间拆卸。一段时间永安公司屋顶的铁塔俨然屹立空际，昭示着人们对广播的关注。

3.继其后者为美商新孚洋行（Electrical Equipment Company），行址在南京路五十号。行主戴维斯（Davis），系美籍，经售无线电机及一切电气材料，并于楼上装置播送站，电力五十瓦，于每日一定时间散布音乐。据有灵敏收话者的报告，称在天津方面亦能听收，且颇清晰响亮。而江浙两省居民，因上海报纸鼓吹造势，争先购置收话机以供家庭娱乐者亦不在少数，尤以上海方面为多。该洋行一时营业大盛，但该洋行违规进口的无线电机被上海江海关严厉查扣，一时营业停顿，南京路五十号门牌退出临街门窗转租他人，其楼上的播送站不能维持，亦复于月初停止播送，开播半载后于1924年8月自告结束。

4.1924年夏（有说4月），美商开洛公司（Kellogg Switchboard and Supply Co），租用之前在大来公司楼上所用者全副播送站设备，在福开森路一草坪，立铁桅杆二株，各高九十英尺，开办广播电台，发射功率为一百瓦，后为二百五十瓦特。节目包括报告新闻及商情、音乐歌剧、教堂礼节，及该公司之广告，其结果之佳，虽以大连离沪二千余里之远亦能听收。多系用英语播送。

开洛公司广播电台播音一直持续到 1929 年 10 月底，在早期外商开办电台中属时间长、影响大的，运行过程中有其独到的地方。之前电台节目多为西乐，曹仲渊担任该台主任，对节目内容进行调整，注重中国化、本土化，报告商情事实，灵通内地华人的商情，并多播中国唱片，有京剧、苏滩、三弦等。1926 年至 1928 年间，此电台转由华人所组之"中国播音协会"予以经济上之辅助，[1] 故能维持较久。

开洛公司广播电台节目内容的经营采用类似分包播送方式，设有五处播音室，通过市内专用电线使各播音室与福开森路的发射机联络。这五处播音室分别位于开洛本公司、申报馆、大晚报馆、巴黎饭店和神户电气公司，各家按照分配所定播出时间，或语音，或歌唱播出节目。例如：周一上午九点三刻至十点一刻，申报馆用上海土音报告汇兑市价船舶航班等；周一午后十二点半至一点半，大晚报馆用英语报告汇兑及市场消息并演奏音乐；周一下午九点半至十一点，巴黎饭店用英语报告新闻并演奏歌曲等。[2] 外间不知者以为有五家广播电台，实际五家实合用一播音站。

开洛公司之主人迪莱（DeLay）表示："各家使用此种接通线路之号数及播送之电费（即广告费）未出分文。缘各家利用开洛以树先声，开洛亦即利用各家以广招徕。否则开洛欲求营业之发达不免出于大登广告之一途。"[3] 此举可实现共赢。

---

① 参见金康侯：《中国广播播音协会之兴替》，《无线电问答汇刊》，1932年10月10日出版，第19期（广播特刊），第261、262页。

② 上述电台介绍参见曹仲渊：《三年来上海无线电话之情形》，《东方杂志》，1924年8月15日出版，第21卷第18号，第50–52页。

③ 曹仲渊：《三年来上海无线电话之情形》，《东方杂志》，1924年8月15日出版，第21卷第18号，第52页。

1923 年至 1926 年，广播电台属实验性的，地点均在上海，且为外人经营，节目内容亦以商业广告为中心，对国人而言是一次启蒙。广播开始走进国人的生活，更新了国人传播的时空观念。"一时上海居民耳目为之一新。声气所届，宁、杭、甬各地亦有购去私装者。"① 赶上广播新媒体给人们带来的便利。

以上为外国人在中国开办的广播，带动起国人对新媒体的热情，中国自办广播电台也在无线电潮流的推动下展开起来。

"民国八年（1919 年）七月，中国电气公司函商交通部，请在北京天津间实验无线电话，如荷允许三个月后即可将机器由纽约运华，交通部当即函复表示欢迎，该项机器于九年十一月运抵天津，即于十二月间于北京无线电报局及天津电话南局开始装设，迨装设完竣后实验通话成绩甚佳。十二年夏，逐向该公司收买自办，派员验收，其北京一机则移设于北京电话东局内，设置京津无线电话管理员专司其事。"② 其技术路线图为，从电报到电话再到无线电广播。

中国自办广播电台，系 1926 年 10 月 1 日，由刘翰经办的哈尔滨广播电台，正式以呼号 XOH，功率 100 瓦，波长 280 米播音。此外，1927 年夏季华人的上海新新公司广播电台，因经销收音机，在公司上海南京路六层楼顶设立一座 50 瓦特的广播电台，呼号 SSC，波长 370 米，播送商业市况、新闻和中国音乐，该台为中国第一座民营广播电台。

由政府办的"正规广播电台系交通部于民国十六年（1927 年）五月

---

① 曹仲渊：《三年来上海无线电话之情形》，《东方杂志》，1924 年 8 月 15 日出版，第 21 卷第 18 号，第 50 页。

② 交通部交通史编纂委员会、铁道部交通史编纂委员会编纂：《近代交通史全篇》（第 14 册），国家图书馆出版社，2009 年，第 326 页。

一日在天津所设的电台，也是我国第一家公营广播电台。天津广播电台发射电力为五百瓦，每天于下午三点连续播音七小时，其发射范围内的收音机约三千架。……稍后交通部又在北平设广播电台一座，电力为一百瓦特，每天自下午二时起连续播音七小时，附近的收音机约一千架，多为矿石收音机"。① 天津台以工程师为主导，下设"节目部主任，技术员，调查员，会计、文牍"的工作架构。"北平为文化中枢，天津为华北商务要地，人文荟萃文化商情均有向远方播扬之必要。而平津两地戏曲尤为我国艺术之精华，其余各地欲聆妙音确实难能，正宜藉广播之力遍送各地，而对于国际间亦可宣扬我国文化艺术之长，故广播节目中仍戏曲，是与其他各广播台特异之点。"② 这也说明了广播节目与地域文化结合有着天然的属性。

1928年1月，东北无线电监督处，将辽宁三千瓦特之广播电台及哈尔滨之一千瓦特广播电台，同时开始播音，东北民众聆听由广播自发的音讯，之后北方各省纷纷相继设台。总体上，早期电台播出内容大都侧重戏曲与商情，关于新闻演讲等节目尚无规范顾及，不像后来广播作为大众传媒那样普遍推出。

---

① 何贻谋著：《广播与电视》，三民书局印行，1978年，第18、19页。

② 《交通部天津广播无线电台小史及进行状况》，《无线电问答汇刊》，1932年10月10日出版，第19期（广播特刊），第344、345页。

第三节　对广播的审视

这一时期中国的广播从无到有，迈出了第一步。作为新媒体的广播如何认识把握？广播又会带来怎样的影响？会产生什么样的问题？等等，摆在国人面前，并触发相关的思考和行动，对此国人从科技的、经济的和政治（政策）的三个维度考察。

一、科技方面

广播事业发展首先是科技发展的产物，西方国家对广播作为新闻教育工具、家庭娱乐品已普遍知晓。我国目前广播尚处在萌芽时代，初始仅见于沪埠之地的外人所办者，国人对广播科技知识尚浅薄，故早期的广播事业发展有个推介的过程，广播的热心人士多为学电机，甚至有海外留学人士（如朱其清、方子卫等），他们晓原理、懂技术，了解国外无线电广播的发展动态，他们写文章作演讲，向国人做了大量的广播知识普及、推广工作，还有的成立了各种广播协会组织，尝试办广播无线电刊物，培养爱好者，为广播事业的发展培养了听众基础。

鉴于广播无线电发达的国家，得益于科学知识发达、教育事业发达，而"反顾我国学术荒落，民生凋敝，对于此新事物尚未有所创闻，盖以学理不明，研究者鲜，而乏专家人才故耳，是以欲图根本上之发展非兴办无线电专校不可"。^①朱其清从广播专业人才的视角出发，探讨事业的发展认为：有了无线电的专家，中国人就可以不必依赖外国人，可以独立从事无线电方面的实验设计、安装调试维护等作业，可以不再受制于外人，还可免金钱外溢又能挽回权利，而随着国人对广播的兴趣愈浓，越来越多的电台开办，需要更多的人才，广播电音事业始可发展，^②这是中国广播事业发展的关键所在。

此外，还有广播无线电同行组织，进行交流研讨，提高水平、扩大影响。据曹仲渊1924年记载："上海无线电公会成立最早者，为中国无线电俱乐部（Radio Club of China），乃三年前少数中西人所创立。……因俱乐部办理不易，改名上海无线电学会（Shanghai Radio Society），一时入会者如饶伯森博士等共二十余人，华人占最多数。"还有外国人安特森氏（Anderson）所组织之"上海无线电话艺术会（Shanghai Radio Amateur Society）"。会员五十余人，入会者以西人居多。"俭德储蓄会无线电俱乐部（The Thrift and Saving's Society Radio Club）"，系颜君景育情所组织（原文），入会资格以俭德会会员为限，以该会会员之多，入无线电俱乐部者仅十七八人，虽未能谓为发达，但完全为华人所自办，故会员亦不杂一西人，且亦未得西人丝毫之助，颇属难能。以上三处无线电公会，后经三方主干人物会同商议合并方法，经三方同意从事改组，另立会名曰中国环球无线电同乐会（International Radio Amateur Association of China），会址在

---

① 朱其清：《论吾国无线电事业》，《太平导报》，1926年第1卷第40期，第50页。

② 参见朱其清：《论吾国无线电事业》，《太平导报》，1926年第1卷第40期，第50—54页。

沈家湾虹口救火会，会员共九十余人。①

合并后的组织，纯粹为科学艺术的团体，其主旨系为无线电爱好者提供试验、讲演、文艺、实习、电码训练学习交流的机会。

二、经济及制造业方面

广播接收必须有硬件设备，即无线电器材及收音机。而中国是个传统的农业国，工业基础落后，制造业水平低下，无线电器材及收音机基本靠进口，造成国家财富流失，经济的发展受到制约和伤害。

随着国人对无线电用途了解及对播音之兴趣增加，相关消费需求也与日俱增。据1927年的概算"南北洋已装用收音机者在八千户至一万户，盖科学潮流所趋，无可阻挡。吾国民政府所应亟亟创办者汉口南昌南京上海广州福州重庆以及北京天津济南等重要都会各设一座，于文化经济固多补益。即关于革命主义之宣传，亦多赖焉"。② 因无线电材料未能自己制造，大小机件无一不须向外洋购办，导致漏卮之巨大，难以计算，当时的价格状况为：真空管、矿石收音机、单极真空管收音机，平均售价分别为十二元、四十五元、百十元，而其成本约值三元、十元、四十元，③ 外商从中获取丰厚利益，"无线电公司收入均赖无线电收音机之销售，此项收入因装用人士日间增加，极为丰富。开洛公司每月可获净利在二三万以上至

---

① 参见曹仲渊：《三年来上海无线电话之情形》，《东方杂志》，1924年8月15日出版，第21卷第18号，第49—66页。

② 曹仲渊：《吾国无线电之建设事业》，《广东建设厅公报》，1927年特刊，第14页。

③ 参见朱其清：《沪上广播无线电事业概论》，《电友》，1925年第1卷第6期，第4页。

四五万，亚美公司每月则在数千元以上"。[1]当时人们已认识到，列强对于中国的商业竞争，将可视为一种经济侵略。

因实业不振无国产无线电器材以杜塞漏卮，造成经济失血，使得国家财源日益枯竭，民生日益憔悴。当无线电事业在我国渐见发展，有识之士积极倡导兴办无线电制造厂，其益处在于"可以抵制外人之垄断，外商以吾国无无线电制造厂，各物均任意故昂其价。……故设厂不独可以抵制其狡恶伎俩，且可挽回权利有利民生；可以利国富民，工商勃兴；国内电台可维持久远，机件材料随时配置修理；可供社会遍享幸福，由军用商用，近日为家庭之用品"。[2]

广播作为一种新媒体社会需求量大，作为一个行业发展迅速。以美国为例，1920 年 11 月 KDKA 广播电台正式运营，"查纽约商会之统计。无线电（听）户在一九二一年仅五万，翌年增至六十万，再翌年增至一百五十万，去年统计销售之数量达美金五万万元之多"，[3]可见在经济领域也有重大补益，即经营此项事业，对政府对商家都是一项重要收入。为此，曹仲渊表示："无线电话播音事业转瞬发达，收音机销售必广一年五万万美金收入，以吾国人口之众，必且倍之，无线电机制造厂之开办，再不宜缓。"[4]呼吁发展无线电广播业。

另一方面，国人也在自主生产无线电器材方面进行尝试。华人也从小

① 朱其清：《上海广播无线电现状》，《电友》，1926年第2卷第8期，第9页。

② 朱其清：《论吾国无线电事业》，《太平导报》，1926年第1卷第40期，第51页。

③ 曹仲渊：《吾国无线电之建设事业》，《广东建设厅公报》，1927年特刊，第12、13页。

④ 曹仲渊：《吾国无线电之建设事业》，《广东建设厅公报》，1927年特刊，第16页。

零件加工制作开始，中国无线电工业由此生面别开。当时上海地方无线电修理及制造为基础小工厂，总数有二十余家。而声誉好、产品精者，主要"有二家：一为北河南路桃源坊之善工厂，厂主为王君文生；一为徐家汇路之中国电气厂，厂主为魏君。此两君对于制造艺术，论者皆谓有科学知识之根据"。[①] 曾有美国商人分析中国市场后认为：中国无线电事业将来将归美国独占。因英国出品价值太高，法德两国进口甚缓，又极无常故也。细味其言，令人不寒而栗。有识之士希望国内无线电界时不我待，群策群力，急谋振作，勿随其他新事业落外人之手。而上述二十余家小工厂，仅为些须之附带小小工作品，将来若联合各家为一专门工厂，前途希望当无限量。[②] 面对竞争的态势，有识之士出谋划策，千方百计要把中国无线电制造业搞上去。

三、政治（政策）方面

广播无线电传播，尤其是外台开播，涉及国家主权、利益及电政问题。其原因在于无线电传输技术上有一定频率和功率，任意开办，不加规范，造成无线电秩序的混乱。开洛公司与申报馆的电台传播可达"北京、天津等处，均可听得。是该电台通信区域之广大，几与国有电台相埒，深恐京、汉、淞沪各处电台通信，难免为所阻碍"。[③] 如此经营，显系违反电

---

① 曹仲渊：《三年来上海无线电话之情形》，《东方杂志》，1924年8月15日出版，第21卷第18号，第56页。

② 参见曹仲渊：《三年来上海无线电话之情形》，《东方杂志》，1924年8月15日出版，第21卷第18号，第56页。

③ 曹仲渊：《三年来上海无线电话之情形》，《东方杂志》，1924年8月15日出版，第21卷第18号，第62页。

信条例之规定，损害国家主权，妨碍电政业务。此外，内容本身，广播传播对社会和人们的心理产生的影响，魔力极大，倘有不法之徒、恶势力混杂其间，捏造新闻，另有图谋，风声所播，势必给国家、社会和他人造成伤害，故关系非同小可，必要的管理规范不可或缺。

从政治经济的视角考察，广播事业利益极厚，为一种充满希望之新实业。在 20 世纪 20 年代初期，美国刚开办电台几年，单就广播用收音机一项论，其销售之数竟达五亿美元，故各国为自身利益都绝对严禁外人经营此项事业。但在中国，外人挟其强权，尤其租界地，无视政府的存在和中方利益，从事经营广播，销售电机、接收机，谋取巨额利润，有资料显示"开洛公司的广播接收机竟有售至五百余金者"，[①] 外人"今更变本加厉作大规模之进行，竭力扩充，报告商情广播新闻，即是侵夺我电信之权利作种种之宣传，影响及危害吾国团体社会暨电政实业前途"[②]，兹事体大。

政府一方面对此无能为力，致使最重要无线电交通事业渐入于外人之手；而另一方面，政府也在做维权的工作，无线电主管部门交通部，对当时外台的态度是明确的，要求撤销。当奥斯邦"租用永安公司屋顶花园，另设二百华脱电机，名曰国有无线电局，由美人许士氏（Hughes）承办，以永安公司曾在香港政府注册，逐呈由驻沪英美领事转请上海交涉公署呈部立案，交通部以其私设无线电违犯电信条例严词抗拒，交涉数月于十二年春间拆卸"[③]。此外也有个认识过程。无线电开始进入中国，爱好者人数

① 朱其清：《无线电之新事业》，《东方杂志》，1925年第22卷第6号，第85页。

② 朱其清：《上海广播无线电现状》，《电友》，1926年第2卷第8期，第6页。

③ 交通部交通史编纂委员会、铁道部交通史编纂委员会编纂：《近代交通史全篇》（第14册），国家图书馆出版社，2009年，第327页。

有限，当时的关吏、警察以及邮政局员（主要是上海地区）对于这类器材进口并未加以注意，故来者不拒。后规模迅速起来，利益受损严重，而在与外方交涉时软弱无力，政府意识到问题愈加严重。

当时北京的交通部对外宣称："华盛顿限制军备会议第十八决议案内规定：各种无线电机非经中（国）政府允准，不得在中国境内经营或建设。即吾国现行律，视无线电机原与军用品同列一项，倘未领得陆军部特许之护照，亦不准任何一国自由输入。"同时强调依照法律法规行事，"查民国四年大总统公布电信条例第二条规定：凡有线无线电信均由国家经营。第三条规定：无线电信，除第四款船舶航海时所用者及第五款供学术经验上之用者行经政府之许可由个人或团体私设外，其余皆不准私设"。①交通部对于广播无线电事业，一律照电信条例定为国有，无论何人均不得私自购造无线电报接收机，藉以营业，或私自传播，请江苏省长迅饬上海军警暨地方长官严密查访，如确有制造无线电收音机，或商人贪利干禁售卖者，一律禁止，以维护政府电政权威。

虽然政府当局屡次颁发通令禁止民众私装无线电机，但其效力甚微。尤其是以租界为护身符，经营者随时进行，装置者依旧无恙。一方面，政府方面进行观念及政策方面的调整，"近来国人注意于此项新事业，欲图经营者亦不乏其人，政府鉴于人民属望开放广播无线电事业之殷，将来或亦终不能强于禁止，所以一方面北京政府三令五申进行监管，另一方面也要顺应时代潮流，再则曰本部为谋中外人民利益起见，拟在各通都大邑次第筹设广播电台，对于广播无线电话正在积极筹备，厘定规则，同时令

---

① 曹仲渊：《三年来上海无线电话之情形》，《东方杂志》，1924年8月15日出版，第21卷第18号，第59页。

派无线电专门人员拟定关于广播无线电一切章程规则。十三年（1924年，作者注）八月部令公布装用广播无线电接收机暂行规则"。[①] 开放广播无线电事业，制定新的法规加以规范，助其事业发展。

广播是作为舶来品进入中国的，这也决定了中国处在引进起步期的广播发展特点：一是广播电台的开办多为电器行的商家为提高国人消费兴趣，推销无线电器材所为，进而从供给方面开拓一个接受信息的新市场。且这类商家具有外商背景，呈现外华杂办的状况；二是地点在中国开埠较早，商贸繁华、经济发达的上海，因历史原因上海有租界，有大量的侨民和外商企业，将广播带入到中国，在享有现代文明成果的同时，对周围的中国人产生影响；三是广播内容，多以消遣娱乐商业行情及广告为主，在广播启蒙国人的同时，也刺激起国人广播消费，进而有懂无线电技术的国人也关注、投身广播领域，形成越来越庞大的听众群体；四是无线电通讯涉及国家主权和利益，越来越多的广播电台，必然引起权力机关重视，介入其中加以管理。广播作为一种新的传播媒介发展起来，同时也在其广播器材、广播内容及形式的软硬件建设方面带来新课题。

---

① 交通部交通史编纂委员会、铁道部交通史编纂委员会编纂：《近代交通史全篇》（第14册），国家图书馆出版社，2009年，第327页。

第二章　民国广播事业的黄金发展时期
　　（1928—1937）

第一节　官方（公营）广播电台的建立与发展

一、中央广播电台的创办

　　孙中山领导辛亥革命，推翻封建帝制，建立民国，但革命成果被窃取，当时的北洋政府腐败无能，内部派系林立，军阀割据一方，连年混战，民不聊生。孙中山及其领导的革命党人，继续从事革命活动，为中国的民族独立、民主共和、富强统一而奋斗不息。之后改组革命党成立中国国民党，成立了广州国民政府，同时与中国共产党合作，为了实现国家统一，结束军阀割据的局面，组建国民革命军，1926 年 7 月开始北伐。

　　1927 年初，国民革命军底定东南，1927 年 4 月国民党中央政治会议决议，奠都南京，南京国民政府正式统治中国的局面渐趋形成。随着中枢机构建立，亟需有与之相适应的宣传主义、发布政令的媒体，以推进大政方针和事业发展。就媒介传播而言，当时的中国虽幅员广大，但道路堵塞，交通工具缺乏。一件印刷品运销内地，少则数天，多则数月。电信设备简陋，辗转需要时间，一条重要新闻，从首都拍发，也需一两天后才到达边远省份。此外，我国文盲众多，即便接到印刷品，亦无从明悉其中内容。鉴于此，国民党元老陈果夫，凭其之前在上海收听美商开洛公司广播的印象和感想，深信广播电台是宣传主义、阐扬国策、报道新闻、推广教育的利器，需尽快创办，以发挥效益。在1928年2月初召开国民党第二届中央执行委员会第四次全体会议上，陈果夫和当时中央宣传部部长戴传贤、中央常委叶楚伧联名提议设立中央广播电台，获得通过，并推陈果夫负责筹划。随即陈果夫设法筹措关银19000两，委托军事委员会、上海无线电机制造厂，向美商开洛公司订购500瓦特电力中波播音台一座，包括发射机、放大机、增音机、传话器、电话机、发电设备、天线铁塔等重要设备，通过国民政府军事委员会交通处处长李范一（后广播人物部分有介绍）规划，中央宣传部委任徐恩增筹办台务，历时数月。

1928年8月1日，中央广播电台在南京丁家桥的中央党部开始播音，当时情况正值国民党中央召开第二届第五次全体会议前夕，下午5时，在中央党部大礼堂正式开始播音，有蒋介石、陈果夫、戴传贤、李范一等的致辞，电台呼号XKM波长为300公尺。至此，作为最高组织机构中央一级的广播媒体在中国出现，并随之发展，对国家的政治、经济、文化、军事等方面产生广泛影响。

当时的播音，上午新闻采自当天各大日报，通告通令系来自中央党部和国民政府，宣传大纲系由中央宣传部交办，报告决议则为播报中央常会、中央政治会议、国务会议立法院会议、行政院会议等各项决议案。晚间新闻采制中央通讯社来稿，特别节目中的星期一纪念周，则在中央大礼堂现场发音。曾一度规定南京市区各机关纪念周，一律按时聚集该礼堂内收听中央电台节目，并同时举行仪式。星期三、星期五的演讲则延请中央国府各委员、各大学教授前往担任。第一位出席名人演讲者为刘纪文委员，讲题是"总理和南京"。第一位出席科学演讲者为恽震教授，题目是"电与人生之关系"。星期六特别音乐则由南京特别市政府管弦乐队前来中央大礼堂演奏。从中不难看出中央广播电台的节目内容和风格，严谨大气的官办特点，与外商台、民营台的商情广告、娱乐说唱有着明显的不同，都由其办台宗旨、承当使命和社会期待所决定。

综合计算每天播音八九次，时间不足五小时。"原因一为珍惜犀利宣传利器，节约使用，二为民间收音习惯尚未建立，三为直流收音机电源补充困难，四为播出节目，罗致不易。（1928年）12月起，中央电台呼号改为XGZ，波长固定为420公尺。播音时间略增为五小时半。"[1]电台开办时共有职工九（有说十）人，形成了一个规范的节目时刻表，这张播音时间表为1928年9月订，内容有：[2]

新闻 通告通令	八时十分至八时半 十时至十时半	上 午		
唱片 宣传大纲 报告决议案 气象报告 唱片 重要新闻	十二时一刻至一时 二时至二时三刻 五时至五时三刻 七时至七时一刻 七时半至八时 八时半至九时半	下 午	星期日除外	寻常节目

---

① 吴道一著：《中广四十年》，（台湾）中国广播公司，1968年，第21页。

② 吴道一著：《中广四十年》，（台湾）中国广播公司，1968年，第20页。

中央纪念周	九时起	上　午	星　一	
名人演讲	三时至四时	下　午	星　三	
科学演讲	三时至四时	下　午	星　五	
特别音乐 重要新闻	七时一刻至八时半 八时半至九时	下午	星六	特别节目
唱片 气象报告 重要新闻	二时至二时三刻 七时至七时一刻 七时一刻至八时	下午	星期日	

从节目表分"寻常节目"和"特别节目"，在一个星期的上午和下午安排重要新闻、名人演讲等不同的节目内容。节目表有利于在广播电台和听众间建立起稳定的联系，有种约定意识，使听众养成收听习惯，这一框架结构也为后来的节目播出打下了基础。

二、中央广播电台的扩容

1932年，中央广播电台进行了扩容，发射功率由原来500瓦猛增至75千瓦，成为当时东亚第一。因传播覆盖区域广泛，影响力宏大，当时人们习惯上将这发射功率75千瓦的电台称为"大电台"。其经历酝酿动议、招标订机、建设安装等环节。

1928年，中央广播电台创建，急于应用，属因陋就简，电力仅为500瓦特，覆盖区域主要为苏、浙、皖、赣、湘、鲁等省，后逐渐改善，闽、粤、晋、冀能收听到消息。相对而言音波到达距离有限，中国有一半的地区还收听不到，尤其是边远各省交通梗阻，文化悬殊，而作为现代电子媒介的广播被寄予厚望，其强大的超时空的传播能力可以使重要节目全国同时闻悉，为此有必要建立一个具有强大发射功率的中枢广播电台，能覆盖广大国土。另一方面，当时日本在东京新建十千瓦中波机，能够被我国鄂豫湘闽等处夜间收听到，这涉及国际宣传、国际传播的争取听众、产生影响力的大问题。且广播事业日新月异，各国竞相建立新台，故电台发射大小，是判断一个国家广播强弱的标志。

1929年1月，中央电台拟具扩充电力为十千瓦计划，开办费约需40万元。每月经常费用约需7500元。由戴传贤、陈果夫、叶楚伧三位委员于2月中旬第198次中央常会提议获通过，指定陈、叶两位委员负责筹备，中央电台具体操办。[①]随即去函外商询问中波机十千瓦播音机详情及承办手续等项，同时征集二十五千瓦及五十千瓦播音机说明书和价格。经过审查内容比对列表，后再经考虑，以世界广播事业趋势，为图宏大久远之计，决定变更升级为五十千瓦的机件，获批准。

中央电台开始着手广播机械设备的选订，因技术和质量的关系部分需要靠进口，初步筹备征集英美德法各国制造厂商各种广播机械说明书，审查比较分举优劣各点。为此，中央电台还召集了国内十二位无线电专家开论证会，筛选出美商组合公司、德商德力风根公司和英商马可尼公司三家进一步接洽商谈，最后于1930年3月与德律风公司代表西门子洋行签订购七十五千瓦广播机合同。包括400英尺高的铁塔两座，600马力柴油引擎，以及各种重要设备等，全部机件共值美金二十一万五千元。[②]陈果夫

---

① 虹：《建筑中央广播大电台回顾》，《无线电》，1934年8月15日，第1卷第1期，第37页。

② 吴保丰、吴道一：《中央广播无线电台工程》，《无线电杂志》，1933年2卷1期，第46、47页。其中"德商德力风根公司""德律风公司""德国得力风跟公司"在本课题中为同一公司，即德国西门子公司，系民国时期的翻译不统一及资料来源不同造成。

后对由五十千瓦提升七十五千瓦有个说明。因为外国生意人要给经办人回佣，"想给我们经手人时，那知没有一人要这种钱，所以德国人认识了中国国民党精神，他们自动地加了二十五千瓦，变成了七十五千瓦了"。[①]

接下来的工作是电台选址建设及设备安装调试。七十五千瓦电力广播电台为东亚第一，为更好发挥其影响力，在台址选址方面，根据专家意见以近水远山为宜。一方面可以避免电波被山中之矿物质所吸收，另一方面可以借水流以利电浪之畅行。再与德国得力风跟公司商定，择首都（南京）江东门郊外面临长江南岸的民地，征购百余亩作为大电台新址，开展基建。同时延聘德国工学博士冯简教授前来主持工程建设事宜，为重视工程专家起见，打破常规，给以月薪400元，高出中央委员所得1/3的待遇。1930年7月初冯简到职后，继向有关机构调查当地十年来长江水位涨落情形，决定将电台新址内的机房等基地填高，超过最大洪水位的半公尺，此举保证了电台安然度过长江的洪水期。冯简先生本着一般德国工程人员的传统精神，一丝不苟，常穿着工装长靴，夜以继日在工地巡查，处理各项建设工作，发现稍有不遵守规格处，立即敲去重做。

1931年12月，上盖铜顶的新机房及装置600匹马力柴油引擎发电场，连两座高出地面400英尺的铁塔和其他宿舍、门房、道路等建筑物，由中央党部秘书处派员验收，冯简则协助德籍工程师致力于安装机件工作。1932年6月德方高级工程师携带精密仪器，从柏林来南京，专门从事校验调整，同时十公里长含有七对话线的架空电缆亦由国民党党部丁家桥中

---

① 邱楠：《中国广播事业的成长与发展》，台北市新闻记者公会编印：《中华民国新闻年鉴》，1961年，第23页。

央电台新发音室通达郊外江东门新机房。①

1932年7月开始试播呼号为中央广播电台XGOA，频率为660千周，接获各地报告，江苏全省亦可用矿石机日夜听到，甘青宁绥川藏等省用六灯收音机日夜清晰，广西辽宁则夜间较佳。试播以来，陆续接到全国及远东各地报告，收听效果颇为满意。从此，全国国民随时可得中央之指导，而消息灵通边陲各地之文化更易普及，我国前途实有赖之。②在广播的软件方面，新修订编排的节目表，每天播音十小时，新闻教育各占三小时，娱乐占两小时四十分，其余供气象商情报时之用，语言则采用国语、粤语、厦门语、英语四种。

1932年11月12日，孙中山总理诞辰日，江东门大电台新址正式开幕。开幕式由陈果夫主持，吴道一报告筹备经过，蒋介石代表程天放致书面颂辞，中央常委居正、中央委员吴稚晖、军政部长何应钦、中央大学校长罗家伦、西门子公司代表方席克出席。上海广播电台代表苏祖圭等致辞。未到会的，德国公使陶德曼，驻德公使刘文岛有预制声片演说致辞，参加观礼者有中央地方军政首长及外宾千余人。③

这座东亚第一的七十五千瓦大电台，从计划到完成，为时三年九个月，耗资129万元6875元5角，合约美金40万元，其中土地占2%，建筑为18%，机件占78.6%，设备为1%，记账运费占0.4%。④统计

---

① 该发射机房、铁塔等基础设施，2014年以前仍为江苏人民广播电台所使用。

② 苏祖国：《中央广播电台沿革记略》，《无线电问答汇刊》，1932年10月10日出版，第19期（广播特刊），第324页。

③ 参见苏祖圭：《中央广播无线电台XGOA开幕观光琐记》，《无线电问答汇刊》，1932年11月20日，第22期，第451—453页。

④ 参见吴道一著：《中广四十年》，（台湾）中国广播公司，1968年，第35页。

反映了当时建设中央广播电台的所需要时间和成本，其中机件占据近八成的费用。

而其社会效益重大则无法计算，电台将中央和地方及边疆地区联系更加紧密，音波所至东北三省、西藏、蒙疆等地乃至海外华人的听众聆悉同样的声音，大家同呼吸共命运，彼此成为一体。多年来，中央电台在阐扬国策、传布政闻、凝聚人心、抵御外侮、鼓励建设、繁荣文化、促进人民知识与教育上产生的意义与效应影响深远。

三、各地公营广播电台

民国时期的公营广播无线电台通常是指政府机构之类的官办电台，以其所属主管机关分类，可分为中央广播事业管理处所属电台，交通部、省立及市立电台四种。有资料显示截至 1937 年 6 月，中国共有公营电台二十三座，全数总计电力为 116240 瓦特，占总电力的 94.6%，[①] 这一现状反映了官方对广播无线电的重视。

（一）中央广播事业管理处所辖电台

中央广播事业管理处于 1936 年 1 月在南京成立，前身是中央广播无线电台管理处，为官方建立的广播中枢机构，其所辖电台除中央广播电台外，还在各地设分台，为实现广播覆盖布点陆续建立，先后主要有：

1. 洛阳电台　1931 年"九·一八事变"发生，国民政府在洛阳设立办事处，管理处为应时事需要，即在洛阳设立电台一座，电力为二百五十

---

① 吴保丰：《十年来的中国广播事业》，中国文化建设协会编：《十年来的中国》，商务印书馆，1937 年，第 718 页。

瓦特，专供传播国府政令，宣扬当地文物。次年国府办事处结束，洛阳电台遂亦停办。

2. 南昌电台　南昌电台系 1933 年 10 月所设，电力亦为二百五十瓦，其所用播音机系由洛阳拆回者，专供南昌行营报告"剿匪"消息之用，后行营结束，电台逐移归江西省政府接办。

3. 南京电台　南京电台系 1935 年 8 月间成立，电力为二百瓦，其设立之用意在专供报告南京市新闻，宣扬金陵文物，使中央电台得以传播具有全国性之节目，减少无谓之消耗。1936 年 3 月间因强力短波电台亟待规划，事务增繁，管理处为集中精力计，将南京电台暂时停播。

4. 福州广播无线电台　福建省位居中国东南海滨，三面环山，交通阻梗，语言纷歧。且闽省同胞，散处南洋各地者甚众，在省内设一强力电台，诚属必要。福建省政府，曾于 1933 年设有二百五十瓦特广播电台一座，呼号为 XOW，每日播音三次[1]，为福建广播事业之嚆矢。1934 年福建事变后中央商得闽省政府同意，将该台移交中央广播事业管理处统辖，取名"福州广播电台"，呼号改称 XGOL，每日播音约八小时，夜间音波可达二千余里。其播音节目以关于娱乐者为最多，占全部时间百分之三十三点五；其次为常识演讲，约百分之二十六点七；再次则为新闻报告，为百分之十八点六。闽省语言纷歧，乃一大缺陷，为设法补救起见，除新闻节目，分用国语、福州语、厦门语播送外，并每周播送国语教授三次，仅占全部时间百分之三点三，以收统一语言之效。[2] 福建人侨居南洋者众多，

---

① 《福州广播电台》，《无线电》，1934年4月15日，第1卷第2期，第72页。

② 参见《福州广播电台概况》，《广播周报》，1936年9月19日出版，第104期，第69-71页。

又因邻近台湾，菲律宾，马来群岛，环境至为复杂，广播除传达政府命令，递送新闻言论，并辅佐教育外，传递祖国消息，与侨胞统一旨意团结对外，为广播电台的主要使命。

5. 西安广播无线电台　中国广播事业东南各地较为发达，至于文化策源地的西北，则自西安电台始。西安电台前身为河北电台。原中央广播事业管理处于1934年设立河北广播电台于北平，电力为五百瓦特，所播节目，颇受北方听众之赞许。河北电台播音一载有半，于1935年6月中旬，奉中央命令结束，移至西安。经年余筹建，于1936年8月1日正式成立，定名"西安广播电台"，①呼号为XGOB，周率为1290千周波。西安电台机件与其他电台不同，电力虽为五百瓦特，但其发射效率则甚大，因其发射机为最新式者缘故。

西安电台节目，除与其他各地电台具有相同的教育娱乐节目外，其特殊者如宣扬西北文物，开发西北交通实业，播送西北本地风光介绍，以及娱乐节目如秦腔等，皆为结合环境的特殊需要。西北为昔日文化隆盛的地区，现思想文化变得较为落后保守，加之战乱和环境影响，逐致农村破产，民气消沉。西安电台对内定位提高文化水准，激发民族意识，传达中央意旨；对外则介绍古都文物，招徕开发西北的人才，所负使命至为重大。

6. 长沙广播无线电台　中央广播无线电管理处，以湖南境内，铁路纵横，长沙势成西南各省重要城市。况且华中华南尚无一大规模之广播电台，欲谋推进文化，灵通消息，不可不及时建设，因于1936年底，开始在长沙建筑广播电台一所，1937年2月底全部竣工，5月5日正式开幕，

---

① 《西安广播电台概况》，《广播周报》，1936年9月19日出版，第104期，第73页。

该台呼号为 XGOV，波长为 790 千周波，电力为十千瓦，电力居全国第三位。[①] 开幕不久，抗战全面爆发，其所辅助于中央大电台者成效明显。

7. 南京短波广播电台 1930 年，中央电台曾设计自制电力五十瓦特短波传送机一架，以辅当时五百瓦特长波机之不足。1936 年春五百瓦特短波机开始播音，海外侨胞及国际人士，因此又多一收听中国播音的机会。短波台呼号 XGOX，周率 6820 千周波，可达南洋群岛、澳洲、新西兰、美国、加拿大等地，可分特有节目及转播中央电台节目两种。前者包括广州语、厦门语、马来语报告等项，专为南洋一带华侨收听，热带地区多天电干扰，但适于收听短波播音，此外于音乐方面，则辅以粤曲闽剧地方节目，勾起听众对故国情思。至转播节目，兼顾及国内各省市电台之再度转播，因每值酷暑，雷雨骤至，天电被扰，短波接收可避免嘈杂不清。该台每日播音约三小时，星期日则为两小时，为发展国际宣传和海外侨胞收听祖国声音所设。

短波射程远，收效宏大，极便于对国外宣传，各国对于短波广播事业的推进都不遗余力。无线电短波，因电离层而不断前后反射，可于一瞬间，绕地数周，又短波与无线电波，可作定向播音，即目的地所指，均可由一定方向而播送到达也。故短波电台问世后，国际广播宣传战变得日趋激烈。

（二）交通部立电台

交通部作为电政管理部门一直负责电报、电话及有线、无线通信管

---

① 《长沙广播电台正式开幕》，《无线电》，1937年6月出版，第4卷第3期，第289页。

理，最初自办广播电台，可追溯至 1927 年，"民国十六年春，北平旧交通部着手建筑天津北平二台"[①]，揭开交通部办台的序幕，交通部广播电台主要有：

1.天津广播无线电台　天津从晚清开始有了无线电报传输，该台于1927 年 5 月由原来长波发报机改装，其组织结构为工程师主导，下有节目主任、报告员、技术员、技工、练习技工、调查员、会计、庶务、夫役、文牍等。播音节目有文化政情宣传，侧重音乐戏曲及商情。此外，电台播音室"与平津两埠大戏院及美法两国兵营有联，以便以专线随时采播最佳之戏曲及中外音乐"，[②]颇受欢迎。

2.北平广播无线电台　北平广播电台创办较早，1927 年 9 月 1 日成立，设在琉璃厂北平电话总局内，当时由东北无线电长途电话监督处创办，商请旧交通部（北洋时期）转饬北平电话局协助进行，初创立时电力仅二十瓦特，民国十七年增至五十瓦特，不久又增至一百瓦特。后因政局变迁，几经改组，方于 1932 年 1 月由今交通部从平津卫戍司令部接收，电力增为三百瓦特，呼号为 XGOP。该台射程可达朝鲜、东北、内外蒙古与腹地各省。每日播音约七小时，节目内容有商情新闻、商业广告、普通宣讲及报告气象等，因北平为旧剧昌盛之地，更以播送京剧深得社会欢迎，故每晚必播送各戏院旧剧，是其特色。[③]

3.上海交通部广播电台　交通部广播事业政策，一方面进行整理民营

---

① 王崇植、恽震合著：《无线电与中国》，南京，1931年，第126页。

② 《交通部天津广播无线电台小史及进行状况》，《无线电问答汇刊》，1932年10月10日出版，第19期（广播特刊），第343页。

③ 沈宗汉：《北平广播无线电台概况》，《无线电问答汇刊》，1932年10月10日出版，第19期（广播特刊），第337–342页。

电台，另一方面进行自备广播电台。交通部上海广播电台（XOHC）原为外国人经营的美灵顿广播电台，后为交通部收购，经国际电信加以改进于1935年3月9日开幕正式播音。[1]此种收买法，不仅多一公营电台，亦少一外人屯台，可谓一举两得。该台电力为五百瓦特，每日播音约十小时，所用机件均属最精良最新式出品。

4. 成都广播无线电台　川省地居边陲，民国以来，战祸频仍，自中央派员入川戡乱，政治渐入正式轨道后，关于抚辑黎民，宣扬党义，传布政教诸项工作，亟需一良好广播电台，以资应用。交通部有鉴及此，将购自德国而拟设上海十千瓦广播机件，移川省省会所在之地成都装用。[2]经过八月之建筑，1936年11月1日正式播音。该台每日午后一时至晚九时为播音时间，中间休息一小时。娱乐节目，多为有地方性的川剧及滇剧。

（三）省（市）立广播电台

1. 省立广播电台之设立　省立广播电台设立目的为将省中政情、中央政令宣播至各县，间接及于民间。中国中南部各省会之设有广播电台者，计有苏、浙、赣、湘、川、滇、桂七省。其中以浙江电台成立最早，1928年2月，浙江省政府鉴于本省各县交通不便，以灵通消息及政令起见，决议设立广播无线电台，随即开始筹备，于1928年开始播音，初设时电力仅二百瓦特，1929年夏增至五百瓦，后始增至二千瓦，射程可达北美。电台办公室设在杭州省政府内，电台节目开始简单，后逐渐丰富，有音乐

---

[1]　《交通部上海广播电台今日开幕》，《申报》，1935年3月9日，第11版。

[2]　《一月来之电政报告》，《交通职工月报》，1936年第4卷第5期，第65页。

唱片及报告新闻、省政府决案通告令、科学演讲、无线电问答等。每日按时接收上海播音台及南京中央广播无线电台所播新闻节目，以转播各县。尤其是注重教育内容，与杭州市政府、浙江大学、民众实验学校、民众教育馆等合作，组织浙江省播音教育委员会，专播学术讲演、儿童教育、通俗演讲等具有教育性质的节目。①

电力次于浙江电台者，为湖南、四川及广西三省立广播电台，各为一千瓦。湖南省广播电台，系湖南电气公司所承办，但自1934年5月正式播音以来，成绩欠佳，故于1936年由该省建设厅改换一千瓦机。四川省立电台在重庆，亦名"重庆广播电台"，广西省立广播电台设在南宁，均于1934年成立。

江苏省有省立电台二所，一个在镇江，电力一千瓦；一个在无锡，仅七十五瓦特。二者均名"江苏省广播电台"，两者呼号不同。此外，江苏省府以徐州地方当津浦陇海要冲，曾于1934年底设六十瓦特广播电台一座；又为普及江北听众计，镇江"江苏广播电台"特于淮阴设有百瓦特分台一座，名"江苏省广播电台淮阴分台"，1937年4月1日开始播音，②可见江苏省之广播事业，较他省发达，且有次第成立广播网之趋势。

江西省立广播电台为南昌行营广播电台所改建。1934年秋，南昌行营为宣传起见，由军政部在南昌设二百五十瓦特播音机一座，同年10月10日国庆纪念，开始播音。③不久，因行营迁移，该台乃由江西省建设厅

---

① 赵文风：《浙江省广播无线电台之概况及将来计划 本台之史略》，《无线电问答汇刊》，1932年10月10日出版，第19期（广播特刊），第327–335页。

② 《江苏省广播电台在淮阴设立分台》，《中国无线电》，第5卷第8期，第359页。

③ 《南昌行营广播电台装置经过一瞥》，《无线电》，1934年第1卷1期，第47页。

接收，另筹设五千瓦特新机一座，于1937年元旦开始播音。[1]云南省立电台，则成立于1932年，设在昆明，1937年建成播音。

2. 市立广播电台　广州市政府广播电台是中国市立广播电台中最早开办的电台，1929年5月6日开始播音。[2]广州是中国南方重要城市，在第一次国共合作时期，1924年陈果夫在上海为黄埔军校采办军需用品时，听到开洛公司的广播，发现不识字的人也能听广播，意识到这是宣传的利器，便提议在广州办广播，并有尝试，但由于当时广州政局、财力、气候等原因没能实施，至1927年8月，广州市政府为宣扬文化、广播政情提议开办播音台，着手基建建设，设备采购、安装调试一系列环节至开播。全部款项约美金两万，报纸报道了当时广州广播电台开幕盛典："昨六日，中央公园无线电播音台举行开幕典礼，是日中西来宾前往观礼者甚众……公园听众不下万人，甚为热烈。"[3]该台电力为一千瓦，呼号为XGOK，播音范围北到长江，南至南洋，节目方面多为粤曲及方言报告新闻，地方色彩极为浓厚。

上海市政府为使市民了解市政建设，与促进民众教育，决议在市中心区市政府附近，建一座广播无线电台。1935年，上海市公用局奉市府令，成立上海市广播无线电台管理处，而所计划之电台亦于1936年3月8日正式开幕播音。[4]该电台电力为五百瓦特，为发展市郊收音效力计，第一期先于沪南各团体机关装置收音机六十具；第二期于其他各区装置收音机七十具，以备全市各界，皆能听取播放各项消息。节目方面有市政报

---

① 《扩充电力后的江西省广播电台》，《中国无线电》，第5卷第9期，第410页。

② 王崇植、恽震合著：《无线电与中国》，南京，1931年，第127页。

③ 《中央公园播音台开幕纪盛》，《广州国民日报》，1929年5月7日，第5版。

④ 《沪市广播电台开幕》，《无线电》，1936年第3卷第4期，第85页。

告、本市新闻及电讯报告、纪念大会情节与各项演讲、音乐娱乐及其他富有教育文化意义之节目。

汉口为中国中部最要之都市，广播无线电事业亦发达。汉口市政府广播电台系 1934 年由天津中国无线电公司承办，所费约六万元。该台电力初为二千瓦特，后增至五千瓦特，于 1935 年元旦正式开幕播音。该台全为华人工程师所建，且所用机器之材料，亦百分之七十为国货。汉口因租界关系，电流供给不一致，收音效力上有一定影响。

青岛市立的民教馆广播电台，电力仅一百瓦特，顾名思义，该台自以促进青岛市民教育为宗旨。

第二节　民营广播电台的兴盛

一、民营广播电台的发展状况及类型

随着广播事业发展，广播中枢管理机构出现，国营（公营）和民营都有长足进步，出现所谓广播的黄金时期。一般而言早期的广播，非官方的皆可视为民营广播，且数量较多，类型丰富，在听众中也产生了一定的关注度和影响力，在抗战前更是达到兴盛阶段。民营台多集中在沿海地区工商业繁荣的现代都市，抗战时期，无法像中央广播事业管理处所属的系列电台那样，拆迁内地，在大后方重建，处在广播的中心地位。民营台随着所在城市的沦陷，或停办或被日伪严加控制，抗战胜利，民营台开始逐步恢复，但时间短暂。

民营广播电台的发展主要依托工商业发达的都市，使之有市场需求、

有广告支撑。此外如上海租界的特殊关系，可以为广播无线电器材供给提供便利渠道，同时也启蒙、培养起中国第一批听众群体，这些皆为中国民营广播电台兴盛的环境要素。

20世纪20年代末至1937年抗战全面爆发，中国的广播事业有了较大的发展，其电台家数已达91家，排名仅次于美国，位于世界第二位[1]（其资料详见本课题附一）。在这91家电台中公营台25家，西人办的电台6家，而民营电台达60家，约占之中的三分之二，从地域考察主要集中在上海、天津、江苏、浙江等经济发达的地区，更广泛的中西部等省份甚至没有民营广播电台。

关于电台数量的统计，因是动态变化及不同的公布时间，统计来源不同，有不同的数据，中央广播事业指导委员会副主任吴保丰在《十年以来的中国广播事业》中全国广播电台所属机关性质统计表（1937年6月）的统计为：[2]

所属机关性质	电台座数	百分比	电力总数（瓦特）	百分比
公营	23	29.5%	116240	94.6%
民营	55	70.5%	6623.5	5.4%
合计	78	100%	122863.5	100%

从表中可见，民营广播电台的数量占70.5%，可是发射功率仅

---

① 参见殷增芳著：《中国广播无线电事业》（燕京大学学士论文，1939年），第一章中国广播无线电事业史略，"中国广播电台一览表"，第4、5页。

② 参见吴保丰：《十年以来的中国广播事业》，中国文化建设协会编：《十年来的中国》，商务印书馆，1938年，第710-715页、第718页，资料不包括6家外国人的为78家。

占 5.4%，总体上讲，民营广播电台虽数量多，但规模都不大，其发射功率百瓦以下比比皆是，有的更是个位数计，这些是民营电台的一般状况。

非官方组织机构所办的电台皆可视为民营广播电台，大量的民营的出现，也是所谓广播的黄金时期的标志，它们大致可以归纳以下三种类型：

（一）商业电台广播

商业电台是指以营利为目的，靠广告费和订户费维持运营的一类电台。20 世纪 30 年代初期，广播处在介绍接触与普及发展并进阶段，商业电台的主办者有相当多的是经营无线电器材的厂商，通过开办广播培养其听众群体和消费习惯，进而推销无线电器材，构成互为因果的关系。如知名的上海（亚美）广播电台，即为亚美公司创办（后有专门介绍）。此外，明远电料行创办了明远广播电台，呼号 XHHF，功率为 100 瓦；上海大中华电器公司创办大中华广播电台，呼号 XGNE，功率 50 瓦；国华电器行创办国华广播电台，呼号 XGKH，功率 100 瓦；麟记蓄电池厂创办麟记广播电台，呼号 XQHG，功率 200 瓦；等等。广播作为传播媒介使节目内容、广播广告和所推销的产品有机结合，彼此互动互进，可以说商业广播电台是推动中国广播事业发展的一股重要力量。

商业广播电台在节目内容和时间安排上，注重满足大众的需求，以期获得市场效益，故商业电台主打娱乐节目是其重点，故有大量的各类曲艺、音乐歌曲播放。商业电台的兴起，丰富了人们的休闲娱乐生活，促进了都市文化的发展，也为依靠茶馆堂会场地表演的各地传统的说唱曲艺形式，提供了新的传播平台。在上海，苏州评弹名家陈瑞麟（1905—1986），

20世纪30年代先是在亚美电台自编自演《反倭袍》《双杰传》《张文祥刺马》等，后又轮流在"华东""亚声""国华""大中华""东方"等十九家电台播音达十年之久，成为上海滩家喻户晓的播音明星。天津的民营广播电台约请"京东大鼓"艺人刘文斌，其《十字坡》《刘金定观星》《诸葛亮招亲》等唱段深受听众喜爱，也吸引企业投广告到节目中来。由黎锦晖词曲、黎明晖演唱的《毛毛雨》《桃花江》等都借助电台，成就了早期流行音乐，1934年，上海各民营电台联合举办了一场歌星比赛，推选出了"金嗓子"周璇等十大歌星。

民营广播电台受广告市场制约，其节目的导向也存在着问题。有的电台娱乐节目过多过滥或存在低俗化倾向，亚美电台独树一帜，倡导要承担社会责任，多播教育类节目等。

（二）文化教育广播电台

广播作为大众传播媒介，有着特殊的教育功能，和学校、学堂教育相比较，可以不受年龄、场地、时间的限制，故民国时期就有广播是教育的利器之说，1936年，南京民国政府教育部成立了播音教育委员会，播音教育相当于现在的广播电台教育及借助现代技术手段的电话教育，该委员会是协调教育节目播出，把关教育节目的。

教育电台主办者为各地方的民众教育馆，各地大中学校，主要播出文化和教育类节目，没有营利动机也基本不播商业广告。主要有：广州无线电专科学校广播电台，江苏省立教育学院广播电台（无锡），徐州民众教育馆广播电台，北平育英学校广播电台，江西省立民众教育广播电台，齐鲁大学广播电台，南开大学广播电台，河北定县平民教育广播电台，厦门同文中学实验电台等。其目的是研究学术，推进教育，发扬文化，电台经费来源以社会学校资助和自筹为主。

如 1932 年 7 月 3 日，江苏省立教育学院广播电台在无锡播音，呼号 XLIJ，功率为 75 瓦。电台设置的节目有《公民常识》《民众教育学术讲座》《卫生、农业及科学常识》《职业英语》等[①]。徐州民众教育馆广播电台于 1934 年 11 月开播，地址在徐州民众草堂民众教育馆内，筹建人为徐州民众教育馆馆长赵光涛，电台主要用于民众教育，文娱节目。每天播送两小时，1938 年 5 月，徐州被日军占领，该电台停播。

1931 年秋，北平育英学校，一个以无线电原理及制造各种无线电零件的学生业余团体电波团，为提倡科学普及教育，开通民智，提议建立无线广播电台。校方及学校自治会经研究决定，为建立育英电台开展募捐，共得捐款七八百元，其余经费由学校提供。1933 年 5 月 6 日，育英广播无线电台试播，呼号 XLKA，功率为 30 瓦。抗战爆发前，位于济南的齐鲁大学为教学研究，需要由无线电专修科于 1933 年底设立无线电台一座，呼号 XOCL，发射功率为 75 瓦，每周播出 2—3 次，每次播音 2 到 3 小时。节目有学术演讲、无线电常识问答、音乐唱片等[②]；1936 年 10 月 12 日，江西省设立民众教育馆，广播电台呼号 XLJA，任务主要是进行民众教育，同时播送一些文艺节目。[③]

定县平民教育电台创办于 1930 年，由晏阳初等领导的中华平民教育

---

① 赵玉明、艾红红、刘书峰主编：《新修地方志早期广播史料汇编》（上卷），中国广播影视出版社，2016 年，第580页。

② 赵玉明、艾红红、刘书峰主编：《新修地方志早期广播史料汇编》（下卷），中国广播影视出版社，2016 年，第752页。

③ 赵玉明、艾红红、刘书峰主编：《新修地方志早期广播史料汇编》（下卷），中国广播影视出版社，2016 年，第716页。

促进会，在河北定县设立。该台可谓独树一帜，因为当时中国的广播电台"一切取材及播送技术，都是以都市中少数有相当接受能力的人们为对象，而大多数从未受过教育的农民，永远无法可以领受，至于专为研究教育而设立的电台，则绝无耳闻，尤其对于农民教育的电台，更成梦想。是以这广播无线电农民教育的理想，我们不得不自己来做一个空前的实验"。[①]电台播音设备安装完成后，平民教育会在定县境内选定了13个，大小远近穷富等情形各不相同的村子，每村安置一座公用四管收音机，再配以相应的辅助设备，1930年9月底，电台播音实验正式开始。

电台节目，基本围绕着文艺、生计、卫生、公民四个方面的内容展开。电台根据农民的文化程度、生活习惯、接受能力、实际需要等，有针对性地开展广播节目的教育，如农民不识字，不了解外面的商业行情，在农产品及生活日用品价格交易方面往往被奸商所欺骗，电台又反复播出各种价格的行情，让农民了解，不至于交易时吃大亏。在卫生方面，进行如预防天花、接种牛痘、喝煮熟的水、洗澡换衣等健康传播。此外，还在广播的传播规律，如运用当地的方言广播，根据农民的作息规律，安排节目的播出等。定县平民教育电台节目贴近实际，贴近听众，在对广播公共服务功能和对象化传播方面，进行了颇有成效的探索。

（三）宗教广播

通过广播传教一定意义上讲也是宗教的与时俱进。1920年美国第一家获得政府执照的KDKA电台就有宗教方面的节目内容，1925年外商在

---

① 郑裴裳：《广播无线电在农村教育中的实验》，《民间》，1934年第1卷第6期，第1—8页。

上海创办的开洛电台，每周日上午 11 时至 12 时为美国教堂讲座及赞美歌节目。① 作为外来文化传入中国，宗教广播在中国出现与广播事业在中国的发端，在时间、地点与路径方面上有着内在的联系，这也决定了上海是中国宗教广播的中心地。

在宗教广播中，基督教"福音广播电台"有一定代表性，该台于 1933 年 12 月 2 日在上海虎丘路 128 号正式播音，呼号 XHHA，发射功率为一百五十瓦。1936 年元旦该台 1000 瓦发电机启用，呼号改为 KMHD，同时福音广播电台发起成立了福音广播社，创办《福音广播季刊》杂志。通过会员的会费和捐赠，使得电台的运转经费得到保证。

福音电台的发起人和主持人是王完白，生长在浙东一个佛化家庭，曾信佛教后转基督教，办过医院学校，1932 年 6 月曾在中西电台主持讲道节目，做教义和医学常识的讲演，开始将宗教、医学和广播结合在一起。

1933 年福音电台成立，当时上海教会王载、赵世光、竺规身等知名牧师担任电台讲解员，据《福音广播季刊》表示："主每日早晚之各项节目，皆全沪教会领袖热心赞助，义务演讲，每星期之讲员达百人之多。"② 此外，还邀请蒋夫人宋美龄女士等各界基督教徒发表演讲，影响甚广。1934 年上海民营无线电台播音业同业公会成立，福音电台王完白被推任公会主席。

天主教方面，上海中华全国公进会（为天主教的在俗教徒组织）1934

---

① 上海档案馆、北京广播学院、上海市广播电视局合编：《旧中国的上海广播事业》，中国广播电视出版社、档案出版社，1985年，第24页。本研究多次引用该书，下面直接用书名。

② 《前奏曲》，《福音广播季刊》，第1卷第2期，1936年10月至12月，第1页。

年 6 月开始借快乐电台不定期播讲天主教义，该台呼号为 XLHD，功率为五十瓦。上海公教广播自 1937 年 2 月 19 日，借公共租界的英文电台正式成立定期广播，并组织公教广播联合会，以图维持公教广播于久远也。以后，天主教中国籍于斌枢机主教也积极利用广播进行宣讲活动，对中国社会产生一定的影响。

佛教方面，1933 年 3 月 1 日，上海佛学书局通过永生电台首次播送佛教节目，永生电台创办于 1933 年 1 月 1 日，呼号 XHHJ，为上海永生无线电公司所设，电力为二百瓦，其节目表有"诵金刚经""佛学演讲"等。1934 年 1 月 22 日佛音广播电台开幕，系上海佛教净业社所主办，电力为三百瓦特，呼号为 XMHB，目的在宣扬佛化，为佛教专业广播电台。同时其他民营电台如上海的李树德堂、大中华、大陆，苏州的久大、百灵，天津的中华，绍兴的越声，无锡的时和等都有佛教节目安排，反映了社会民众有这方面的需求。

二、民营无线电广播的管理

1928 年 2 月，蒋介石正式宣布国家进入"以党治国"的"训政"时期，在国民党统治下，政府的各项建设事业有秩序地开展。"训政"时期国民党政府宣称"依法治国"，并于 1927 年 5 月在南京设立中央法制委员会，意图通过法律法规监管各项社会事务。1928 年 12 月建设委员会颁布《中华民国广播电台条例》，规定："广播电台得由中华民国政府机关公众或私人团体或私人设立，但事前须经国民政府建设委员会无线电管理处之许可，违者由当地负责机关制止其设立。"同时还规定"广播电台不得广播一切违背党义、危害治安、有伤风化之事项"，"政府如有紧急事项须即广播者，私家电台应为尽先广播，不得拒绝，但得酌量收费"。①之后还陆续出台有《民营广播电无线电台暂行取缔规则》（交通部 1932 年）、《指导全国广播电台播送节目办法》（交通部 1936 年）等，1937 年 4 月 10 日国民党中央广播事业指导委员会颁布《暂定民营电台播音节目时间标准表及说明》，对各台时间分配、节目安排、节目性质等有详细要求："节目内容成分之分配，计教育占 38%，娱乐占 62%，故娱乐节目中插播商情、气象、警策语或各种小常识，适足补教育节目成分之不足。"②民营广播电台事业发展有法制保障和规范可依，其合法身份得以确立。

在机构管理方面，各地民营广播电台管理归口交通部设在各地的电报局，具体负责波长呼号审查、机件查验、节目审核和许可证发放等。上海是中国民营广播的大本营和集中地，其广播电台多设在租界区域，广播电台管理由交通部国际电信局负责，1936 年交通部国际电信局撤销，后由交通部上海电报管理局负责，电报局出台"取缔节目标准"共九项：1. 宗旨纯正；2. 不危害治安；3. 要适合党义；4. 不可诲淫；5. 不含有神怪妖异；6. 不违背科学原理；7. 不违背伦理精神；8. 不可有污秽俚俗；9. 不得宣扬封建思想。③这些内容对规范那些商业化程度高的电台有针对性，意在改良社会不良习惯，树立科学文明风气。

广播的快速发展，一个新兴行业出现，一个志同道合的共同体也自然

---

① 《建设委员会颁布中华民国广播无线电台条例》，《旧中国的上海广播事业》，第173–176页。

② 《交通部公布民营广播电台违背指导播送节目办法处分简则》，《旧中国的上海广播事业》，第237页。

③ "关于电报局整理审查广播电台节目的报道"，《旧中国的上海广播事业》，第222页。

形成，共同体要处理无线电广播技术设备方面的问题，要面临市场化生存的运行模式探讨，要与官方监管部门沟通，还有协调共同体内部事务，等等，这些因素导致民营电台的自我管理组织产生。

1932年8月亚美电台邀请上海及附近的各民营电台相关人员50多名，参观亚美无线电公司，并组织一次宴请聚会。元昌电台老板张元贤在会上建议，应组织业内"联合同盟"，以联络感情暨调解电波互扰纠纷等，并提出组织"业内同盟"的六条意见：1. 暂由问答汇刊编辑部代收各电台"声请加入书"或意见（须盖章签字）；2. 然后通函选举执行委员执行之；3. 各同志与各电台（不论电力大小）如经加入当守会章；4. 大电台留出相当时间予较小电力之电台以播音机会（此乃指电力较小之电台并非实验或业余性质者）；5. 每日提出半小时之时刻为新播音台校验，勿使在播音台播送节目时有播音机电波入侵之现象发生；6. 各播音台联合呈请当局颁布管理条例以免步以前"国华""天灵"之后尘。[①] 以此为基础，1934年春上述各台发起组织同业公会，并呈经中国国民党上海市执行委员会核准。5月1日，国民党上海市执行委员会颁发上海市无线电播音业同业公会许可证书。11月11日，上海市各民营广播电台在上海市商会举行成立大会，凡属上海市华商经营的电台并经过交通部发给执照或登记注册者均为该会会员。

播音业同业公会成立的目的为联络感情，互通信息，先后参加该会的共有民营电台23家。公会设总务、组织、调查、会计、研究五科，日常会务为解决各电台相互间问题，并为各电台上报和收转国民政府当局交办

---

① 张元贤：《无线电联合会之建议》，《无线电问答汇刊》，1932年9月5日，第268页。

的各项事务等。会议推举福音电台负责人王完白为主席，苏祖国、胡芝楣、王完白、金康侯（亚美电台）、陈子桢（国华电台）、王纬之（利利电台）、陈鞠春（东方电台）、陈懋甫（友联电台）、张元贤（元昌电台）九人为执委，陈仰乾、顾克明、李瑞九三人为候补执委。当天上海市党部、社会局和市商会都派代表参加揭幕仪式。

无线电播音业同业公会成立，即投入民营电台的各项公共事务中。1935年6月初，就一些民营电台无端被取缔，造成电台业主的损失，以及许多电台呈请，审查播音的材料往往得不到及时批复，导致电台无法取舍材料等情况，播音业同业公会派王完白、苏祖国和王纬之，前往上海民营电台的主管机构——交通部上海国际电信局交涉，得到积极的回应，产生良好维权效果。

同业公会是中国近代，特别是民国时期普遍存在的新式工商行业自我管理组织，与政府之间建立起各种正式或非正式的合作关系。它的成立起到了保护同业、为同行取得合法权益的作用；同时还厘定行业规则，进行行业行为规范，弥补政府职能管理的缺失。播音业同业公会的成立并正常运作，"意味着现代民营广播的管理运行模式已由政府—民营电台的单向管理模式，变成了政府—民间行业组织—民营电台，三方协议和博弈的方式"。[1]广播同业公会的出现，在政府有关部门和民营电台之间，一定程度上起到了沟通桥梁的作用，使得广播管理和沟通更加有效率。

---

① 艾红红：《中国民营广播事业史》，（台湾）花木兰文化出版社，2016年，第76页。

第三节　建设委员会与交通部无线电管理权之争

　　20 世纪 20 年代无线电通讯事业在中国快速发展，同时也引来各方关注，而对这一新生事物的如何有效规范与管理，是需要一个过程的，当时的民国政府也在摸索阶段，尚缺乏经验，在新成立的"建设委员会"与已有的交通部之间出现机构职能的设置重叠现象，引发一场激烈的争议，此事发生在 1928—1929 年，持续一年多时间，这期间经种种博弈，最终，包括广播在内的无线电通讯管理权限归属交通部负责。

一、建设委员会办无线电经过

　　1928 年初，为实现孙中山的实业救国计划，政府成立规划全国建设事业的建设委员会（以下简称建委会），"中华民国建设委员会"于 1928 年 2 月成立，国民党元老张静江担任该会委员长。

　　建委会成立初始，国民政府对其的职权范围作出规定："凡国营事业如交通、水利、农林、渔牧、矿冶、垦殖、开辟商港商埠及其他生产事业之须设计开创者皆属之。"①1928 年 6 月，经历北伐后，南京国民政府成立，国家统一形态形成，中央方面认为全国无线电有整理及扩充之必要，议决

---

① 《建设委员会与各部之权限》（1928年3月23日公布），《国民政府公报》，第43期。

全国无线电由建设委员会设计筹建并经营管理之。建委会积极办理无线电事业，按其说法基于三个理由："建设之首要在民生，故本会创办无线电事业，即以便利民众为前提。关于国内电台之筹设，工商业之通讯，凡所以利吾民者，出全力以赴之，此其一。无线电之建设，对外应以收回国际通讯权为先务。关于国际电台之筹设，与办理国际通讯事宜，凡所以尊重主权，提高我国地位者，出全力以赴之，此其二。无线电人才与机器，素仰外人鼻息，无可讳言，必须速谋需要之供应，以求自给。关于制造厂所之经营，训练学校之设立，与蕹进民办无线电事业，凡所以宏我制造及教育者，出全力以赴之，此其三"，[①]以求名正言顺地开展无线电的相关工作。

为此，建委会还得到了管理无线电方面的相关职权赋予，主要有：（一）1928年6月25日中央政治会议临时会议决案，"全国无线电台，由建设委员会积极筹建，所有各处已设之电台，应暂交该会管理，以利进行"；（二）民国政府第三二四号训令："经中央政治会议决议，全国无线电台，由建设委员会积极筹建，所有各处已设之电台暂交该会管理一案，除令行交通部外"；（三）建设委员会制定中华民国无线电管理条例，1928年7月奉国民政府第七〇一号指令，准予备案，其中第二条文曰："凡中华民国内及国际间之无线电事业，统归中华民国建设委员会无线电管理处管理"；（四）1928年11月28日，中央政治会议第一六五次会议，通过行政院各部会组织法，交通部原定职权，经审查委员审查修正，其中无线电一项，一概删除；（五）1928年2月9日，国民政府明令公布行政院各部会组织法，建设委员会组织法第二条第五项文曰："建设委员会创办

---

① 《建设委员会办理国营无线电之经过》——民国十七年六月起至十八年七月止，建委会，1928年，第1页。

之事业，仍由建设委员会完成之。"①建委会方面，将其管理无线电的依据
一一列举，为了证明自己的"合法性"。从另一角度考察似乎也有预感，
可能会引发争议，以期好有准备，使自己理直气壮，在争议中占据有利的
地位。

有了职权之赋予，师出有名，建委会迅速于 1928 年 7 月在南京韩家
巷成立无线电管理处，由李范一任处长，后王崇植担任建委会无线电管理
处处长。建委会获得无线电通讯建设和管理电台权后，做了一系列工作，
主要有：接收全国已设立之无线电台及关于办理无线电事业之各机关，从
事整顿以一事权。设立各地民用电台，收发商报，以利民众；设立处理电
信管理局及营业机关；制定无线电法令（中华民国无线电台呼号条例、中
华民国广播电台无线电台条例等）；刊发无线电书报及杂志，②接手制造无
线电机（上海无线电机制造厂），培养无线电人才（无线电报务人员养成
所）等。

维护国家的无线电主权，取缔外人在我国境内私设及废除从前一切不
平等无线电合同契约，调查外人所设电台为交涉接受之准备，而上海美商
开洛公司所设广播无线电台，遂有放弃之宣示。同时积极筹建国际电台
……而诸事积极进行，颇有成效。一年之内改建、新建长短波电台 29 座，
开展收发报业务和进行广播。又同国内 30 余处地方电台建立通讯网，使
电信可达国内各主要城市。同时在上海真如开建国际无线电台，以供收发
国际电信之用。

---

① 参见《建设委员会办理国营无线电之经过》——民国十七年六月起至十八年七
月止，建委会，1928 年，第 1、2 页。

② 参见《无线电新报》，第 1 卷第 1 号，1929 年 1 月 1 日出版，国民政府建设委员会
无线电管理处发行，第 32—35 页。

二、交通部的抗争

新成立的建设委员会办无线电成效不凡，但随之与交通部的职能重叠问题愈加突出。考察中国电信事业发展史，1880年晚清时期，李鸿章奏设天津至上海电报线，1905年开办无线电报，1906年设立电报总局，隶属邮传部。1915年北洋政府颁布《电信条例》，规定电话电报不论有线无线均由国家经营，北洋政府的交通部下设有电政司主管包括有线和无线在内的电信事务，相对而言有线比无线发展早些、规模大些。而无线电方面并没有得到很好的重视，也缺乏良好的设施，且无线电则徒作外人侵夺利权之具，现建委会奋起兴办，且发展势头看好，交通部则有不同看法，认为政出多门，事权不一。

特别是建委会广设短波电台，在不断扩大的经营中将无线电报报费压低于有线电报报费。当时有建委会和交通部的价格比较：

建委会价目			
种类	同城	本省	隔省
华明	三分	五分	一角
华密或洋文	五分	一角	二角
新闻洋文	二分	二分	
新闻华文	四分	四分	
挂号费 全年六元、每月一元			
交通部价目			
种类	同城	本省	隔省
华明	四分	八分	一角六分
华密或洋文	八分	一角六分	三角二分
新闻洋文	四分	四分	
新闻华文	八分	八分	
挂号费 全年十二元、每月一元五角[①]			

① 《建委会电台之调查，交通部力争电政统一》，《大公报》，1929年1月26日，第4版。

显然建委会的价格竞争优势突出，吸引大量客户之后建委会还一再减价，致使"交通部各电报局收入减损平均在百分之三十以上，其中以上海、汉口两局为甚，约减百分之五十"。① 如此直接影响了交通部下辖的各大城市电报局经营有线电报的收入，导致营运陷入困境。更为甚者，建委会还出高新，吸引电报局报务员到建委会系统的短波电台工作，弄得电报局的专业人才人心浮动，报务通信工作受到影响。

为此交通部极力"维权抗争"，于1928年8月初召开全国性的交通会议，商量对策，指责建委会的组织条例中并无建设无线电报的条文。会议提出"统一无线电台管理权，建设委会不应管理电台"的议案，呈送国民政府行政院，认为"建设委员会现将各地无线电台收发函报减轻电报费，以事竞争，以致电政信用堕落，行政系统分歧，影响电政甚巨，无线电本系交通事业，向有交通部与有线电同时并筹，经费人员原无歧异，建设委员会仅为研究筹备建设计划，收管已成电台，不足以言建设，减价竞争，更足摧残电政。救济办法，将建设委员会电台设备，由交通部估价收回，人员由交部支配，有线无线全局统筹，相辅而行，以保电权，而维统一"。② 呈请民国政府要求建设委员会将各电台移归交通部管理，以维护行政系统正常运行，防止政出多门。

争执中甚至提到有所谓内幕，"建委会办理无线电之李台长前本为军事委员会无线电台长，曾于军电之外，取价收发商电，为有线电局所反对、受何应钦之申斥血止，殆军事告终，李欲入交通部而未得，适建委会

---

① 《建委会电台之调查，交通部力争电政统一》，《大公报》，1929年1月26日，第4版。

② 《统一无线电台管理权建设委会不应管理电台，全交会议决请国府钦饬遵》，《大公报》，1928年8月19日，第3版。

办无线电台，李遂设法入该会主办其事，专意与有线电事业为难，而一再跌价竞争之事，予以发生，各电局大受影响，上海每月至少收三万元"。①对于交通部为代表的有线电界不满意于无线电方面，建委会则回应："有线电界害怕无线电，是可以不必的。果真科学的趋势，是无线电将取有线电而代之，不肯平分天下，则无论诸君如何防御，也是没有用的。事实上并不如此。……有线电局近来的种种改良，彰彰在人耳目，我们极为欣慰。但是以后仍有改良整顿的余地，经费还可以节省，人员还可以精练。无线电幼稚得很，时时刻刻需要人家的督促改进。"②认为部会自家的兄弟，应捐弃前嫌，互相惕励，放下身段好生安抚交通部。

至于反对交通部与建委会分掌有线电、无线电，以为电政应该统一者则认为："有线电与无线电的管理及营业，非分开两个机关执掌不可。即便交通部收回无线电，一定也要另设管理机关，以无线电之盈余发展无线电，以有线电之收入整顿有线电，分疆治理，断不能混混沌沌，仍照前办理，致令同归于尽。建委会之办理无线电，不过是奉行中央的命令，同为国家做事。所以事实上部办会办，并无分别。"③

无线电究竟由部办还是会办，双方观点相左，激烈博弈。高层一时也举棋不定，左右摇摆。此时，作为国民党元老张静江的因素又显示出来，1928 年 11 月国民党中央政治会议第 165 次常委会上通过由审查委员会对

---

① 《有线无线电争潮扩大，各省电局均起响应》，《大公报》，1928年12月27日，第2版。

② 一星：《告有线电界之不满意于无线电者》，《无线电新报》，1929年第一卷第二号，国民政府建设委员会无线电管理处发行，第3、4页。

③ 一星：《告有线电界之不满意于无线电者》，《无线电新报》，1929年第一卷第二号，国民政府建设委员会无线电管理处发行，第3、4页。

交通部职权修正，取消了交通部管理无线电的职权。随之，行政院对交通部下达了"将该部无线电管理处及所属各电台一律划归建设委员会管理"的命令。

如此一来，"中华全国电政同人公益会"愤然而起，呼吁各地电报局派出代表到南京向国民政府请愿，得到积极回应并在南京组成了全国电政职工代表请愿团，发宣言例数建设委员会揽下无线电管理权影响有线电收入，破坏电政系统之弊害，质疑其办理无线电的理由及合法性，"请愿收回该会揽去之无线电管理权，尚祈全国各界主持公道，加以援助，务必达到电政统一之目的，庶于国计民生，皆有裨益"。[①] 同时，湖北、天津等各地电报局职工也向当地国民党党政机关请愿，在社会上形成一定的声势。这场争夺全国无线电管理权的大战，另一关键人物是身为交通部长的王伯群。王冲在一线，甚至孤注一掷，不惜以辞职要挟。当时有媒体报道："王伯群因无线电管辖权问题未解决，提呈辞，呈辞内容谓交部所争，只在谋电政统一，不应相互竞争，使有线电破产，若能统一顾全电政，即将有线电全部划归建委会亦可，本人体弱乞辞职。"[②] 要撂挑子了，以此发泄心中的怨气。

事已至此，高层方面必须在两者之间作出个最终抉择，当"国府蒋主席慰留王伯群勿辞，谓有持平办法，闻王已可不辞"。[③] 此时，建设委员会会长张静江态度有所软化，在致交通部长王伯群函中表示："建设委员会

---

① 《电局职工请愿团宣言，有无线电不宜划分》，《大公报》，1929年2月17日，第7版。

② 《王伯群坚决求去》，《顺天时报》（FEB-2.1929），季啸风、沈友益主编：《中华民国史史料外编》，广西师范大学出版社，1996年，第93册，第28页。

③ 《社评：有线无线电之争执问题》，《大公报》，1929年2月4日，第2版。

以交通部未尝建设无线电报，故入手办理，近阅交通部发表之印刷品，知交通部重视无线电报，而欲自行建设，建设委员会，俟无线电报建设告竣，无妨将其管理权移交交通部，故不必就无线电报之管理权，有所争执也，然王部长将本案提出行政会议及政治会议，以相争者，其出于何等误会耶。"[1] 决策层不得不重新考虑由哪个单位来掌管无线电管理权更合适。1929 年 6 月 17 日，国民党第三届中央执行委员会第二次全体会议讨论通过决议：建委会所管之无线电移交交通部管理。8 月，交通部无线电报话管理处接收了建委会无线电管理处及所属在全国各地的无线电台；9 月，交通部无线电报话管理处改组为交通部无线电管理局，负责管理全国的无线电台。

另有说法王伯群通过其妹夫何应钦的关系，由何应钦竭力疏通国民党立法院院长孙科，再度提案提交立法会议，以微弱多数通过后，送交国民党中央执行委员会，通过建委会所管之无线电移交交通部管理。"国府交通部与建设委员会所争管之全国无线电报问题，自本（十七）日起，已将全部移交交通部管理，其原因系以国府为谋促进对美借款促成立起见。由院长孙科、交通王伯群等运动之结果"[2] 云云。在这场无线电管理权之争中，不难看出双方表现的差异，也反映出一种微妙的心态。交通部认为自己的利益受损，满腹委屈，故显得咄咄逼人，而建委会方面，因是后来介入无线电通信领域，且受益匪浅，故放低身段，好言相劝。

---

① 《张静江谓交王争无线电案实有所误会》，《顺天时报》（FEB-2.1929），《中华民国史史料外编》第93册，第29页。

② 《建委会已于前日实行将无线电权移归交部 孙科王伯群运动之结果谋促成对美国之借款》，《顺天时报》（MAR 19.1929），《中华民国史史料外编》第93册，第31页。

三、无线电管理权限之争的评析

有关无线电是部办还是会办，其中存在一定的利益之争，另一方面也需看到，无线电事业是个新生事物，对其认识把握需要一个过程，从其渊源关系和新媒体技术发展的复杂性，从建设投入和开发管理，各方都有个切入和磨合的问题，应客观看待。

此外，还有不可忽视的外部势力影响因素的介入。1921 年 2 月 8 日，中国交通部曾与美国费特尔公司缔结建设无线电台之契约，美方附约中有竣工日起，在二十年内，凡由中国发往美国之无线电统由费公司专独收发的条款。此后民国政府与美国已成立无线电借款合同，借额二千万元以电政收入担保，而美国附带要求无线电权须归交部，之前 1918 年 2 月 21 日，中国海军部与日本三井洋行缔结建设无线电台的契约相违背，也导致交通部和建设委员会之争将愈烈。[①] 根本的原因还是中国电信发展落后，受制于人。

而政府的政令法令不统一，职能重复，新政府新机构在官职体制设置方面有不周之处，也是问题的关键所在。建委会成立时国民政府对其职权范围作出规定："（一）建设委员会之职权依该会组织法第一条之规定凡国营事业如交通水利农林渔牧矿冶垦殖开辟商港商埠及其他生产事业之须设计开创者皆属之。（二）上项各事业之已成者其管理监督保护改

---

① 《美国附带要求无线电权须归交部，交部建设委员会之争将愈烈》，《顺天时报》（FEB–2.1929），《中华民国史史料外编》第93册，第27页，第63—66页。

良属于中央各主管机关。"① 显然（一）和（二）可能会引发矛盾，而政府方面也不是没考虑可能存在的机构职权设置重叠的问题，但仅仅简单的说明又无相应的配套措施。而事业发展有其性质属性的内在规律，以先后开办为由归属不同部门，似为不妥，为日后引发交通部和建委会有如此大的冲突留下隐患，政府本身的机构设置及管理能力也需有个完善的过程。

《大公报》当时曾就交通部与建设委员会关于无线电信管理问题之争执，发过颇有见地的《社评：有线无线电之争执问题》，认为此事国府管制根本上有疏略之点，而不怪交通部与建委会。在部与会的关系方面，"普通国家，以内阁掌全国行政各种事业，皆纳诸各主管部之下，责任分明，行政统一。故如建设委员会之机关，在普通国家中，颇不多见，无已其与苏俄之国家计划委员会相类"。文章考察当时的党国现制，在政府机关方面已非俄制，而党的组织仍大体采用俄制，苏俄的国家计划委员会网罗者为最高之技术家及经济家，是专司规划与审议机关。"至中国现制，全国行政权在行政院，内有各部，凡工商矿铁道交通财政，皆有专部，是关于经济财政之事，皆归于行政院也。而其外则另设一建设委员会，不属行政院，而属国府，其职权包含计划实行与管理，而又非经济建设事业之全部分，而只为其一部分，是以与各主管部动辄发生权限问题，更进而发生营业竞争问题。而有此次有线电与无线电之争，故扰攘如此，乃制度上有缺陷故也。"《大公报》社评认为理想的状况应是参照俄制使建设委员会"为建设事业之计划机关，不为行政机关"，"故宜有一机关为整个之研究调察

---

① 《建设委员会与各部之权限》（1928年3月23日公布），《国民政府公报》，第43期。

而计划之。建委会若以此为任务，则不惟不碍行政之统一，且大足以助建设之完成"。① 这是关系到国家机构设置与治理方面的宏观性问题。

事实上，在1928年8月召开的国民党二届五中全会上，通过了一项责成建设委员会把属于各部主管事业对口移交的提案，是年10月中华民国建设委员会更名为国民政府建设委员会，由国民政府直辖改由行政院管辖，降低了建设委员会的级别。后因国民政府添置部会机构，一些重大建设项目被分流，故从1930年起，建委会除了继续"计划全国之建设事业"外，侧重"办理水利、电气及其他不属于各部会主管之国营事业"。1938年1月建委会被撤销。

总之，此次部会权限相争徒生内耗，有线电与无线电作为通讯事业性质相同，归属一个主管机关管理，可避免事业规划割裂。而这段波折也并非多余的，无线电技术属于新生事物，该归属哪家管理，从专业技术的角度还是从建设规划的角度都有其合理性，要随着实践探索逐步明确，要由时间来决定由哪方管理更为合理。事后各方倒是冷静下来，无线电方面由交通部管理有其历史的渊源和现实的基础，更为可行。归属问题的解决为包括广播在内的无线电事业管理理顺了关系，为事业今后发展扫清了障碍，积累了经验。

---

① 《社评：有线无线电之争执问题》，《大公报》，1929年2月4日，第2版。

第四节　广播事业的推进

这一时期广播事业的发展势头良好。由中枢机构来协调管理广播方面的工作，广播自身也重视并加强节目的建设。1936年的奥运会，中国广播首次走出国门进行了报道等，可作为发展势头良好的代表。

一、广播事业的中枢机构及工作开展

广播事业的进一步发展，涉及地域分布、频率资源分配等，需要统筹规划，持续长久的方面考虑，政府（官方）应承担相应的责任，中央广播管理处、中央广播事业指导委员会相继成立，是全国广播事业的中心，承担事业发展规划和指导工作。

（一）中央广播电台管理处与中央广播事业管理处

1928年8月，中央广播电台成立初期，系隶属于（国民党）中央宣传部，后即改隶属中央秘书处。相较之前电台，是一个规模、影响重大，负有国家职能的电台，是广播界的龙头，并积极从事全国广播网的建设。

1932年夏，国民党第三届中央执行委员会第17次常务会议通过成立中央广播无线电台管理处，隶属国民党中央执行委员会，关于宣传事项并受中央宣传部组织指导。设正副处长各一人负责管理处事务，由中央执行委员会常务委员会任用之，当时任命吴保丰为处长，吴道一为副处长。同年，国民党中央第三届执行委员会第30次常务会议通过"中央广播电台

管理处组织法"。主要内容有：

管理处下设总务、技术、传音三科及报务、编辑两室，总务科设文书、会计、材料、事物四股，技术科设立工务、指导、研究三股，传音科有收集、播送两股。传音科主要处理广播节目及内容编辑，其征集股负责："甲，关于歌剧、报告、演讲、商情材料选集事项。乙，关于奏乐讲演人员延揽照料事项。丙，关于节目时间排列变更事项。丁，关于调查联络各地广播电台节目事项。戊，关于广告接洽审查分配事项。"播送股负责："甲，关于各种播音节目之讲述解释传发事项。乙，关于收听转发中外各台播音事项。丙，关于各处发音室管理运用事项。丁，关于研究训练发音技能事项。"①

中央广播电台和中央广播管理处基本上是台、处合一的体制。其业务于中央广播电台而言，一方面要办好自己的节目，以尽宣传、教育、娱乐三大广播目的；另一方面还要规划全国、协调各地的广播事业，添设电台，按幅员广狭，人口多寡，草议广播网分区步骤，以期各该区域电台射程可及的范围。

1936年，全国公私营广播电台已多达八十余座，而电台的设备及节目未尽合标准，需要有一部门机构来协调规范管理。鉴于此，1936年1月，国民党第四届中央执行委员会第二次常会通过——中央广播无线电台管理处更名为中国国民党中央执行委员会广播事业管理处，简称"中央广播事业管理处"。随之充实组织，遴选人才，将各科室分掌工作进一步落实，配齐人员，全台职工人数达159人。这一名称的改变，提升了机构级

---

① 《中央广播无线电台管理处组织条例》，《中央周报》，1932年8月5日，第223期。

别，理顺了具体电台业务与整个广播事业管理的关系，可以使广播的各项工作开展显得师出有名、名正言顺，同时仍任命吴保丰为处长，吴道一为副处长，处台关系依然紧密。

"中央广播事业管理处"成立后，除处理日常事务、技术保障及节目编排播出外，还着手筹划扩展广播事业；开办收音员训练班；出版广播业务刊物；协助教育部实施播音教育等。具体内容有：（一）管理处对于广播事业之扩展积极筹划，在洛阳、福州、河北、西安、南昌、长沙等处先后成立分台，二十四年（1935年）二月呈准中央第四届第一五六次常会筹设一强力短波电台于内地。着手全国广播电台统制计划，经中央通令全国电台于规定时间内转电中央电台节目，积极协助各地尤其是边远地区建立、扩充广播事业。（二）收音员训练班之举办，此举目的为各地训练收音专门人才，普及广播事业，提高广播宣传效率。1928年秋、1929年春曾开办两次，训练期间为三个月，共毕业收音员共三十余人，均被派至苏、浙、皖、赣、闽、粤、湘、鄂、鲁、晋、京、汉、郑、汴、青、浔等省市服务。此探索取得很好的效果，之后管理处于1933年、1934年开办过三期收音员训练班，总计先后毕业学员四百三十五人。这些学员都是由各地推荐来的，来自苏、浙、皖、赣、闽、粤、湘、鄂、鲁、晋、京、汉、郑、汴、青、宁等省市，毕业时分别发给机件，后返回各地工作，遂使交通不便之地方，素缺报纸阅读者，均获壁报通讯稿之享受，时局消息，顿觉灵通，中枢声教，瞬息远达，颇慰一般社会之愿望。（三）管理处所出版之定期刊物凡二种，一为《无线电》，创刊于1934年2月，每二月出版一次，内容注重关于无线电知识之介绍与研究。一为《广播周报》，创刊于1934年9月，每星期六出版，内容广泛，包括关于政治、经济、法律、科学、史地、文艺等广播文字。上述两种刊物自发行以来，颇受读者欢迎，销路年有增加。（四）播音教育为教育部所举办，以管理处之播音台为其实施播音教育之工具，除星期例假外，每日延请名人学者至台播音演讲，管理处则多方予以协助等。① 广播电台建设、人员培训、广播刊物出版等各方面工作有序进行。

中央广播事业管理处组织系统图 ②

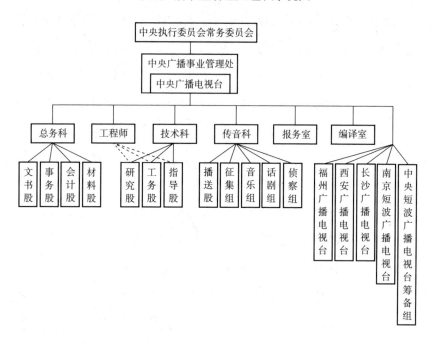

（二）中央广播事业指导委员会

从"中央电台管理处"到"中央广播事业管理处"，广播系统内部考

① 参见吴道一：八年来之中央广播电台，《广播周报》，1936年9月19日出版，第104期，第16、17页。

② 吴保丰：《十年来的中国广播事业》，中国文化建设协会：《十年来的中国》，商务印书馆，1938年，第699页。

察关系理顺许多，但广播事业作为现代大众传播媒介涉及面广，与社会其他系统、其他部门有着种种联系，如利用广播从事教育，需要和教育部门沟通，开展播音教育及电化教育，此外还有大量民营电台，出现业务设备、冲突分歧、散漫分歧、各说其是等状况。广播事业发展中的新问题具有一定的复杂性，需要有新的机关来协调管理，为此，有关方面建议设立广播事业指导委员会，联合相关机关，协调管理，统一指导。

1936年2月6日，国民党第五届中央执行委员会第三次常务会议决定设置中央广播事业指导委员会，作为决策机构以指导全国公私营电台及广播事业的发展。该会由中央广播事业管理处、中央宣传部、中央文化事业计划委员会、军事委员会、交通部、内政部、外交部、教育部、社会部、海外侨务委员会部等各部委派代表一人组成。任命陈果夫为主任委员，吴保丰为副主任委员。内设指导组、考核组、侦察组、事务组。委员会人员大都为兼任，作为代表出席会议、讨论问题，以及为各部委传递、部署配合相关广播工作。广播事业指导委员会日常工作由中央广播事业管理处工作人员兼办，以指导委员会主任名义牵头召集相关活动开展。会议讨论事项按其性质归属，由各部会分别负责处理，另"该会有关决议事项需要执行者，即透过交通部以命令行之"。[①]

按照该会组织大纲规定其职务范围。主要有：一、广播网之计划及统制事项；二、广播电台之筹划与取缔事项；三、广播事业法规之订定事项；四、广播电台波长之分配与呼号之规定事项；五、广播电台机械测验与程式之规定事项；六、广播电台播音节目之审核与支配事项；七、收音机之调查与登记事项；八、国内外广播电台播音节目之侦察与交换转播事

---

① 何贻谋著：《广播与电视》，（台湾）三民书局，1978年，第19页。

项；九、广播机件材料自给之计划事项；十、国际广播会议之参加事项等十项[1]，包括了广播工作的方方面面。

广播事业指导委员会在职能履行过程中，中国广播事业的软件硬件的建设也逐步规范起来，形成了自己的广播网络媒介系统。政府方面希望把全国的广播电台有效地联络起来，形成一个广播网，成为传达政令、开展宣传的有效利器。为此，中央广播事业指导委员会副主任委员、广播事业管理处负责人、广播专家吴保丰做过专门的探讨，认为广播网可以使电台节目互换充分利用，听众可以用简小的收音机聆听到远地的播音，便于管理各地电台形成一个有机体。具体有："（1）中央台：地址在首都，供全国听众直接收听。（2）区台：全国为若干区，设在各区中心最繁盛之都市，所播节目，系供全区内听众收听。其电力至少十千瓦，至多五十千瓦。又每区区台得设一千瓦之短波台一座。（3）省市台：各区之省会，特别市得设省市台，其作用在辅助中央台及区台，使一省一市之听众，可体可用较简之收音机直接收听，电力自五百瓦特至五千瓦。（4）地方台：全国各省市，市及一等县，得依地势、交通、人口之诸要，另设地方台。其作用为转播中枢以下各台之重要节目，介绍于简小收音机之听众，俾深入穷乡僻壤。电力以五十至二百瓦特为限。"[2] 广播网将电台分中央台、中心区台、省市台和地方台四级，雄心勃勃地去规划、实施。

此外，有呼号规定，尤其是电台呼号、波长等无线电广播特有的技术

---

[1] 国民党中央广播事业指导委员会组织大纲（1936年2月6日），《中央党务月刊》1936年第91期，第175、176页。中央广播事业指导委员会于1946年9月17日，在南京召开第30次会议后，遂行休会，次年底，该会经国民党中央常务委员会决议裁撤。

[2] 吴保丰：《十年来的中国广播事业》，中国文化建设协会编：《十年来的中国》，商务印书馆，1938年，第721页。

问题，处理不好造成听众无法识别，电台间的相互干扰等问题，需要有顶层设计加以规范处置。中央广播事业委员会对此做了明确的规定：一、全中国各台第一个字母均用"X"；二、每一区内各台之第二字，自"H"以下顺用之（但"J"除外）；三、区台之第三字为"R"，省市台之第三字为"P"，地方台为"D"，此三字表示性质和电力；四、区短波台呼号，只第三字易为"S"，余同；五、每一区内，各台之第四字，自"A"字起，顺序用之。[1]频率分配为："一、各区与中央台相差至少100千周波；二、各区台相互间相差至少500千周波；三、省市台与中央台相差至少50千周波；四、省市台与本区台相差至少20千周波；五、省市台与别区台相差至少20千周波；六、同区内之省市台相差至少50千周波；七、不在同一区内之省市台相差至少10千周波；八、地方台与中央台相差至少20千周波；九、地方台与本区或别区之省市台周率相差数目，在不相干扰范围内，酌情临时规定之。"[2]呼号规定、频率分配都是为了使广播规范、有序地进行工作。

就广播内容方面，对于节目孜孜改进、不遗余力，宣传党义政治之外，注重成人教育、儿童教育，并提倡高尚娱乐与智德修养，以期民众不为低级娱乐所腐化，迎头赶上，得与欧美电台并驾齐驱，最近复为齐一宣传步骤起见。中央广播事业管理处，呈经中央执行委员会，转函行政院，令行交通部及各省市政府，转知民营及公营各广播电台，要求从1936年4月20日起"每日于下午八时起至九时零五分（星期日除外）须一律转

---

① 吴保丰：《十年来的中国广播事业》，中国文化建设协会编：《十年来的中国》，商务印书馆，1938年，第722页。

② 吴保丰：《十年来的中国广播事业》，中国文化建设协会编：《十年来的中国》，商务印书馆，1938年，第722页。

播中央广播电台节目,现悉暂为简明新闻、时事述评、名人讲演、学术讲演、话剧、音乐等六个项目"。[1]这些节目均系严格挑选编辑制作,极有价值者,各地电台及时转播,全国民众得到熏陶,能收意志集中以杜分歧之效,而各地民众无论远近,即使装简单矿石收音机,也能正常收听。吴保丰认为"于一定时间内聚精会神,一致收听中央台之节目,对于统一全国意志,集中全国力量,行将藉音之力,于无形中完成其重要使命",[2]这是一个政府广播所应承担的媒介责任。

在广播节目提升与监管方面,指导委员会做了大量的工作。早先广播节目内容简单,编排支配漫无标准,甚至有"专播粗俗小调,迷信荒诞之故事,诲淫诲盗之小说,以迎合低级趣味为能是"[3]等问题。1936年,交通部《指导全国广播节目播出办法》等,在编排节目、节目内容、播出时间、处分事项等方面使广播节目各个运行环节有章可循。如"关于教育演讲及新闻报告方面,公营广播电台应占多数,民营广播电台亦不得少于20%,但以转播中央广播事业处所属各电台之节目为限,其娱乐及广告节目至多不得超过80%"[4]等都有明确规定。

1928年至1937年,中国的广播事业快速发展,各地电台数量如雨后

---

① 《全国无线电台一律转播中央节目》,《实用无线电杂志》,1936年第1卷第8期,第18页。

② 吴保丰:《十年来的中国广播事业》,中国文化建设协会编:《十年来的中国》,商务印书馆,1938年,第704、705页。

③ 吴保丰:《十年来的中国广播事业》,中国文化建设协会编:《十年来的中国》,商务印书馆,1938年,第719、720页。

④ 《指导全国广播电台播送节目办法》(1936年),交通部档案,全宗号二〇(21),案卷号496,中国第二历史档案馆馆藏。

春笋般出现，据统计全国共有广播电台 78 家，其中公营台 23 家、民营台 55 家[①]（关于广播电台数量统计有 92 家说法，见本课题附一）。中国广播再也不是之前的无序发展状态，随着"中央广播事业管理处"和"中央广播事业指导委员会"成立，作为民国政府广播事业最高管理机构，发挥中枢作用，着力打造中央一级的广播媒体，使之起到引领和示范的效果，同时协调布局规划广播事业发展，积极着手广播规范。另一方面，在广播的管理组织架构方面也进行探索和尝试，建立起一个与现代国家相适应的广播媒介系统，在民国广播事业发展史上有着顶层设计管理的特别意义。

二、广播节目的建设

广播的节目如同报刊的版面，它是广播内容的软载体，广播内容有序化才能和听众建立起有效联系，其传播的社会功能才能得以实现。通过广播传播的实践及与听众的磨合，形成了中国广播节目的五大类型，即宣传、讲演、教育、新闻和娱乐。广播事业管理处吴保丰在 1937 年所著《十年来的中国广播事业》有论述道："凡关于阐扬主义、报告政治及警策语等，均属于宣传类。关于常识科学及其他各种社会问题之讲述，则属于讲演类。至教育节目，其内容多属于有连续性之教材，而须逐字逐句讲解者。新闻节目，则内容包括甚广，自气象商情，以至时事报告，一周大事等皆属之。……至于娱乐节目，大别之可分戏剧和乐曲两种；而戏剧又分平剧与话剧，乐曲除音乐歌咏之外，则有昆曲、打鼓、弹词等，种类繁

---

① 吴保丰：《十年来的中国广播事业》，中国文化建设协会编：《十年来的中国》，商务印书馆，1938年，第718页。

多，每日于杂曲节目中轮流唱之。"①鉴于讲演类节目可归入宣传和教育类，这里重点从教育、宣传、新闻和娱乐四个方面来分析民国时期人们对广播的研究和认知状况。

（一）教育节目

面对国家的内忧外患，有识之士提出了"教育救国"的主张，人们也认识并指出："二十世纪的竞争是用智力，不是用体力。"②此时的教育观念也不再是学生在学校读书识字。1936年教育部将教育的新趋势概括为"教育的对象是全体民众，教育的内容是一切生活，教育的场所是整个社会"。同时也提出"经济而有效的新的教育工具的发明和利用，便成为了一种必然的要求"。③广播作为大众传播媒介其迅速、普及的传播特点，突破了传统教育的限制，成为教育的利器。在这一过程中对广播的功能也进行了改造和挖掘，使得人们开始将其和电影一般视为娱乐工具，逐渐也接受了其教育的功能。有研究者分析："我国文化落后，民智未开，文盲既极众多，交通又甚阻滞，故藉印刷品传播知识之缺点，在我国尤为明显，播音教育之推行，在我国尤感需要。"④所以，广播教育长期以来在中国广播界、

---

① 吴保丰：《十年来的中国广播事业》，中国文化建设协会编：《十年来的中国》，商务印书馆，1938年，第704页。

② 祝星辉：《播音教育之检讨》，《播音教育月刊》，1937年第一卷第三期，第12-20页。

③ 陈礼江：《播音教育的本质及其使命》，《播音教育月刊》创刊号，1936年11月出版，第6-9页。

④ 詹行煦：《一年来我国之播音教育》，《播音教育月刊》创刊号，1936年11月出版，第10-17页。

教育界享有很高的地位。

所谓的"播音教育"（类似今天的"广播教育"及"电化教育"的概念）是广播事业和教育事业的结合而产生的，简而言之，"播音教育则藉无线电机以传播各种知识"。[①] 其特点有三："不受人数的限制""不受空间的限制""不受时间的限制"（其含义教育是终身的，民众可以随时获得教育的机会）[②]，当时中国的国民文化程度普遍不高，文盲半文盲占有相当比重，知识启蒙的历史任务远没有完成，对于公营电台也好、民营电台也好，教育是不容回避的现实问题。国民党及广播界元老陈果夫先生在《中央广播电台创办经过》一文中提到广播："既便施行政令，又利宜宣扬主义。若用来提倡识字，促进文化，亦足以收宏效。"[③] 故广播教育在中国大有可为。

广播教育节目一直是各家电台所播出的内容之一，但缺乏系统和规范。鉴于此，1935年5月教育部和国民党中央党部商定，制定了利用中央广播电台播送教育节目，并于1936年7月设立了教育部"播音教育委员会"。出版了《播音教育月刊》，其内容"以讲稿为主体，此外还载有关于国内外播音教育消息和播音教育的法令"。[④] 于是"党国先进学术专家"纷纷惠临电台进行专题主讲，据《播音教育月刊》所载内容有：孙本文的

---

① 詹行煦：《一年来我国之播音教育》，《播音教育月刊》创刊号，1936年11月出版，第10—17页。

② 陈礼江：《播音教育的本质及其使命》，《播音教育月刊》创刊号，1936年11月出版，第6—9页。

③ 邱楠：《中央广播电台创办经过》，台北市新闻记者工会编印：《中华民国新闻年鉴》，第46页，1961年。

④ 《发刊词》，《播音教育月刊》创刊号，1936年11月出版，第1页。

《我国民族的特性与其他民族的比较》、马星野的《如何研究国际新闻》、竺可桢的《气象与人生及其他生物之间的关系》、顾颉刚的《清代汉学家治学精神与方法》、邵元冲的《中华民国开国史》、苏步青的《研究数学的基本工作》等等。名家荟萃，话题广泛。不仅如此，还制定了"教育部教育播音讲师注意事项"共18条，内容包括讲题讲稿要求、播音时间、酬金标准与发放，特别提到了"播讲之语句，以深入浅出，富有情趣为主"，"播音语调请勿过平过直，以能分出抑扬顿挫，轻重疾徐并可表达情感者为佳"等。[①]

　　1936年12月，民国政府还派代表出席有30个国家参加的美国"第一届全国教育播音会议"，并在《播音教育月刊》第一卷第六期1937年4月发表了有关会议报告，翻译了美国教育局局长、联邦播音教育委员会主席司徒克（J.W.Studebark）在会上所做的《美国之播音教育》的长篇演讲，对美国的播音教育的历史、成绩、问题和趋势等有了清晰的认识。在翻译出版《无线电广播的文化教育作用》一书中，还介绍当时英国、法国、意大利等国的无线电和文学、历史、政治与社会科学等领域的专家关于广播教育方面的研究文章。[②]

---

　　①　《教育部教育播音讲师注意事项》，《播音教育月刊》创刊号，1936年11月出版，第212、213页。与当今中国中央电视台的引人瞩目的"百家讲坛"栏目相比较，人们自然会产生联想，从中读出某种渊源联系，这也表明学术研究需要建立起一种历史意识，在一定意义上讲这是研究历史、研究广播电视史的生命价值和魅力所在。

　　②　国际联盟世界文化合作院编、曾觉之译：《无线电广播的文化教育作用》，中华书局，1936年。

（二）宣传节目

这里的宣传是政治意义上的宣传。近代以来中国屡遭列强凌辱，有识之士也指出民众一盘散沙的问题。政党在宣扬主义、思想、信仰上则是极力鼓吹，试图来凝聚民众的意志，产生强大的力量来救国强民，振兴中华。广播的迅速普及的传播力，承担起时代赋予其的历史使命。

国民党及广播界元老陈果夫在《中央广播电台创办经过》中提到"中央为阐扬党义，宣传政令，及促进文化，传递消息起见"，于1928年秋开始创办广播，并认为广播在"理论之阐扬，时事之报告，使国际间明了我国之真情，俾正谊得伸于世界，尤非任何宣传工具所可比拟"。[①] 在中国，首家电台"大陆报——中国无线电公司广播电台"于1923年1月23日开播，而三天后的26日，就播出了孙中山在上海发表的《和平统一宣言》。孙中山表示："余之宣言，亦被宣传。余尤欣慰。余切望中国人人能读或听余只之宣言。今得广为传布，被置有无线电话接受器之数百人所听闻，且远达天津及香港。诚可惊可喜之事。吾人以统一中国为职志者，极欢迎如无线电话之大进步。此物不但可于言语上使全中国与全世界密切联络，并能联络国内之各省、各镇，益加团结也。"[②] 对广播赞赏有加。

另据《大陆报》报道："孙逸仙博士祝贺《大陆报》，南方领袖为此发明而欢欣。……他祝贺《大陆报》和中国无线电公司把广播引进中国，并对广播在各方面的成功以及大大有助于在中国传播光明表示极大的信

---

① 邱楠：《中央广播电台创办经过》，台北市新闻记者工会编印：《中华民国新闻年鉴》，第46页，1961年。

② 《无电话传布孙先生统一宣言》，《国民日报》，1923年1月28日，第10版。

心。"①孙中山先生在推翻帝制建立民国、致力于统一中国的事业的历史的进程中，时代的契机使其事业与广播结下不解之缘，其政治理念得以广泛宣扬。

（三）新闻节目

新闻是新近发生的事实报道，考察新闻事业史，在广播出现之前，它经历了"口头新闻""手抄新闻""印刷新闻"，这种媒介时代的变迁的价值核心是使新闻传播得更快、更广、更好。所以，广播一出现，较之手抄、印刷媒体，其传播超越时空的比较优势和魅力，世界各国都顺理成章地将其纳入大众传播媒介体系，而新闻传播是其中的突出"亮点"。这种影响历史、反映时代的广播新闻传播，在世界上第一家正式的广播电台美国的 KDKA 电台，1920 年 11 月 2 日开始播音时就得到表现，当天的播放消息就有共和党候选人哈定战胜民主党候选人考克斯的美国总统竞选结果。广播大大提高了新闻传播的效率，也标志着新闻传播事业进入了"广播新闻"的新时代。

"新闻事业是一种错综复杂的社会的结合体，可是它的最基本的结构，或者说是它的最基本的服务是什么呢？那就是：（一）搜集；（二）放送。"并认为搜集消息靠眼睛和耳朵，传送靠嘴巴和脚。可是人类的天赋的器官的能力总是有限制的，而人类传播的愿望是无止境的，就有了"千里眼""顺风耳""大喇叭""风火轮"的梦想和追求。所以人类不断有发明和创造，而这些发明和创造，实际上无非是扩张他们的天赋器官的能力。"新闻是要新鲜的。……职业新闻工作者，日夜在想用什么方法可以迅速地获得新闻，又迅速地把新闻传达出来；不但传达得'快'，而且要传达

---

① 《大陆报》，1923年1月27日，转引《旧中国的上海广播事业》，第460、461页。

得'远'，传达得'广'。嘴巴和双脚的本能限制了效率，于是一待'复述'和'交通'的工具有了任何的新发明，足以扩张口与足之效能者，立即会影响到新闻事业而使报坛发生一种革命运动。"①正因如此，现代化社会里，广播是在新闻传播领域找到了其归属感。

广播开办之初多为公司，以借收报机之推销，同时也为报馆所关注。根据1924年曹仲渊《三年来上海无线电话之情形》提道：申报用上海土音"报告新闻及行市，晚间并演唱各种音乐，以飨当地居民。其结果之佳，虽以大连离沪二千余里之远亦能收听"。②此外，上海的大晚报用英语报告汇兑及市场消息，上海的巴黎饭店也用英语报告新闻。

广播报告新闻，"不仅是它本身传递得迅速，并且免除了印刷与发行的手续，所以广播新闻员把新鲜的消息传达到备有收音机者的耳朵里，再也不是任何高速度的印刷新闻堪与赛跑了。因此，现在的报纸里，很多的消息是引用广播新闻的"。③尤其是在国家处在战乱和多事之秋，广播为人们提供了一个温暖而有力的信息渠道，与外界保持联系，维持社会的运转和人们的生活。

所以，尽管广播的功能是多方面的，而听众往往凭借其新闻内容来选择和评价电台，新闻报道都是各家电台精心打造的重点。有资料统计表明：中央广播电台每日播音19小时25分，其中新闻节目占24%，国际台每日播音6小时35分，其中新闻节目占43%，④这点与民营广播电台有明

---

① 胡道静著：《新闻史上的新时代》，第1、2页，世界书局，1946年。

② 曹仲渊：《三年来上海无线电话之情形》，《东方杂志》，第21卷第18号，1924年8月15日出版，第49—66页。

③ 胡道静著：《新闻史上的新时代》，世界书局，1946年，第5页。

④ 行政院新闻局编：《广播事业》，1947年，第33–37页。

显不同。

（四）娱乐节目

广播作为大众传播媒介，通过声音进行传播，和音乐、曲艺、地方戏等艺术形式有着天然的联系，所以广播的出现为人们提供了一种新的娱乐渠道。广播的娱乐节目可以满足人们的消遣和调剂生活的需要，同时对电台而言无论是政党、官方的，还是商业、民营的电台都具有广泛的适应性，文娱（娱乐）节目占据广播节目的半壁江山。民营电台尤其是商办电台，缺乏财力支撑，机械设备较简陋，节目偏重于娱乐方面，大半多依赖广告收入维持广播生存。

1934 年俞子夷在《谈广播节目》一文中就娱乐节目太多、学术与教育节目太少做过研究。作者以上海 28 家电台节目为样本进行统计分析，其中设定"数目是指档数，每档约三刻或一点钟，每星期五次或六次者作一档算，不过二三者作半档论"。统计结果："弹词 90，评话 17，开篇 7，歌唱 19，其他娱乐 10，讲演问答 12，儿童节目 1.5，申曲 26，苏州文书 9，四明文书 7，播音剧、话剧等 9，教国语、英语等 13，其他教授 6.5，苏滩 7，宣卷 5，南方歌剧陶情 4，故事 7.5，新闻 6，娱乐的共 217.5、非娱乐的共 39。"作者还将总档数与 28 家分解，"非娱乐的，每家平均不过 1.3 档罢了。娱乐的每家平均有 7.75 档。每日每家平均播送七八时的娱乐，娱乐的机会真多。娱乐中弹词占第一，私订终身后花园，落难公子中状元，可以说是大众最欢迎的了"。据此比例推算非娱乐类的节目是娱乐节目的六分之一，每日每家平均播送约 1.5 小时。对此作者进一步分析："播送娱乐节目本来无可非议，因为无线电原来是公余休闲用的，一定要勉强人家在休闲时收听严正的演讲，或者似乎有些不近人情。寓教育于休闲娱乐，本来是民众教育的妙法，借播送娱乐而施民众教育，的确是将来值得研究的问题。就上海而论，电台要靠商店广告来维持，当然不能拿民众教育作唯一的目标。我们唯一的希望，在文艺家艺术家多创作些新作品，如新弹词、新评话等等，把封建思想渐渐淘汰，因此使大众的趣味换换方向。"[1]文中作者对当时上海广播节目内容状况的客观描述，体现了在稍纵即逝的广播传播中所具有的史料价值和认识功能，而作者的研究方法，以及对问题的把握和分析等，从现在的评价标准看也都达到了较高的研究水准。

人们对广播接受来自远方的信息的新鲜感渐渐消退，希望从广播中得到娱乐具有一种持久追求。美国无线电广播全盛时期的20世纪三四十年代"电台成了拥有自己明星系统的主要娱乐媒介。它播送音乐，使大型乐队和音乐家成名。它为听众提供戏剧、喜剧、歌剧、体育报道和成百种其他节目"。[2]广播娱乐成为人们日常生活的重要方式之一。

三、1936 年奥运会的中国广播报道

奥运会的赛场不仅是体育的竞技场，也是媒体的竞技场，是传媒发展水平和各国媒体实力的一次大检阅。考察中国奥运史及奥运报道史，1932年中国首次亮相奥运会，当时仅有刘长春一人参赛。而到了下一届的1936年柏林奥运，"全国体协会"曾拟"参加世界运动大会大体计划"及"参

---

[1] 俞子夷：《谈广播节目》，《中国无线电》，第2卷第9期，1934年5月5日出版，第384页。

[2] ［美］梅尔文·L·德弗勒、埃弗雷特·E·丹尼斯著，颜建军等译：《大众传播通论》，华夏出版社，1989年，第64页。

加第十一届运动会经费预算表"，①获行政院批准，中国派出了上百人的队伍参加（当时所用的"世运会"与"奥运会"是同一概念，在不同场合中都有使用）。对于这次大规模地组团参加国际体育赛事，中国的媒体也走出国门，予以跟进报道，尤其广播媒体也首次登场参与，并充分发挥了电子媒介的快捷与传真性的特点，令国人耳目一新。

（一）广播转播的技术设施准备

1936 年，广播技术在世界范围已较为成熟，电视在欧美取得突破性进展，英、法、德等国电视台陆续开播，故在本届奥运筹办过程中，广播及电视报道问题成为媒介重点规划的内容之一。

奥运会组委及德国有关方面，为广播转播做了无线电技术上的精心准备。据 1936 年 7 月出版的《无线电》（由当时"中央广播电台管理处"主办）记载："柏林将举行之世界运动会会期八月一日至十六日，会场中装置中有 280 只传话器，8000 公里之双纽电缆，2400 公里之电线，10000 个插头插座，并聘请 580 位工程师，管理广播机件。"②还有"柏林奥林匹克运动会会场四周，已特装电缆 350 根，传话器之装置，在游泳池旁 15 架，大操场内有 10 架，普通运动比赛场内有 14 架，而汽车比赛场内（原文用词，作者注）则有 30 架，主要播送机之电缆装置，能同时分送 30 处，并希望能达 300 处之德国及国外电台"。③

本届世运会设立无线电转播中心，其"位置于世运会场，即德国国立

---

① 《申报年鉴》，上海：申报年鉴社发行，1936年，第1228页。

② 《世界运动会之广播》，《无线电》，1936年第3卷第7期，第68页。

③ 《转播柏林世运会节目》，《无线电》，1936年第3卷第7期，第19页。

运动场（Reichssportfeld）内，分播国内及国外消息，均在此间举行。自八月一日至十六日，估计国际交换播送约2500至3000次，国内播送节目计380次，平均每日约须播送十一小时"。"当时世运会内之无线电中心，亦即世界瞩目之中心点，除所设巨大分布播送器外，更有远程通话之中心设备，由此转接，可与国内外交换通话。关于线路设备充分完善，凡各国无线电报告员，概可在所服务之地点，由传声器向各该国内报告消息。"① 在当时，这些可谓是传播技术设备及服务方面的大投入，为各国的广播转播提供了坚实的硬件基础保障。

值得一提的是本届奥运会还首次采用了刚崭露头角的电视媒介进行报道。有资料记载："德国奥林匹克委员会已决定本年在柏林举行之世界运动会内的一切重要节目，均用电视机由柏林无线电台播送各地。"② 对电视报道奥运会的信息，中国人也同时关注到了，国内中国业余无线电社主办的《无线电杂志》曾报道："本届在德国举行的世运，其热烈情形，自非意想可及。据某西文报宣称，世运中的精彩节目，将由柏林广播公司用短波发送电视节目云。吾们既离柏林太远，又无该种收影设备，只好望洋兴叹了。"③ 对此，国人心态有新奇羡慕又有遗憾。

中国的广播媒体配合此次奥运出征，专门部署了国际转播的相关工作。1936年7月出版的《无线电》，曾发文《转播柏林世运会节目》提道："中国广播世运会消息办法，已由本处与教交两部商定，由国际电台浏河

---

① 胡润桐：《德国世运会无线电转播设备概况》，《中国无线电》，1937年第5卷第12期，第559、560页。

② 《奥林匹克世运节目将用电视播送》，《无线电》，1936年第3卷第2期，第67页。

③ 《点滴》，《无线电杂志》，1936年第11卷第3期，第6页。

收报台①接收，用长途电话线接至中央电台转播，第一日专播开幕式，余由中国赴德人员内指派二人，每日用国语报告会中重要消息云。"②这段文字需要解释说明：其中的"本处"为国民党"中央广播电台管理处"；"教交两部"指教育部和交通部，当时民国政府行政职能划分中，体育事务由教育部负责，如"参加世界运动大会大体计划"和"参加第十一届运动会经费预算表"，系全国体育协会起草，呈由教育部转呈行政院决议通过，广播及无线电事务由交通部负责；"中国赴德人员内指派二人"，是主要由跟随奥运代表团采访的中央社特派记者冯有真报道，还有一位是储安平。

就中、德跨国间广播无线电转播准备工作和技术而言，在奥运会前，中央广播电台与柏林 D.G.A. 电台，曾有过台际间合作转播节目的成功尝试。1936 年 2 月 8 日晚十时四十二分，中央广播电台转播来自德国方面的节目，具体的广播情形和广播效果如何，有资料记载："初为德语报告音乐，继即乐声悠扬，极为动听，俄易钢琴独奏一节，又歌曲一节，琴韵歌声，均颇悦耳。嗣继闻英语介绍中国清华大学教授陈达先生演讲，声明此节由南京中央广播电台为其转播。随由陈先生用华语讲述德国劳资联益会发展概况……词颇流利清朗，全部讲词，我国境内各地均可聆悉，洵属

---

① "国际电台浏河收报台"应为"刘行收报台"。民国时期政府维护我对外通信主权的独立，由交通部暨建设委员会先后在上海筹建国际无线电台，内含"真茹发报台"和"刘行收报台"，与欧美及世界各地进行通信联系，收报台位于宝山县刘行镇东。参见《交通部国际电台概况》，《无线电杂志》，1934年第6卷第1期，第26–39页。另《中央日报》在报道本次奥运广播转播中，多次提到的也是"刘行"。

② 《转播柏林世运会节目》，《无线电》，1936年第3卷第7期，第19页。

我国广播事业发展之好现象。"①其转播的技术环节的过程是"上海国际台用精良短波收音机按时收听柏林 D.G.A. 电台节目（该台波长为三一. 三八公尺），以电话线通至上海电话局，经长途电线而至南京电话局，再转至中央广播电台，用七五千瓦电力六六〇千周波放送全国"。②这一技术路径与本次奥运会转播安排相同，而前后仅时隔六个月，两者可以互比参考。可以理解此次中德转播，为广播转播奥运会的顺利进行做了调试和预演。

（二）奥运开幕式的直播报道

广播媒体具体是如何报道本届奥运会，第一手的音频资料业已无从查找，现只能挖掘整理碎片化的文字记载，加以拼接还原。

1936 年 8 月 1 日，奥运会开幕的当天，《申报》在"第十一届亚林匹克运动会·1936"专栏中，以题为"世运会今日开幕，吾国中央电台今日起播大会消息"进行报道，特别提到广播转播安排："中央广播电台，自一日起逐日转播世运会消息，至闭幕时止，除一日为夜十一时起至次晨一时止外，余各日均为下午七时至七时三十分"。③

开幕式的广播转播方式值得重点关注。依据同时期民国时期的广播节目表，一般都在晚 23 点前全天播音结束，如中央广播电台在 22 点 30 分结束。这个时段，不是正常的广播时间而进行广播，结合前面所提的"第一日转播开幕式"，很明显"夜十一时起至次晨一时止"是转播时间，是

① 《中央广播电台转播柏林电台播音》，《无线电》，1936年第3卷第2期，第3页。
② 《中央广播电台转播柏林电台播音》，《无线电》，1936年第3卷第2期，第3页。
③ 《世运会今日开幕吾国中央电台今日起播大会消息》，《申报》，1936年8月1日，第18版。

考虑时差因素，安排同步直播开幕式的特别需要。

《申报》在 1936 年 8 月 2 日报道中，更有明确的直播表述："第十一届亚林比克运动会，昨日下午四时（本埠时间深晚十一时许）在德京柏林开幕，五十二国四千八百余名选手，其盛况如何，莫可理想，昨日晚十一时许，南京中央广播电台本埠交通部广播电台及一西商电台，俱同时直接转接播送大会开幕时会场之盛况，德英两国文字并用，场中掌声雷动……奥林匹克之歌唱，嘹亮雄伟，当时盛况，可见一斑。"①

虽然当时没有用"直播"一词，而"同时直接转接播送"与其内涵是一致的，这里的直播报道方式认定于中国广播传播史有重要意义，为开国际报道直播的先河之举，标志着广播事业的发展到这一时期，在技术设备、组织协调、传播观念等方面都达到新的高度。就中央广播电台而言，能够实现直播也是其走向成熟大台的重要标志。

除了开幕式直播外，其他时段的报道，则类似准直播的现场报道方式处理。8 月 2 日至 16 日，中央广播电台于每晚 19 点至 19 点 20 分设置了一档特别节目——《转播世界运动会消息》，由跟随奥运代表团出征的中央社记者冯有真在德国采访报道。对此，《中央日报》有较为详细的报道，并常采用"广播原词录志如次"的表述，如："冯氏于昨日下午七时至七时二十分（按，柏林时间与南京时间相差约七小时，故冯氏在柏林报告时，约为上午十一时半至十二时间，仅能报告上午情形），由德国广播电台，将前昨两日大会开会详情，经上海刘行国际收讯台，接至南京中央广播电台，转播全国。兹将报告词录志如次……"有关开幕盛况部分，冯氏的报告如下："全国同胞，现在开始报告世运大会开会情形，世运大会会

_____

① 《昨日午后四时希特勒宣告世运会开幕》，《申报》，1936 年 8 月 2 日，第 17 版。

场，建筑极为庄严富丽，东南西北各有一门，东门为会场正门，大门外各会场林立，交通极为方便……大会会场东西有一音乐台，台上有千余青年男女，欢唱乐曲，会场各飘扬红绿彩纸，望之美丽壮观，同时空中有多只飞机翱翔上下……"其广播报道先对现场环境描述一番，在介绍运动员入场仪式中特别提道："我国代表队亦受到上万观众狂呼欢迎，同时我国选手系由李惠堂执旗领队，至主席台前，脱帽敬礼，制服整洁美观，步伐整齐，精神焕发。"[①] 这是借助报纸文字记录下的有关开幕式广播报道，当人们阅读它时，很自然地调动自己的感官，将其联想、还原成现场那种抑扬顿挫般的报道与解说，直播的氛围强烈作用于人们心身，产生情境感，进而体味到广播的传播魅力。

（三）广播传播样态打造和业务水准提升

从广播专业的角度考察，奥运转播是一个契机，使广播对报道及时性把握，各种声音文本体裁的尝试，以及时态语态的运用等方面，得到实践机会和探索提升，进而带动了对广播传播的规律整体把握上个新台阶。某种意义上，建构起广播转播的内容品质，并形成自己的报道范例和模式。

除了开幕式直播报道，典型采用进行式语态，呈现事件现场声响及氛围。在奥运会期间的每天下午七点的转播时段，前方记者广播报道，充分地运用有声的话语交流方式和技巧，将运动会的进程动态体现出来，给听众一种在场的强烈感受。同时又圈点赛事，提示重点，有期待、悬念，有高潮、结局，讲述得跌宕起伏，听众大受吸引听得津津有味。如此广播效

---

① 《中央社特派员播送世运消息》，《中央日报》，1936年8月3日，第2张第4版。

果，有媒体评价称道："冯有真的广播报告，富有章回小说意味。"①

当时报纸上常以"中央社特派员某日柏林广播"的方式打头，表明新闻出处，并以"报告词"名义呈现报道的内容，如："今（二）日上午，大会已开始田径比赛，情形极为紧张，比赛项目计有……至其他项比赛结果如何，俟明（三）日再继续报告。"②其中的起承转合，将每天比赛连接得井然有序，流畅自然。还有"全国同胞，世界运动会已在热烈欢祝中，进至第四日，四日来田径超绝纪录迭出，震惊世界……"。③在广播报道中"全国同胞"作为招呼词，被频繁地、有意识地使用，作为一种不同于报刊纸质媒体的典型的广播用语表达，而正是这语态，构成并突出了广播与听众对象的同步参与即时互动的传播关系。这些对以后的类似报道都存在着某种影响的联系，也不同程度地印证了广播传播样态的累积构建。

除叙述赛事、动态报道外，广播中还时常发表评论。在8月8日的广播报道中，冯有真专就中日篮球述评，本来中国队是东亚劲旅，稳操胜券的，国人更是特别关注，可结果失利，令人痛心。为此，冯氏评球道："失败原因可分两点：第一，日本队球技猛晋，改守政策变化万端……第二，我队员在比赛时，全体情绪尤过分紧张。"并满含期待表示："吾人此后亟应如何努力训练，猛求进步，俾于四年后在东京举行之下次世界运动会时，一战而胜日本，以雪今日之奇耻，切盼国人在此四年期中，刻苦奋

---

① 《冯有真的广播报告富有章回小说意味》，《中央日报》，1936年8月6日，第2张第4版。

② 《中央社特派员播送世运消息》，《中央日报》，1936年8月3日，第2张第4版。

③ 《冯有真报告 第三日详情》，《中央日报》，1936年8月5日，第2张第4版。

斗，举惊人成绩，表现于世界，而扬我国光荣历史。"①这其中有分析、有展望，报道者将现场第一感受的心得和听众交流，颇有一种广播报道的特质，作为先行者的探索，建构起不同于报刊文字报道样态的电子媒体传播特质。

奥运报道期间，中央广播电台还播出时评、专家特约讲座等体裁形式。8月13日，中央广播电台播发《如何增强国民体格》的时事述评，提道："如火如荼的世界运动大会开幕以来，全球瞩目，而我国代表队尚系第一次参加，国内人士及海外侨胞，莫不热烈盼望，争聆佳音。"然而结果却全面失利，"国人于失望之余，常必有蓦然惊觉于吾国体育运动之落伍，而今后如何增强一般国民体格，实值得国人特别注意之问题"，认为"此次我国出席世运会所得最大教训，即第一为国民体质之不如人，其次为锻炼精神不如人"，得此教训，补牢未晚，指出："欲挽救这种民族质素的衰败，民族精神的颓废；惟有努力于体育民众化之一途，彻底地使一般国民之体格增强而已。"②时评通过运动比赛，将对体育问题的思考引向深入。

1936年8月16日，奥运会闭幕当日，中央广播电台邀请中央大学体育系主任吴蕴瑞播讲《世界运动会与吾国国民体育》，谈道："吾国数十年来，对外宣传向不注意，外国一般民众，对我国国情，犹不了解，仍然以东亚病夫看待，根本不知道吾国体育也有相当程度，此次参加，足以解除世界对吾国体育大惑。对于吾国之国际地位，可说有裨无损。"在分析出

---

① 《我国篮球失败后各队员痛哭流涕》，《中央日报》，1936年8月9日，第2张第4版。

② 中央广播电台播发时事述评：《如何增强国民体格》，《广播周报》，1936年8月22日，第100期，第19页。

席世界运动会对于我国国民体育的影响方面，重点讲述了"民族体格之培养""运动员之选择与培养""体育风纪之整顿""国民体育之注意点"等专业问题。此外，认为在世运会的场地设施、交通生活安排，及体育学术研讨等方面，增加了对外的了解，也多有所收益。[①] 对中国参与本次世运会，吴蕴瑞从中国体育教育与研究者的角度进行较为专业的系统的总结和反思。

本次奥运会，就广播（电视）而言，还有一个收获，即成立了"无线电报告员联合会"。各国广播（电视）从业人员利用云集赛场的机会，"在德国世运会时，世界各国无线电报告员之与会者曾聚会一次，决定组织无线电报告员联合会，推定委员，起草章程"。[②] 作为播音员、主持人某种组织形式的前身，起到加强同行联系、探讨传播业务的积极作用。

奥运会作为举世瞩目的大型国际活动，与广播电视传播事业相互促进，共同发展。"中央广播电台"以1936年奥运转播为契机，开启了中国广播全球报道的先河，为广播探索新的传播方式，积累初步的经验。而本次奥运广播所带来的媒体时空传播新观念及其影响，令受众和广播人对广播可能性的扩展，充满了遐想和期待，并为之付出切实的努力，共同营造出一种新的媒介生存环境和业态机制。

---

① 参见吴蕴瑞：《世界运动会与吾国国民体育》（特约讲座），《广播周报》，1936年8月22日，第100期，第18页。

② 《无线电报告员联合会》，《无线电》，1936年第3卷第10期，第83、84页。

第三章　民国广播事业的抗战苦斗时期（1937—1945）

第一节　"七七"事变前的广播救亡工作

自中日甲午战争以来，日本一直对中国怀有种种野心，为实现蚕食侵占中国的目的，不断挑衅制造事端。1931 年，日本制造"九一八"事变，占领东北，建立"伪满洲国"傀儡政府。1932 年，又制造"一·二八"事变，妄图控制上海。同时将其势力渗透华北。1935 年，日本侵略者又制造华北事变，插手中国事务，策划成立所谓"晋冀政务委员会"，推行"自治运动"。日本对中国得寸进尺，步步紧逼，1937 年又发动"七七"卢沟桥事变，至此中国的抗日战争全面爆发。

日本军国主义为配合其侵略中国的图谋，动员其包括广播力量在内的一切手段，进行军国主义宣传；同时中国的广播事业，也在抗日的洪流中，发挥自身特点为国家和民族大声呐喊。中日广播间在空中展开较量，这种较量是全方位的，包括广播的基础建设与硬件方面，以及节目内容宣传方面等。

一、中日广播间的较量

20世纪20年代，广播在中国初现，但其基础较弱，广播人对此有清醒的认识，在与西方列强比较差距的同时，十分留心日本的广播事业的进展，以此不断地激励自己。日本的广播事业肇始于1925年3月[①]，为东京广播电台，同年6月大阪广播电台、7月名古屋广播电台相继开办。起初各台电力均为一基罗（民国时期还有文献翻译为启罗，即1000瓦），并且是彼此分立的，至1926年8月开始集合成立日本广播会社（即日本广播协会），统制全日本广播事业，谋划其发展。

之后日本广播事业实力快速增长，1934年时日本有一千瓦以上的广播电台共13座。[②]同时期，中国上千瓦的广播电台除南京中央电台外，仅有杭州、南宁、广州三家，另沈阳、哈尔滨电台沦入敌手。[③]此外，有资料显示至1933年12月，日本的广播听众有1571000人；人口59736704人；听众占人口的百分比为2.64%，中国的广播听众有810000人；人口

---

① 关于日本开办广播的时间，见第25页注释2。

② 《日本广播电台一览表》（列有台南、台北台，作者注），《无线电》，1935年1月15日出版，第2卷第1期，第29页。

③ 《全国一千瓦以上广播电台现行播音时间表》，《无线电》，1934年第1卷第4期，第53页。

485611000 人；听众占人口的百分比为 0.17%，[①] 从百分比数字上看，中日间存在 15 倍以上的差距。

短波电台的技术上能使电波信号传递更远，在国际广播领域可以大显身手。日本在短波广播电台设置上，更不遗余力。这些差距常被当时中国的广播人时常提醒，要有危机意识，要努力迎头赶上。"观我国，自中央广播电台成立后，继起者，除一二小电力之电台外，寂然无闻，至短波播音台，更无论矣。我国幅员广阔，十数倍于日本，而全国广播电台之总电力，犹不到 100 千瓦，且偏于东南一隅，苟不急起直追，力图扩展，行见最近之将来，反动宣传，日喧聒于同胞之耳鼓，其危险有不堪设想者，愿国人起图之。"[②]

值得一提的是中日间在广播电台建设方面，彼此有竞争追赶的参照。1928 年，国民党中央广播电台开播时发射功率只有 500 瓦，当时日本多地广播电台发射功率在十千瓦以上。1932 年中央广播电台扩容，发射功率达 75 千瓦，为东亚第一，信号覆盖日本。此时日本顿感来自中国的电波穿透力而生恐不安，急于提升自己的广播发射功率。"福冈播音局之收音者，因福冈播音，不能完全听闻，仅闻南京播音局所播之播音，……致日方播音，有被南京播音所妨害之行为，因此外务省依据关于无线电之国际法规，现向南京方面抗议中，虽华方答复允变更波长，但实现无期，故

---

① 《世界各国无线电听众及人口统计一览表》，《无线电》，1934年第1卷第2期，第25页。

② 铨：《日本广播无线电事业简述》，《无线电》，1935年2月出版，第2卷第2期，第35、36页。

递信省图对抗策，将建百启罗之播音局，与南京开展播音战。"① 后为"筹备扩充，东京大阪两电台之电力至 150 千瓦"，此外"短波播音台之设置，更着推进，不遗余力"。② 随着民族矛盾的不断加剧，中国的广播由初办时期的对内宣传报道为主，转为对内、对外并重的广播发展新局面。

据任白涛所著《综合新闻学》特节录澎君的《中日播音之战》一文中提道："日本琦玉县将要建筑比法国大铁塔还要高十公尺的铁塔，这样高的铁塔是用来作无线电播音台的天线架的……日为蕞尔岛国，播音若单位自己受用，有一万瓦特（十千瓦）的，已经够了。现在在建中的电台，却有一百五十千瓦。原来自民国二十一年（1932 年）中国的南京中央广播电台成立后，电力有七十五千瓦之巨，射程可遍及全球。"③ 中国的广播电台自然要利用作为有力的宣传工具，日本则千方百计来抵消影响，双方的广播战由此展开。

日本放送协会表示：南京中央台所播日本消息"足以扰乱九州六十万收音家之思想，尤其是两三日来之新播音，日语与日人丝毫无异，话术甚佳，日人以为日方之播音，深信其消息为确实，故非设法对抗不可"。作为应对，日本准备利用台北电台以华语播音中国消息，在必要时，则兼用厦门话播音，因台北与大陆重要商埠距离近，"至福州一百六十七哩，广东四百八十三哩，至上海四百三十七哩"。故中方提醒"我沿海听众应审加辨别……闻日方定六月一日起试办华语播音，由汉奸王某担任此项工

---

① 《日本筹建最大无线电台，准备与南京作播音战》，《无线电杂志》，1933年6月出版，第3卷第3期，第131页。

② 铨：《日本广播无线电事业简述》，《无线电》，1935年2月出版，第2卷第2期，第35、36页。

③ 参见任白涛：《综合新闻学》，商务印书馆，1941年，第680、691页。

作"。①中日双方以各种方式在广播领域展开较量。

因特殊的历史及地理原因，台湾成为中日广播战的前哨站区域，彼此展开广播与反广播空中斗争。1933年10月《无线电杂志》刊登《台湾民众不忘祖国，喜听南京播音，日警大恐慌拟禁收音》的新闻，内容如下："最近台湾岛内，收听南京播音台之消息者日增，每逢二、四、六之厦门话播音，即争听南京之消息。日政府向来严禁不利于日本之消息传播于台湾，凡一切新闻杂志，查阅甚严，中国之出版物，可谓一概在禁止之列。岛民欲知之消息，宛如久旱望云霓，故台湾各地凡装有四灯之收音机，均收听南京消息。基隆市、台北市、台中市、台南市各地收音者众，所得消息，一传十，十传百，百传千，消息一传于世上，民众多谓台湾报纸均传假，不足信之。日警甚狼狈，对于装四灯之收音机者，加以严重之监视，不准其收音，闻日政府拟禁人民装四灯之收音机，以期一手掩蔽五百万民众之耳目。"②反映了台湾人民心向祖国，渴望通过广播收听到更多来自祖国的消息。

"九一八"事变后东北被日本占去，日方不希望有任何对己不利的宣传能在东北听到，于是想尽办法对南京的中央电台播音进行干扰。于是把东北电台的周率调整得和中央电台很相近，使得听中央台播音时，全被本地电台遮盖。不仅东北如此，以至平、津一带听中央播音的，也杂有嗡嗡的声音。日本统治者还限制东北及台湾等地的收音机真空管的只数，即灯数。依据无线电技术原理，真空管数量越多，对信号的捕捉能力越强，即

---

① 《中日播音战》，《无线电杂志》，1933年7月出版，第4卷第1期，第21页。

② 《台湾民众不忘祖国，喜听南京播音，日警大恐慌拟禁收音》，《无线电杂志》，1933年10月出版，第5卷第1期，第27页。

使来自远方信号微弱，也能较好地收听。除此之外，日方更直接对中国的广播电台进行干扰，干扰不仅来自日方本国广播，还有本土的伪满电台也加入进来。日本于1934年10月完成在长春建造一座一百千瓦电力的广播电台。这个电台在伪满除做广播的工作，还承担干扰电台的工作，对抗南京政府之对外宣传。日方对此充满期待，表示"俟目下计划之中东京长崎百基罗无线电台完成，可以一扫中国之奇怪播音"。①

除了在广播电台建设上中日间展开较量外，中国的广播人也注意到日本对内广播的军国主义宣传。"日本政府鉴于1936年危机，瞬将届临，正处心积虑，研究应付方策。为策励民众，俾知警惕起见，于无线电中播送警告句：如'一九三六年危机将到，对第二次世界大战快作准备'，'各国仇视日本，吾人应奋发图强'，'帝国人民应为帝国牺牲'，等等，使国民闻之，均能激发爱国热忱云。"②通过广播报道可以清楚地看到，一股狂热的军国主义思想和民族主义情绪，弥漫在当时整个日本。

对日本人的如此操作广播，进行国民动员意识，国人已有自己的关注和反思："据自日返国者谈：在东京、横滨等埠市上，无线电收音机密布；其所播声浪，到处可闻。惟其所传播者，大半以唤起日本民族爱国心；例如'一九三六年将界，世界二次大战将应时而爆发，日本当准备应付此二次大战'……的警句，反观上海市上之所有无线电收音机，其所传播之节目，百分之九九，尽系娱乐怡情之歌曲，而×××所编的靡靡之音，到

---

① 《日在长春筑大无线电台，抵制我方之播音》，《无线电杂志》，1934年6月出版，第7卷第3期，第56页。

② 《日以无线电策励民众》，《无线电》，1934年10月15日，第1卷第5期，第58页。

处可闻，殊足令人感慨"，[1]有识之士对此保持清醒的认识，已在报刊上大声发出警示。

二、广播的救亡宣传

中国广播积极投身抗战事业，针对日本一系列的挑衅行为及时进行报道，展开救亡宣传，鼓舞士气，凝聚民心。1931年"九一八"事变第二天，北平广播电台即"停止播放娱乐节目以报告暴日出兵消息"，[2]并且暂停播出戏曲节目，改为宣传节目，呼吁国人警惕和抵抗日本的侵略行径。

1932年，日本侵略者在上海制造"一·二八"事变，当时驻上海的十九路军将士毅然奋起战斗，保卫家园，上海各界积极响应，纷纷组织义勇军、救护队支持抗战。上海各广播电台及时播送前线战事消息，亚美公司上海广播电台还与南京中央电台和杭州、上海等地官办、民营台联合组织"国难声中的临时播音节目"，[3]及时播报淞沪御侮状况及相关消息，以告慰内地同胞。

上海广播电台演讲部苏祖圭发启事："自沪变发生以来，交通不变、消息阻隔，期间其他各播音台大多停播，致内地关心沪局势者甚为焦灼。而不佞不学无才，不善辞令，惟鉴于各界之热心解囊者极多，不佞除量力捐助现金外，并发愿每晨在飞机盘旋下之临时播音台中播送时局消息，以

---

① 《大晚报》，1934年8月16日，转引赵玉明主编：《中国现代广播史料选编》，汕头出版社，2007年，第155页。

② 赵玉明主编：《中国广播电视通史》，北京广播学院出版社，2004年，第34页。

③ 参见殷讷：《上海广播无线电台之经过》，《无线电问答汇刊》，1932年10月10日出版，第19期（广播特刊），第335、336页。

慰各埠听众，并借资募劝捐项。"① 豺狼横行，国难临头，一举一动的战事变化时刻牵挂人心。

作为电子媒介广播电台关于"一·二八"事变的战事报道，对国人来说是一次全新的媒介接触方式的体验，不同于传统纸质媒体的时间相对滞后和社会反馈延时，作为电子媒介的广播反应快捷，更能吸引大众关注，及时把握舆论流向。人们每天都守候收音机旁，"自晨至深夜稍无休止"，"一胜则雀然跃起，一退则惨然为忧"。② 同时大量听众的反馈也源源不断汇集到电台。常熟东张市私立益众图书馆来信道："自尊处播告战事消息后，本馆于前日起均按时收听，因时局关系，听者日有千余人，并由本馆将尊处所播之消息随时油印单张，使大众明了真相。务祈尊处抱定决心，照常播音，幸勿间断，是所至祷。"③ 战事报道把广播和人心紧紧地联系在一起。

嘉兴国难共济会陆端孙表示："以贵台如国难期内唯上海消息机关，吾浙省内地各县实深利赖，而当日沪报未能到达各县尤不能一日或缺。沪地其他电台每有为难停播或消息不确之弊，而贵台奋斗到底，不避艰险，而消息正确，实深钦佩。深望本此精神共赴国难。"此外，还对电台播音给予好评："贵台播音声调极为明晰易解，而迟速适度……发音清晰准确，为一切电台之冠。"④

---

① "上海广播电台演讲部苏祖圭启事"，《旧中国的上海广播事业》，第92页。
② "关于亚美公司广播电台的创设及报道情况"，《旧中国的上海广播事业》，第93、94页。
③ "关于亚美公司广播电台的创设及报道情况"，《旧中国的上海广播事业》，第93页。
④ "关于亚美公司广播电台的创设及报道情况"，《旧中国的上海广播事业》，第95、96页。

还有听众捐款捐物，投书广播电台表示："幸我忠勇之十九路军苦战御敌，屡挫敌锋，凡我同胞莫不同声欣舞。又蒙先生不辞劳苦，每晨在无线电中将经过战情及国事详情报告，以补报载之不足，妇孺均可聆悉，实深便利，令人感谢极矣。……昨夜爆竹全市庆祝胜利，惟弟意义燃放爆竹于事无补，故将爆竹洋十元捐资前方，略表微忱，兹特饬司送上，至希转十九路军为托。"① 这是百姓箪食壶浆慰劳军队在现代广播中的体现。

在报道十九路军将士英勇抗战的同时，亚美公司上海广播电台创办人苏祖国、苏祖圭兄弟利用广播积极组织捐衣物、医药、钱款和交通工具，募集慰劳品、赈济金等工作。"上海战事既开始，军队以御侮之需要，居户以战事而流离，所以输军实拯同胞者，在在皆需款济急。爱广播募集，赖听众之热助，有朝播音而午已物备款集者矣。"② 如此高效募集捐赠，体现了民众的爱国热忱，还有赖于广播及时互动的传播方式，令大批慰问品及时送到前线，激励了将士们的抗日斗志。

为此，第十九路军总指挥蒋光鼐、十九路军军长蔡廷锴、淞沪警备司令戴戟专门致亚美无线电公司上海广播电台感谢书表示："中华民国二十一年一月念八日倭寇犯上海，光鼐等率十九路军本守土卫国之义，御之于吴松、闸北，父老兄弟诸姑姊妹相与庀食粮输财物，所以厚军实抚战士者，无不至民族御侮精神于以发皇。嗟乎，斩将搴旗已挫封豕长蛇之

---

① "关于亚美公司广播电台的创设及报道情况"，《旧中国的上海广播事业》，第94、95页。

② 殷讷：《上海广播无线电台之经过》，《无线电问答汇刊》，1932年10月10日出版，第19期（广播特刊），第335、336页。

气，节衣缩食深知仁人志士之心。谨识数言，永铭高谊。"①

上海广播电台在1933年1月26日—1月31日，还举办一·二八纪念广播，并做了播音预报，《申报》也在1月25日的本埠新闻中进行了报道。内容有平话精忠岳传训子刺字、播音剧《恐怖的回忆》、航空救国演讲等。在一·二八当天的节目中，电台"每半小时播送机枪声、炮声等以醒听众，拟声极肖，可谓开播音家之首创，听众皆误认为舶来品之留声机片，实则人为之"。②节目中对广播各种音效的运用，体现广播专业技能已达到一定的水准。

此外，还有的对无线电及广播在现代战争中的运用进行了思考。十九路军无线电队人员罗静予曾撰文分析：我军将士英勇无畏，但敌人炮火造成我军伤亡巨大，不得已防线退却，"为什么敌人的重炮能有这样准确的瞄准呢？这完全依靠他们的飞机与无线电的联络"。③同时还提到日方利用无线电广播激励驻沪日军士气，对这些"我们尤不可忽视。由此我们知道对现代的战争，不仅是要有愤激的热血和精良的武器，并且要有使用这些武器联络的要素——无线电，才能夺取最后的胜利呢"！④探讨了无线电广播直接服务现代战争的问题。

民国时期广播讲座、广播演讲是广播节目的重要形式，也为广播救亡

---

① 《十九路军之感谢书》，《无线电问答汇刊》，1932年10月10日出版，第19期（广播特刊），第336页。

② 玉：《听一二八纪念播音纪详》，《中国无线电》，1933年2月20日出版，第1卷第4期，第109页。

③ 《沪战中日军的无线电》，《无线电杂志》，1932年10月15日出版，第1卷第1期，第51页。

④ 《沪战中日军的无线电》，《无线电杂志》，1932年10月15日出版，第1卷第1期，第52页。

宣传所重视，各界人士纷纷到广播电台发表演讲。1931年"九一八"事变后，日本侵占中国的野心昭然若揭，有识之士备感责任重大，中央广播电台从教育普及军事知识出发，特邀中央军官学校编译处教官吴光杰开办"国民军事常识"广播讲座，该广播军事讲座更是直接为抗战事业服务。讲座从1933年5月至1936年4月持续近三年，共八十余次，每次半小时。其时间持续之长，内容之丰富，影响之广泛，在当时电台的节目中绝无仅有，由此可见军事知识普及的社会需求及时代意义。

吴光杰（1886—1970），军事教育家，安徽合肥肥东湖滨乡六家畈村人。1908年保定陆军速成学堂第一期毕业，1912年被陆军部派赴德国学习军事，1914年考入德国柏林陆军大学学习，在学期间曾任中国派驻欧洲观察第一次世界大战代表团的武官，代表我国与美国、巴西、阿根廷、葡萄牙等十几个中立国武官一同观战，遍访欧洲战场的比利时、法国、俄国、意大利等国。1918年回国后，经卫立煌、张治中推荐，任南京中央军官学校高级教官及校训练总监、军官留学预备班主任、校编译处少将处长等职，主持德国军事理论及训练教材的编译事宜。抗日战争爆发后，随军校迁移成都，1940年兼任军事委员会高级参谋。

"国民军事常识"广播讲座主要内容有：国内外的情形，海陆空军建设状况，军国民应知应习的军事必要常识，各兵种的性能，步兵连以下的战斗教练，兵器、筑城、射击、防空、防毒，以及有关统帅权的配赋、总动员的计划、各兵种联合战斗方法动员的计划、战场上一切用兵的方法等。作者希望："同胞由这简单粗浅的文字，得到新时代一般的军事常识和整军经武的程序，发生对于军事的兴趣，更进而脚踏实地的研究，准备做个健全的军国民，担起救亡的责任，如此民族复兴的一句口号语，才不至于终成虚话。"①

　　讲座内容契合时局的紧迫需要，受到听众的欢迎和媒体的关注，故电台播讲之后有关讲稿便在报刊发表，其中《广播周报》刊登达二十三篇之多。该广播讲座是在抗战全面爆发前进行的，鉴于当时中日两国的实情，讲座中作者还特别介绍了有关日本海陆空军、日本军费、日本要塞、日本军事教育及中日国力军力比较等内容。在《广播周报》刊登的就有《日本军备之大体》（1936年第72期）、《再谈日本军备》（1936年第92期）等，提醒国人："日本自从明治维新以来，不过几十年，已一跃而为世界一等强国，……我国与日本以同种同文之原因，互相间的关系本很密切，自从九一八事变发生以后，两国民族日渐疏远，东亚危机，常常有爆发之虞，……中国今日所取的态度是民族奋斗，自力更生。"（中央广播电台节目表：1936年7月7日，17:30—18:00，"军事常识"节目，中央军校吴光杰先生讲）②

　　伴随《国民军事常识》广播讲座进程有过两次动态出版：一是1935年3月，在讲座达到五十余次时，由南京京华印书馆印行，书名是《中央广播电台国民军事常识演讲录》；二是1936年6月，在讲座达到八十余次时，由南京仁声印书印行，书名是《中央广播电台国民军事常识演讲录》。1939年1月，中华书局以《国民军事常识》为名合一出版，全书分上下册，共742页，该讲座体系完整，资料丰富，蒋介石为该书题词"军国民教育之宝鉴"。

---

　　① 吴光杰：《国民军事常识"卷头语"》，中华书局，1939年，第1页。

　　② 吴光杰：《再谈日本军备》，《广播周报》，1936年7月18日出版，第95期，第14页。

该广播讲座的出版有着特殊的社会历史价值，正如作者"书后语"所言："战争的胜负，除天时地利人和之外，取决于双方能力的大小。能力的全部，是包涵精神力和物质力，精神力就是军队的素质和教育的程度；物质力就是一切武器装备粗精的程度和其数量的多寡，而战术和战略，原属于精神力的一部分，乃是运用精神力和物质力以从事战争的方法，而为军人所必具备的条件，……所以这两种力量，必定要平行发达互相为用，才能发生真正的能力，收着胜利的效果。"①"军事常识"讲座是中国的广播人和军事教育者联手创办的节目，为应对全面抗战做了军事知识方面的相应准备。

第二节　中国广播的抗战表现

第二次世界大战期间，因军事角逐异常激烈，形成了前线与后方、控制与占领等复杂性的地域环境，而广播作为电子媒体的广播机构，超时空的传播能力令其媒介优势尽显，各交战国都有大量人力物力财力投入广播领域。这是广播与战争首次风云际会，彼此借力造势，在广播史和战争史上具有标志意义，造就了许多经典的广播战。

中国作为二战中反法西斯的东方主战场，在中华民族面临巨大的危机和挑战的紧要关头，必须动员起全社会的力量为抗战服务。当时广播被视为是陆海空武装力量之外的"第四战线"，义无反顾地投身其间，在广播机构、节目设置、国际广播、侦听干扰、导航通信、收音员培训等方面，

---

① 吴光杰：《国民军事常识（下册）》，中华书局，1939年，第282页。

为抗战胜利作出了广播媒介特有的贡献。

一、抗战中的中国广播电台建设

抗战前中国的广播事业已有了长足的发展，有影响的电台当属"中央广播电台"（全称为"中国国民党中央执行委员会广播无线电电台"），该台于1928年建立，1932年电台大扩容，发射功率达75千瓦，为东亚第一。1930年"南京短波电台"开播，后不断改进，射程可达南洋、澳洲、北美等地。依据无线电原理，短波信号比中波、长波传输更远，故在国际广播领域均采用短波传播。当时电台分为公营和民营两类，前者属于"中央广播事业管理处"（该处是1932年在"中央广播电台"基础上成立，并形成处、台合一的架构，并有其系列台，包括中央广播电台XOGA、南京短波电台XOGX、福州电台XGOL、西安电台XGOB、长沙电台XGOW等，[①]见前一章），及各省市政府及地方党部的电台；后者主要是商办电台及少数教育电台等。

抗战爆发，承担抗战宣扬广播任务的主体是中央广播事业管理处的所属各台，即具有官方性质的公营台，但公营台遭到日军攻击、侵占，损失严重。1937年底日军逼近南京，11月20日民国政府宣告撤离首都，11月23日"中央广播电台"停止播音，其工作由长沙电台接替。中央台的广播器材被拆卸装箱，通过长江水路抢运至汉口，而大型设备无法拆卸只好忍痛毁坏。随着政府机构陆续西迁陪都重庆，广播的中枢开始重建，主

---

① 根据一九二七年华盛顿国际无线电报会议之规定，中华民国治权所到达之电台呼号，应在下列字母范围以内，XGA——XUZ，故中国的广播电台呼号均以字母X打头。参见《中华民国无线电呼号条例》，《无线电新报》，1929年第1卷第2号，第42页。

要有：

（一）"中央广播电台"在重庆恢复播音

1937年11月24日长沙广播电台暂时接替中央台节目后，中央台、广播管理处人员和器材陆续沿江溯流而上抵达重庆，开展紧张工作，装配十千瓦中波机一座，于1938年3月10日恢复中央电台的播音，呼号仍为XGOA。电台每天播音七小时，节目内容有新闻、抗战讲座、战时民众常识以及战时学术讲座等，为后方及沦陷区聆听清晰起见，凌晨三时半起，播送纪录新闻九十分钟。战时中央广播电台被日寇视为眼中钉，又因无线电发射信号易被跟踪定位遭空袭，后经1940年5月第一四七次国民党中央常会讨论通过"国际广播电台电力厂及中央广播电（台）防空设备费案"，拨二十九万三千五百元，供开凿防空洞及迁装机件使用[①]，以后数年重庆屡遭日机轰炸，而中央广播电台播音节目从未中断。

（二）中央短波台建立

1934年夏，为了加强对外宣传，联络海外侨胞，广播事业管理处拟升级之前500瓦的"南京短波电台"，建一座强功率短波电台，经费预算逾百万。鉴于当时日本步步紧逼的态势，中国需要未雨绸缪，着手建立自己的战略后方，故在1936年1月决定将短波台建设地点从首都南京移到重庆。"中央常会授权管理处，于（1936）二月十六日和英商马可尼公司

---

① 《国际广播电台电力厂及中央广播电（台）防空设备费案》，中国第二历史档案馆编：《中国国民党中央执行委员会常务委员会会议录》，第30册，广西师范大学出版社，2000年，第47页。

签订购置三十五千瓦短波广播机合同，包括三百六十匹马力蒸汽引擎发电机一所，二百尺高铁塔两座，不定向及定向天线各四套，架空电缆十五公里，高度灵敏全波收音机两架，菱形收音天线四副，供给我国工程师五人在英厂监造机件各八个月的费用等项，总计英金四万三千六百镑。（1936）四月底派工程总务人员前往重庆，择觅电台用地，勘定重庆西郊小龙坎沙坪坝为播音台，歇台子为收音台建筑地点。"[①]之后开展征地、建设，至1939 年 2 月 6 日，正式以中央短波电台名义，呼号 XGOX、XGOY 开始播音，使用功率为 20 千瓦，信号可达南洋、欧洲、美洲等地。

该短波台的称呼和管理体制期间有过调整。1939 年 12 月，为便利国际宣传，将原中央短波电台移交中央宣传部国际宣传处管辖使用，中央短波电台改名为"国际广播电台"。1940 年 5 月，从广播专业技术考虑，国际宣传处又将之前接管的短波电台，交还中央广播事业管理处管理。

（三）昆明台的建立

1937 年 6 月，中央广播事业管理处接手原广东省府和美国西方电气公司的订购电台器材合同，从周边战事与国际通道布局考虑，决定在云南昆明建设电台。值得一提的是，鉴于重庆中央广播电台建好后因日机频繁轰炸，于是又费时费力转移至山洞，昆明台建设和防空掩体为同步进行。"参照防炸原理，用钢筋混凝土及石块，建筑与山洞功效相仿的机房，即在山脚处建六英尺厚的墙，四英尺厚的穹顶房屋，再在上面填十至二百英尺泥土碎石，另铺一英尺半厚的钢筋混凝土，及三英尺厚的块石层，成斜面形，再铺草皮，兼植树木，使其外表和原来山坡无异，确为防空的最好

---

① 吴道一：《中广四十年》，（台湾）中国广播公司，1968年，第64、65页。

的掩护体，如有五百到一千公斤的炸弹命中石块层，立即爆炸，或随斜面滑下去，而内部机房，可以不受损害。"[1]1940年8月1日，该台正式开播，功率达60千瓦，呼号XPRA，每天播音七小时，用国、粤、厦、英、越五种语言，播报时事和评论。

（四）流动广播电台的建立

随着战争的激烈，广播战也日趋白热化。1940年1月，广播管理处呈请中央，于每一战区设置流动电台一座，"军队因战略关系时有进退，故该区内广播电台以随时迁移流动者最为适宜，既免空袭轰炸之顾虑，更无放弃资敌之危险"[2]，身处一线的电台可供各区军政长官向军民或敌人作宣传讲话之用，还可藉以干扰敌伪电台荒谬言论。流动电台"采用英商马可尼公司出品的TR六○○式报话两用短波机一套，天线输出电力为三百五十瓦特，分装两辆卡车，附有发音、扩音、发电设备，自备节目或转播中央电台及其战区电台播音……后因军费欠裕，先购一座，于（1941年）三十年五月由上饶第三战区派员来渝提运，即指定技术员同往装置，并负责管理。八月一日起，正式播音，呼号为XLMP"[3]。这是为应对战时环境，特意量身定做的流动广播电台。

该台每日下午（5:50—9:00）播音三小时十分，节目有简明新闻、抗战歌曲、政治节目、事实谈话、战讯捷报等，此外，还有日曲（此为攻心

---

① 吴道一：《中广四十年》，（台湾）中国广播公司，1968年，第81、82页。

② 《添设流动电台案》，教育部档案，五：12096（1），1940年，中国第二历史档案馆藏。

③ 吴道一：《中广四十年》，（台湾）中国广播公司，1968年，第95、96页。

战需要）、日语新闻暨转播中央台、国际台的重要节目。[①]作为流动电台，因战事变化，随第三战区长官司令部先后迁移到建阳、铅山、邵武等地，因电台设备就在车上转辗便捷，随时随地即可开展广播工作（类似现在的广播电视转播车），产生出奇效果。

（五）延安新华广播电台创办

1940 年春天，中共中央决定成立广播委员会，周恩来担任主任委员，中央军委三局、新华社等参与筹建广播电台工作。延安新华广播电台于 1940 年 12 月 30 日开播，呼号 XNCR，这是中国共产党领导下的第一座广播电台。1941 年 12 月 3 日，延安台还开办了日语广播，为宣传抗日民族统一战线，传播共产党的抗战主张和抗日实情，向外界发出了自己的声音。后因电台设备简陋，根据地环境艰苦，一些设备零件无法得到及时更换、补充，延安台在断断续续播音两年后停播，至 1945 年 8 月抗战胜利后恢复广播。[②]

（六）民营广播电台

这类电台主要是依托城市、依靠市场生存和发展，其规模不大，但为数众多，故有一定影响力。据 1937 年统计，中国广播电台有 91 家，公营

---

① 《中央广播事业管理处第三战区流动广播电每周播音节目时间表》，社会部档案，十一：9435，1940 年，中国第二历史档案馆藏。

② 参见杨兆麟、赵玉明：《人民大众的号角——延安（陕北）台史话》，中国广播出版社，2000 年。有关延安新华广播电台发展历程，见第八章共产党的广播事业。

台25家，民营台66家，其中上海民营台达36家，[①]占一半以上，颇具代表性。一般而言，民营台经济上主要依赖商业广告，多以娱乐节目为主。抗战中大敌当前，民营台充分体现出爱国热情和民族气节，积极报道淞沪抗战，发起集募捐款。当战事不利，在上海的交通部、市政府两电台停播时，民营电台华美台（XHHP）、上海台（XHHS）等，与之保持共进退也毅然停播。

1938年4月，日军占领上海后成立"广播无线电监督处"，通令尚在租界的各民营台前去登记，当时"上海民营电台公会"行业机构的"常务委员王完白（福音台）、苏祖国（上海台）、王纬之（利利台），执行委员陈轩春（东方）、张元贤（元昌）、陈子祯（国华）、陈懋莆（友联）七位，用聚会名义商讨应付办法决定，宁为玉碎，毋为瓦全，拒绝登记，从（1938年）四月二十三日起，全体停播"。[②]这些民营台主办者都是些受过良好教育、有专业理想和追求的人，如王完白是医生兼牧师出身，苏祖国是无线电专家，他们身上保留着传统文人强烈的家国情怀和不屈品格。决定不去日军当局登记，仍向租界工部局登记，通过坚持斗争后恢复了播音。1941年12月8日，太平洋战争爆发，日军进驻租界，整个上海的民营台机件被查封并强行收购，实行收音机登记和收听缴费制度，民营台遭到日寇摧残，也留下可歌可泣的一页。

抗战中，中国广播坚持守土有责，一刻不停地传递抗战声音，给国人信心和力量，广播电台也在日寇的攻击中愈挫愈勇，发展壮大起来。至抗

---

① 参见殷增芳：《中国广播电台一览表》，《中国广播无线电事业》，燕京大学学士论文，1939年，第3、4页。

② 吴道一：《中广四十年》，（台湾）中国广播公司，1968年，第154、155页。

战胜利前夕，抗战阵营的广大后方有广播电台18座（其中属中央广播事业管理处所辖的有11座），尤其是发射总功率达145千瓦，播音总时间每天90多小时，已超过战前规模。[①]

二、围绕抗战的广播节目设置

节目是兼具内容与形式的播出单元，通过探索与磨合，至20世纪30年代，中国的广播节目主要有五大类型，即宣传、讲演、教育、新闻和娱乐。

抗战中，这五大类节目都紧紧围绕着抗战在内容、播出时间、播讲方式等方面进行了调整、整合。电台专门开辟"抗战讲座""抗战教育""战地通信""民族英雄故事""战讯捷报""敌情论述""抗战歌曲"等节目。如有关教育节目，教育部专门颁布了《抗战时期教育播音暂行办法》，规定"播音材料，一律集中抗战讲材，由本部预定讲题，约请专家撰稿"，"播音讲稿，除随时送登各大报纸发表外，每月汇集中央广播事业管理处一次，分发全国电台"，"重要讲稿由部分类汇印'抗战播音讲演集'列为教育播音小丛书之一种"等。[②]娱乐节目方面也改变了休闲消遣的风格，大量播出雄壮激昂的军歌，中宣部文化运动委员会征集歌曲创作出版《抗战军歌曲谱佳作选》，供中央广播电台播放，有《民族至上》《巩固统一》

---

① 参见吴道一：《胜利还都与我国广播事业》，《广播周报》，1946年9月1日出版，复刊第1期，第3、4页。

② 《抗战时期教育播音暂行办法》，教育部档案，五：12109（2），1940年，中国第二历史档案馆藏。

《还我河山》《出征歌》等。[①]

值得一提的是，抗战演讲和军事知识节目有着特别的影响意义。抗战中的重要事件及时间点上，蒋介石、宋庆龄、冯玉祥、周恩来、李济深、沈钧儒、黄炎培、郭沫若、罗家伦等众多党政军要员及社会各界知名人士，都纷纷在中央广播电台发表抗战演讲，表明立场和态度，声讨日本侵略罪行，激励国人抗战决心，产生强大的舆论组织动员力。彭乐善在1943年出版的《广播战》提道：在抗战五年来，我国政府长官及社会名流演说海外 NBC、BBC 等广播公司收转次数统计中，蒋夫人的达十四次之多。[②] 宋美龄女士用流利的英语对美英发表广播演说，介绍中国同胞在抗战中的英勇和决心，坦陈困境，呼吁对华援助，争取国际了解和同情，产生出色的反响。日本宣布投降，蒋介石即在陪都重庆发表广播演讲强调："我们中国同胞须知'不念旧恶'及'以德报怨'为我民族至高至贵的德性。我们一贯声言：只认日本黩武的军阀为敌，不以日本人民为敌。""真要到我们的敌人，在理性的战场上为我们所征服，使他们能彻底忏悔，都成为世界上爱好和平的分子，像我们一样之后，才算达到了我们全体人类企求和平及此次世界大战最后的目的。"[③] 这些重要的广播演讲，为研究抗战史留下了珍贵的资料。

抗战中，民营广播电台的节目内容可圈可点。有资料显示"平时，那些民营电台是个以商店作广告宣传对象的，而现在各电台的这类营业差不

---

① 《抗战军歌曲谱佳作选》，国民党中央秘书处档案，七一一（4）：333，1941年，中国第二历史档案馆藏。

② 参见彭乐善：《广播战》，重庆中国编译社出版，1943年，第33页。

③ 蒋纬国总编：《国民革命战史·抗日御侮》，第10卷，（台湾）黎明文化事业公司，1978年，第92、94页。

多全停顿了。他们目前工作就是作救亡的播音宣传。一般所播的节目为：
（一）战时新闻；（二）战事常识；（三）转各报社评论；（四）征集慰问品
和救护用品"。①茅盾对当时广播界在抗战中的表现有过观察"上海战事发
生以来，播音界确入了战时状态，平剧、大鼓、蹦蹦戏这一类的唱片不再
播送了，代替的是救亡歌曲；风花雪月情调的开篇也没有了，代替的是有
关抗战的新的东西；什么桂圆大王，什么化妆品的宣传也没有了，代替的
是时事消息和慰劳品募集的成绩报告；讲解《古文观止》也停止了，代替
的是防空防毒等等常识的演说"，并表示，"无线电播音在抗战宣传上确实
起了很大的作用，这方面的工作人员也确实尽了最大的努力"，②给予充分
肯定。

在抗战中，广播节目内容不断充实，播音时间保持增加。以中央广播
管理处所属的电台为例："廿七年（1938年，以下类推，作者注）三月中
央台迁渝播音，国际台成立，连同原有的长沙、福州、西安三台，共为五
台。以后陆续增加昆明、贵州、西昌、西康、兰州以及流动台，共为十一
台。播音时间，历年均有显著增加。如予以综合计算，则各台每日播音时
间为廿七年三十小时，二十八年四十三小时，二十九年五十六小时，三十
年六十三小时，三十一年六十八小时；以后每年均有增加。至各类节目
百分比，新闻约占百分之三十五，演讲占百分之廿四（内包括宣传16教
育8），乐剧百分之四十一。而其内容，则注重发扬战斗意志，提高抗敌
精神，并争取友邦同情。"③这些节目起到了或是"烽火连三月，家书抵万

① 莫：《抗战中的广播电台》，《救亡日报》，1937年10月3日，第2版。
② 茅盾：《对于时事播音的一点意见》，《救亡日报》，1937年8月28日，第4版。
③ 行政院新闻局编：《广播事业》，1947年11月编印，第27页。

金"，或是"海内存知己，天涯若比邻"之效，在抗战的艰难岁月中，令听众感受到温暖和力量，坚定了必胜的信念。

三、国际广播

在国际传播领域，尤其是在战争环境下，广播电波传播超时空性的功能和效果得到了叠加放大。抗战中，中国广播着眼世界反法西斯联盟，注重对外联络，经常与英美苏印广播电台互相转播特殊性的节目，以增强国内民众对国际形势的理解和国际社会对中国抗战事业的了解与支持。

国际广播以中央短波台（即国际台）为主体，其节目时间表显示：每天都有对英法德意、对北美、对东俄及我国东北部、对日本、对我国南部及南洋群岛、对苏俄（莫斯科）定向广播，分别用英、法、德、意、俄、日、马来语及粤语、沪语、厦门语、国语等，每天播音达 14 小时以上。同时考虑各地的时差，国际广播电台节目表还有特别注明，如对英广播，为重庆时间上午 4:30—5:30，当地时间下午 9:30—10:30；对德法比瑞广播，为重庆时间上午 0: 00—0:35，当地世界标准时间下午 5:00—5:35；对北美（太平洋岸）广播，为重庆时间下午 1:00—1:50，美西标准时间下午 10:00—10:50；对北美（大西洋岸）广播，为重庆时间上午 7:00—8:05，美东时间下午 7:00—8:05；对苏联广播，为重庆时间上午 11:30—11:50，莫斯科时间下午 6:30—6:50 等。[①] 国际广播地域覆盖广泛而产生时差，因要适应对象国的收听习惯，从事国际广播的人非常辛苦，要没日没夜地工作着，坚守在自己的工作岗位上。

---

① 参见《国际广播电台每日节目时间总表》，国际广播电台档案，档号：000400010000630000002，1940年，重庆市档案馆藏。

国际广播内容大致可分三类："（一）普通性质者，有新闻、演讲、时评、战讯、音乐和戏剧等，旨在打击敌人侵略迷梦，发扬我国战斗精神。（二）适应战时需要者，计：（甲）广播信箱，凡在自由区之中美人士，均可利用作简单通讯，由美方收听，抄录转送；（乙）杂志论文，由在重庆以及各地的外国记者，就时事及地方新闻作报导，播由美方收听刊载杂志；（丙）密码广播，海外部外交部对国外之指示，由国际台用密码播出至国外，由各地党部及使领馆收听；（丁）对远东盟军广播，由驻华美军部及大使馆在国际台播送新闻乐剧等，由各地盟军收听。（三）特约广播：作战后期，因敌方干扰太甚，有时音波不清，英美各地人士不能清晰收听，特约美方 NBC、ABC、CBS、MBS 等广播网及 WLW、WMRA、WHO 等广播电台代为转播，藉以增强盟国广播战线的局面。"[①]

国际广播使中国的声音传播世界各地，英、美、德、法、匈、葡、捷克、瑞典、澳洲、印尼、加拿大、印度等地听众纷纷来信，反馈有关收听的时间、地点、内容等情况，产生积极的影响，令中国的国际广播备受鼓舞，同时也成为日寇的眼中钉，被列为轰炸的重点目标，"（1939 年 8 月）二十九日上午，敌机在沙坪坝附近疯狂投弹，国际台大门口中一弹，去机房约百余丈，仅毁坏门口房屋橡瓦，机件无恙"。[②]因防空准备充分，对外播音未受影响。

国际广播不仅使国际社会了解中国的抗战实情，同情和支持中国的抗战事业，同时中国广播也利用自身区位的特点和优势，为世界反法西斯阵

---

① 行政院新闻局编：《广播事业》，1947年11月编印，第25、26页。

② 《中央广播事业管理处报告》，社会部档案，十一：9436，1939年，中国第二历史档案馆藏。

线空中信息大通道的构建作出了重要贡献。因为"西方中东印度一带的播音，对于东方很需要中国做一个转播枢纽，北方苏联的播音对于南太平洋也是同样的情形。我们的国际广播电台担任这个责任，频年支撑，颇著成绩"。[1]中国广播与同盟国广播业合作，通过接收和转播彼此的广播，实现了联络东西、沟通南北，保持彼此间的信息畅通，是中国国际广播为抗击法西斯侵略、捍卫世界和平所作出的特殊贡献。

四、广播侦听工作与干扰敌方广播

抗战初期，战事不利，东南半壁江山陷于敌手。以汪精卫为首的汉奸组织成立，在日寇扶持下也建立起广播机构，除东北的伪满洲国之外，搭建起所谓的"全国广播组织系统"，计由"中国广播事业建设协会""蒙疆广播协会""华北广播协会"组成，[2]开展广播工作，宣扬"东亚圣战"、鼓吹"建立东亚新秩序"等，交战各方势力都积极地利用广播，开展激烈的攻防宣传战。

侦听敌方广播以获取日伪信息及情报，是广播抗战的一个重要方面，广播管理处及所属电台承担起这一特殊任务，并列入日常工作。当时中央广播事业管理处由总务、技术和传音三科构成，其中传音科主事节目编排制作，后传音科下设置"侦听组"，专门负责无线电广播侦听工作。据"中央广播事业指导委员会"档案记载："每日侦听之单位，计有中央国际、

---

① 《十五年来我国广播事业之鸟瞰》，《广播通讯》特刊第十期，1944年4月30日出版，第95–97页。

② 《改组广播无线电台计划草案》，汪伪行政院档案，二○○三：2139，1940年，中国第二历史档案馆藏。

昆明、贵阳、成都、湖南、陕西、福建、广西、西康、兰州等广播电台，及敌伪之东京、南京、北平、满洲、上海、开封、汉口、台北、香港、菲律宾与上海之 XGRS、英伦之 BBC、美旧金山之 KGEI 及 KWID、莫斯科之 RWqb、印京之德里之 AIR、柏林 DJR、西贡 FZS 等广播电台"，"（1943 年）九月九日至十二月三十一日收音共约六百二十小时，抄录敌伪消息共约一千二百十余条"。①

广播侦听是一个长年的、日夜进行的细致工作，同时还将侦听内容定期编辑整理，或油印或铅印装订编号成册，作为机密材料送中枢部门供决策者参考。根据《敌方广播新闻纪要》第一六八三号，时间 1943 年 8 月 21 日 12 时至 22 日 8 时止收录记载，在这不到 24 小时的侦听记录中，计 28 页的内容，其目录有："国际消息""中国战场""傀儡消息""敌方消息""南洋消息""太平洋战场""苏德战场""地中海战场""敌方演讲""傀儡新闻"等，②且信息情报的收集整理规范严谨，仅标题为我方口吻，具体内容则客观原样呈现，为党政军负责人提供决策依据。侦听是广播人为取得抗战胜利作出的一份特殊贡献。

此外，广播人还利用无线电技术在空中斗智斗勇，对敌方广播进行干扰。因我方广播电台数量和功率不足，需要通力合作，"中央广播事业指导委员会"主任委员陈果夫提议"分请交通部、政治部、军令部、中国广播事业管理处、国际宣传处，将所有发报台与广播电台现用与可用周波一律开交本会，俾遇敌伪重要播音时，由本会分别对准干扰并于接到本会通

---

① 《国民党中央广播事业指导委员会会议记录及有关文书》，社会部档案，十一：9435，1943 年，中国第二历史档案馆藏。

② 中宣部国际宣传处编译：《敌方广播新闻纪要 附敌伪广播别录》，国民党宣传部档案，七一八：475，1943 年，中国第二历史档案馆藏。

知后立即实施"。后经统一部署，对 1940 年 3 月 30 日汪逆在南京与敌相米内在东京的"交欢广播"进行干扰，结果"除敌东京台 JZJ 电力宏大，尚能隐约辨听外，余均不能入耳"，[①]开辟了利用无线电广播与敌斗争的新战场。

五、收音员培训与广播收音网构建

广播与收音是传播与接收的关系，两者相辅相成，广播事业的发展，除了播出方外还有赖接受端的配合，这需要有收音机做基础保障。当时中国工业化水平不高，收音机的制造业落后，虽然这方面中国也一直在追赶，提出实业救国，兴办无线电厂商，但收音机的拥有量仍较低。有资料显示"收音机数量，依据（1928 年）十七年夏统计，各大都市所有总数，还不足一万架"。[②]据美国商务部（Department of Commerce）之贸易委员史密士（A.Viola Smith）之报告，到 1937 年，中国的收音机为三十五万架，[③]十年增长 35 倍，成绩可观，但以人口比统计（1939 年）每十万人口所拥有的收音机数量：美国 18950、德国 12030、英国 16900、苏联 1970、中国 74、日本 3950、印度 10。[④]和世界列强比，中国的差距巨大，由此也导致了颇具中国广播国情的收音员制度产生。

---

① 《中央广播事业指导委员会第十三次，十四次会议记录》，教育部档案，五：12096（1），1940 年，中国第二历史档案馆藏。

② 吴道一：《中广四十年》，（台湾）中国广播公司，1968 年，第 17 页。

③ The New York Times。May23，1937。转引殷增芳：《中国广播无线电事业》，燕京大学学士论文，1939 年，第 21 页。

④ The Japan–Manchukou Year Book 1939，第 192 页。转引殷增芳：《中国广播无线电事业》，燕京大学学士论文，1939 年，第 21 页。

收音员培养采用"哪来哪去"的方式，由中央广播电台管理处、教育部暨部分省政府，通过举办名额分配到各地的收音员训练班进行培训，经学习无线电知识、速记整理、收听实习等环节，经考核毕业，再回各地党部、电台、教育馆或电教馆，从事辅导、推广收音接受工作。该项工作在1928年"中央广播电台"开播时，出于宣传党义、播发消息的宗旨，就提出训练无线电收音员分派各党部计划，并进行个把星期、十来个人的小范围的培训尝试。1932年75千瓦大功率电台开播，为推动各地收音事业，造就技术人员起见，中央广播事业管理处主持培训工作深入开展："以全国两千多县，每县设一收音中心为目标，先由华中、华北、西南、西北地区较大县市政府，遴选高中以上毕业生，保送来京，接受五个月的学理、技术、维修方法等训练，共办三期，结业四百三十九位，分别携带资源委员会上海无线电机制造厂出品的之交直流两用式六灯收音机，返回原籍政府服务。……于晚间收听中央电台节目，以新闻为主，讲演大意为辅，分别记录、誊写、缮印、送交当地报馆，于翌日刊出，同时张贴壁报，供附近民众阅览。"① 使来自中央的声音能及时为各地民众所知晓。

收音员培训制度在抗战中更能体现其意义和成效。因战事关系家园遭毁、人们颠沛流离，无法正常接触到收音机，收音事业遭受打击，为此"（1939年）廿八年二月中央通过'增设后方各县市收音机方案'；卅年五月，通过'切实推进收音事业方案'；同年九月又拟具'设立广播收音网计划'，对于收音事业之推进督导，详见规定。该计划内容计分下列各步骤：一、督导各县市机关学校装置收音机，并奖励私人装设；二、规定各地收音人员的职责；三、收音技术人员的训练与培养；四、收音机的大量

---

① 吴道一：《中广四十年》，（台湾）中国广播公司，1968年，第17、18页。

制造及零件器材的供给；五、经费的筹措。同时由中央广播事业管理处向中央无线电器材厂定购大批收音机，半价供给后方各省，并派技术人员分赴各省指导办理收音员训练班"。①通过收音员培训和广播收音网的计划，带动广播事业的发展。

抗战中有四川、河南、湖南、湖北、广西、安徽、江西、甘肃等省继续开办收音员训练班。"迄三十二年（1943年）九月底止，结业者一千余人"，②这些收音人员，分散在各省市县依托地方政府基层服务，下接地方百姓，上通中央电台，令时局消息顿觉灵通，中枢声音瞬息远达。民众在了解抗战形势的过程中，也渐渐统一了认识和信仰。

因我国地域广阔、人口众多且语言多样，一家电台显然力不从心，需要有电台区域网络化的建设，彼此分工合作，实现各地广播方式联播来应对，即"凡值重要广播，全国各网或全网各台，得播送同一之节目，谓之连锁广播，政府利用之传布消息，宣达政令，收效之宏，莫可比拟"。③此项措施，抗战前已实施，即每天晚上八时至九时，所有全国大小电台包括民营在内一律要转播中央广播电台的新闻节目。抗战中，此举有效突破我方单个电台功率不足和日伪对中央广播电台的干扰问题，将各台形成了一个有机的整体，发挥了广播的优势。

收音员制度及广播收音网建设，为各地培养了一批广播的骨干队伍，搭建起广播事业发展的人员基础，是抗战中结合中国国情的一种制度创新，同时也为抗战的胜利贡献出一份广播人的力量。其突破了报刊媒体报

---

① 行政院新闻局编：《广播事业》，1947年11月编印，第65页。

② 吴道一：《中广四十年》，（台湾）中国广播公司，1968年，第133、123页。

③ 吴保丰：《十年来的中国广播事业》，中国文化建设协会编：《十年来的中国》，商务印书馆，1937年，第720页。

道的延时与分散，将远隔千山万水、身处各地的人们紧紧联系在一起，培养起国人的共识共存，在国人中强化了国家、民族观念和国民意识。随着抗战迁徙和影响波及各地，尤其较为边远地区，广播媒体改变了人们偏安一方、过着世外桃源般的生活状态，给传统乡土的中国带来了现代性转变。一个来自中央的声音，可迅速同步对各地产生影响作用，将亿万人的思想和行动激活、协调起来，这是抗战中的广播给国家、民族与国人带来的重要而又深刻的影响。

六、广播无线电导航及通信

广播除了在宣传战、攻心战发挥信息传播的功能外，还发挥自身无线电技术优势，实施导航与通讯联络，直接为抗战服务。抗战时期，我们的机场通讯保障能力不足，广播还承担了飞机导航通讯任务。因"战时军机航行之安全，无论是否直接作战，关系均甚重大。为配合机航使能安全达成任务起见，经广播当局责成各地电台，经常与航空委员会取得联系，协助飞机安全航行，贡献可谓不少"。[1]广播导航主要是通过反复播出电台的呼号、波长、周率，以便飞行员寻找到安全着陆地。1942年8月，空军总部制定了《空军使用广播电台暂行办法》共十条，涉及广播导航的要求、职责、措施、保密、联络方式等内容，为中国空军和陈纳德将军的"飞虎队"对日作战与运输进行导航。有资料记载1942年9—12月，昆明电台

---

① 行政院新闻局编：《广播事业》，1947年11月编印，第27页。

为中美军机导航达 1100 分钟。①

日本宣布投降后，此时日伪占领地区急需中国武装力量进入，广播事业管理处接到中国战区美国空军总部来函，为了便于运送中国军队到东部各地担任接收工作，希望协调各地电台为飞机寻找地点，顺利着陆导航。广播管理处"分饬各台妥慎办理，甚有昼夜二十四小时播送不断……上海、北平、汉口、杭州、南京各台自（1945 年）九月一日至十月十五日间对于运送中国军队至东部接受初期飞行极有帮助"。②使中国军队在较短时间内顺利布防到位，解除了日伪武装，维护了当地社会秩序和百姓生活。

广播还以身体未动、声音已至的超时空方式，参与抗战胜利接收的工作。"（1945 年）三十四年，八月十四日晚，日本正式无条件投降，即由中央、国际两台用中日文重复播送中枢致日本侵华军总司令冈村宁次，着将所属部队，按照指定地点，接受投降的命令。同时通知收复区光复区所有敌伪电台员工，乘机赎罪，藉图自效，努力保护机件，听候接受。"③指令伪华北广播协会所属北平台、伪中国广播建设协会所属南京上海电台等转播中央电台、国际电台节目。各伪电台听到后，立刻也用广播方式报告，刚胜利的那几晚，常从收音机听到"重庆中央广播电台注意，你们的

---

① 转引戴美政：《抗战救亡的时代强音：昆明电台与西南联大对抗战广播的重大贡献》，哈艳秋主编：《"勿忘历史：抗战新闻史"学术研讨会文集》，中国广播影视出版社，2016年，第68页。

② 《中央广播事业管理处工作报告》，教育部档案，五：1552，1945年，中国第二历史档案馆藏。

③ 吴道一：《中广四十年》，（台湾）中国广播公司，1968年，第120页。

呼叫我们听到了，我们尊重贵处指示、静候接收"①等内容，可以说广播接收工作，是在接收人员抵达的十多日前，就已经通过空中通讯的方式高效开展了。

对世界广播史考察，可以发现：一个国家有代表性广播媒体所发出的声音，通常被视为是代表着这个国家的发言。中国广播事业出现在国家现代化转型阶段，同时又伴随反抗外敌入侵、民族复兴的历史进程，与西方国家由科技和市场引领的成长过程有所不同，前者更强调由政府（官方）主导，这也决定了进入抗战时期，"我国广播事业先天就注定了须得服务于抗战。因此广播事业分担了抗战的沉重职责，分担了随抗战而来的困苦艰辛"。②当然也分享抗战胜利喜悦和成果，广播人为此奋斗牺牲功绩值得铭记。通过对抗战中的中国广播事业探讨，能给人思考和启示：

（一）从内在的基础考察，广播是体现了综合国力的一个重要方面。广播作为科学技术产物，与一个国家的制造业、经济发展水平、财政状况及信息需求等密切关联，需要有硬件和软件的支撑。抗战不仅是中日两国在军事领域对决，更是彼此倾其所有国力资源的全方位比拼。抗战前中国社会有一个"十年黄金"发展时期，在铁路、公路、办厂、开矿等国家基础建设方面取得一定进展，广播领域也有了相当的发展，不仅是办台数量、无线电知识普及方面，在倡导实业救国（兴国）观念影响下，"中央无线电器材厂""上海无线电机制造厂""上海亚美公司""上海中华无线电研究社"等有代表性的公营、民营厂商也蓬勃发展起来，能生产多种型

---

① 麦克疯：《崩溃前夕的党营广播事业》，《新闻天地》，第47期，1948年9月1日出版，第7-9页。

② 吴道一：《胜利还都与我国广播事业》，《广播周报》，复刊第1期，1946年9月1日出版，第3、4页。

号的发射机、收音机等广播设备。①经广播人坚韧努力，抗战中我们终于有了能和强敌抗衡的现代化媒体——广播，也最终为抗战的胜利贡献了广播的一份力量。

另一方面，在特殊时期自身条件不够时，需要国际合作，善于借助外力、争取外援，弥补自身不足。"（1940年）二十九年，（广播）管理处运用中央核拨的英国信用贷款十四万一千英镑，和美国油锡余额款三十万美元（作者注：1938年12月和1940年3月美国先后宣布向中国提供2500万美元和2000万美元的两笔贷款，中国以出售桐油和锡矿为抵押，当时正值中国抗日战争最困难时期，贷款起到了雪中送炭之效），分别向英美订购强力中波机三座，中型短波机二座，国际台备用真空管，各种测试仪器，及其他广播器材，约七百吨。"②这些广播器材从缅甸仰光上岸，千里迢迢运抵昆明、重庆，为广播提供了宝贵的器材补给，为中国广播的抗战事业提供了强有力的支撑。

（二）从媒介功能考察，广播使抗战信息的获取与传播能力得到极大提升，并迅速有效地转换成行动力和意志力，进而强化了民族、国家意识。广播传播速度快且为众人同时参与的一种媒介活动，大众之间的互动易产生某种情绪感染和行为抱团效应。"卢沟桥事变"后的广播演讲，令国人在民族危难的紧要关头奋起抗战；听众从广播得知太平洋战争爆发及有关战场消息，对日本法西斯的灭亡和抗战胜利充满信心；而1945年8月15日，人们从广播得知日本投降的消息，更是瞬间引爆了经历长期抗战，中国人

---

① 参见吴保丰：《十年来的中国广播事业》，中国文化建设协会编：《十年来的中国》，商务印书馆，1937年，第737页。

② 吴道一：《中广四十年》，（台湾）中国广播公司，1968年，第112页。

民的情感宣泄。从山河破碎人心向汉，到抗战建国重整河山，广播媒介超时空的传播以及所采用的广播网联播形式，在凝聚民心、形成合力方面成就卓著，促成并展现了地不分南北、人不分老幼，皆有守土抗战之责的全民抗战的坚定意志和壮阔图景。

中央广播事业管理处处长吴道一总结广播抗战时提道："抗战八年，历经无数次的危殆震撼，颠簸动荡，然而广播事业始终支撑了全民作战的勇气……施展了最大的力量，充分尽到政府喉舌的责任。"[①] 故广播在传播信息的同时，也衍生出强化民众对国家、民族的认同，形成万众一心的共同体效应，进而转化成强大的精神意识力量，最终赢得抗战的胜利。

第三节　抗战时期国人的"广播战"研究

在抗战时期军事斗争异常激烈，造成各方地域的控制与限制的复杂性，广播传播的时空超越能力，使其在宣传战中尽显电子媒介优势，因此，广播被时人视为是陆海空武装力量之外的"第四战线"。

在抗战中，中央广播电台（呼号 XGOA，1928 年 8 月成立，抗战期间随民国政府从南京迁重庆）和国际广播电台（呼号 XGOY，对北美为XGOX，在中央广播电台短波台基础上于 1939 年 2 月成立），专门开辟《抗战讲座》《抗战教育》《战地通信》《民族英雄故事》《敌情论述》《抗战歌曲》等节目，在播音语言上，采用国语，方言（有粤语、沪语、闽语等），

---

① 吴道一：《胜利还都与我国广播事业》，《广播周报》，复刊第1期，1946年9月1日出版，第3、4页。

少数民族语（有蒙语、藏语、回语等），外语（英、法、德、俄、日、荷兰、西班牙、马来西亚、印度、泰国、缅甸、朝鲜、越南等十多种语言）广播；在抗战宣传中，揭露敌人，向全世界报道战况，在争取世界舆论同情等方面，做了大量工作，发挥了强大的喉舌作用，是全国和全世界宣传抗战的重要传播媒介和舆论阵地，为中国人民抗日战争和世界反法西斯战争的胜利作出了特殊的贡献。

日伪方面也制定《战时文化宣传政策基本纲要》，要求"强化中国广播事业建设协会，严厉取缔敌性广播，并谋对外宣传之积极与强化"。日伪广播则进行宣扬"东亚圣战"、鼓吹"建立东亚新秩序"的欺骗宣传。交战各方都充分地利用广播开展激烈的攻防宣传战。从研究的角度考察，抗战环境为广播宣传战的研究提供了历史契机。

一、广播战研究的内容

抗战中，围绕着如何运用广播鼓舞激励本方军民的斗志、打击揭露敌人的阴谋、争取中间势力的支持、团结盟友等方面，各广播电台开展了如火如荼的宣传战。同时，广播与战争的关系成为研究者关注的议题，并展开了多方位的探讨，主要方面有：

（一）广播宣传在战争中的作用及"广播战"的含义。1942年1月，国民党中央宣传部编印了《无线电宣传战》小册子，认为："在宣传战中发挥着最显著效能的无线电工具已和外交策略、经济压力、军事力量并存不悖，成为对外政策的必备武器之一。"无线电宣传机构已成为各国战时机构中不可缺少的部门，"无线电宣传的工作纲领可以分三方面来说：第一，在国内激励士兵和人民团体精诚团结和勇于牺牲；第二，对中立国家播送言简意赅的短评、专题讲演和新闻报道；第三，对敌人的前后方则大量放送许多驳斥性的谈话和事实证据以达到消沉士气摧毁斗志的目的"。①认为"无线电的奇妙使得对敌宣传工作开展比以前更为容易。以前所使用的从飞机和气球上掷宣传单的老法子，在地域范围和影响力方面都受到极大的限制，但是无线电可以毫无困难地深入敌人的土地"。②因为，广播战是在空中电波中进行的，更有成效。

广播在战争中的巨大作用，敌我双方都想尽办法，利用广播作为武器，鼓舞士气、打击对方。《十五年来我国广播事业之鸟瞰》（1944年）一文对此进行了描述："到了此次战争爆发，它的功效更宏，用途更广，在外交宣传军事上的成绩，是比平时在新闻教育上的更大。我们只要看每次战役的前后，各国领袖都依赖它发表意见，传递信息。希（特勒）墨（索里尼）东条（英几）几个魔鬼都利用他来说谎造谣，挑拨攻讦，做一个神经战的主体，就可以知道大众公认它为海陆空三种之外的第四战线的道理。换句话说，也就是孙子兵法上所讲的攻心为上了。"③文中提到广播战是一种"神经战"，并视其为是实现古代兵法中最高境界的现代化手段运用。

还有研究者用"心理作战"来表达广播战的内涵，陈沅在《广播的作用》介绍："在第二次世界大战中，欧美各国电台都设有心理作战部，用音乐或语言来分化敌方战斗员的意志。我国抗战期间，中央台的短波部分'中国之声'，曾经特意增加了对日播音节目，用各种方式来对日寇宣传，来分化日寇的斗志。对欧美的宣传，以博得国际友人的同情而提

---

① 《无线电宣传战》，国民党中央宣传部编印，1942年，第1、2页。

② 《无线电宣传战》，国民党中央宣传部编印，1942年，第9页。

③ 佚名：《十五年来我国广播事业之鸟瞰》，《广播通讯》，第10期，1944年4月30日出版，第95-97页。

高了中国的国际地位。"[①]文章还特别提到音乐对人的个性、情绪的影响，可以使人消沉，也能激发人心士气，故在战争环境中，广播是名副其实的"第四战线"。

（二）广播战中的广播工作与管理研究。随着广播战的进行，其相应的工作部署与管理探讨也同时展开。主要工作环节有：国际广播、国内广播、应变计划、筹划广播网、倡导敷设收音机、灌制录音片、联播与干扰、加强节目效能等方面内容。如加强节目效能分三大项："为普通性质者；为应战时急需者；为特约广播"，同时还提出"对华侨广播及通讯""流动电台播音""充实节目，增加播音时间"等专项问题。[②]此外，广播的战时工作不仅在报道方面，还通过无线电技术直接为军机导航提供安全保障等。

1939年，周凯旋就战时广播宣传战的管理问题，进行了较为深入的探讨。指出只有"严行统制无线电广播宣传"，才能化解敌寇的宣传，增强我们的宣传效果。"自抗战以来，中央广播电台迁渝，各省市公私立电台则受战时影响，或停止广播，或减少电力，致各电台听者顿感困难，而汉奸敌寇之强电力台林立沪上，东北、华北各处敌寇亦有强力电台之设置。一面肆意干扰，妨碍我方电台之广播，一面大事反宣传，淆乱我方民众之听闻。一般无知民众，因我方广播电台不易收听，乃改收敌方广播，以资反证，遂致以讹传讹，谣言繁兴，抗战信心动摇，抗战勇气消失，抗

---

① 陈沅：《广播的作用》，《电影与播音》，1947年6月第1、2合期，转引王文利：《中国广播电视新闻研究简史》，湖南师范大学出版社，2008年，第67页。

② 参见《抗战中的广播宣传》，为国防部编纂之《抗战全史》提供，其中的《抗战其中之宣传》的部分内容，1947年3月6日送中宣部稿排印。转引赵玉明主编：《现代中国广播史料选编》，汕头大学出版社，2007年，第172—182页。

战情绪衰颓，驯至抗战意识模糊，甚至认识差误，思想反动，顺民与汉奸心理，因以成长。且扰乱后方民心，抗战与建国力量，因而减低。"因此，直面这些问题，必须采取措施"严行统制无线电广播宣传"[1]。这些内容既是广播战的规律探讨，也是实践经验的总结。

文章探讨了无线电广播统制的积极和消极两种方法。积极的措施包括：（1）"设立广播无线电台网"；（2）"增强广播电台电力"；（3）"设立短波无线电台"等加大广播的投入。消极的措施包括：（1）"设立电波干扰机"；（2）"禁止收听反宣传"；（3）"限制并登记私立广播电台"；（4）"调查并登记私人装置无线电收音机"；（5）"限制装置收音机灯泡数"等禁止限制类，属于防御性的措施。

（三）广播战评价研究。中央广播事业管理处处长吴道一在《胜利还都与我国广播事业》一文中，回顾了广播在抗战中的作为："我国广播事业先天就注定了须得服务于抗战。因此广播事业分担了抗战的沉重职责，分担了随抗战而来的困苦艰辛。抗战八年，历经无数次的危殆震撼，颠簸动荡，然而广播事业始终支撑了全民作战的勇气；无情地揭发敌人的阴谋诡计，积极地粉碎敌人的谣言攻势，对世界友邦发出'中国之声'，向他们报道正确的战况，申述'抗战中国'的需要，争取友邦的了解与同情，信赖与援助；对沦陷区的同胞，广播事业更无异是政府一支温柔而极有力量的手，时时寄予他们以关切和抚慰，让他们相信所期待的自由光明的日子必将到来。广播事业在抗战期中，施展了最大的力量，充分尽到政府喉舌的责任。"高度评价广播对抗战事业的贡献。

---

[1] 周凯旋：《怎样统制无线电广播》，《电教通讯》创刊号，1939年11月。转引王文利著：《中国广播电视新闻研究简史》，湖南师范大学出版社，2008年，第83、84页。

抗战中，仅属广播管理处就有三位同仁在工作中遇难，至于艰辛付出，更是数不清。吴道一的文章还对在抗战中广播同仁的表现给予高度赞誉："广播事业的从业人员，在各自岗位上含辛受苦，奋斗牺牲，屹立不摇的精神，即使与前方的战士相比，也并无逊色。抗战过程中，广播工作人员曾迭有牺牲。……今天，我们收获了抗战胜利的丰美硕果，广播事业在获得胜利的进程中，是有其不可湮没的贡献的。"[①]

在抗战的宣传报道中，因广播的突出表现，发挥出报刊所无法替代的强大功用，从而奠定了其在新闻事业中的地位。有研究专门提及："抗战以来，广播在新闻事业上表现的功能，实为不小。太平洋战争消息传至中国的情形，也许清楚地在人们的记忆中，那就是中国广播对于中国新闻事业最好的贡献。""抗战七年，山河破碎而人心向汉，广播可为一大功臣。因为不管在东北或其他省份，我沦陷同胞唯一求得正确消息的来源，就是广播。"[②]抗战时期。中国边远各地报纸新闻的来源，没有自己电台设备的，就完全依赖广播消息。因此，中国新闻学会在1943年"九一"（当时的记者节）举行年会时，确认广播电台负责新闻广播人员和新闻摄影机关负责新闻摄影人员均为新闻记者。新闻史专家胡道静先生当年亦有概括：自第二次世界大战以后，新闻事业进入了一个新的"广播新闻时代"。[③]

（四）国外的"广播战"介绍研究。国外自第一次世界大战既有广播投入其间，广播战的经历丰富，为研究者所关注。杨明在《军事与广播》

---

① 吴道一：《胜利还都与我国广播事业》，《广播周报》，复刊第1期，1946年9月1日出版，第3、4页

② 铿：《广播在新闻事业中的地位》，《广播通讯》，第10期，1944年4月30日出版，第119、120页。

③ 胡道静著：《新闻史上的新时代》，世界书局，1946年，第1页。

中，结合战争中各国外的广播案例展开论述："交战各国无不广增电台，加强电力，采用了数十国的语言，向各国各民族宣传主义，报道新闻，并且特设'侦探电台'，收听敌国的一言一动，藉便分析其内心的反映，可为探测敌国的资料。又有设立一种强电波的'干扰电台'，破坏敌人的广播。苏联则更用一种方法，每于德国广播后，乘其报告员休息之片刻，插语反驳，一方若变换波长，一方即随之改变，如影随形，彼此干扰破坏，此次大战，广播之参加战争阵线，于此可见一斑了。"

文章分析广播战中以弱抗强的效能，"如欧洲各被侵占的弱国，于政治军事崩溃之后，尚可以依此第四战线继续其抵抗行为，以唤起其国人的勇气，当一九三八年，奥国的 HORN 小城中，每于日落后即常有二部运送鸡蛋及牛油的卡车，由车房中开出，至离城五六里的荒地中停止，他们即开始架设天线，而在八时则对传话器报告'奥国自由电台'呼号……法国沦陷后，法人组织秘密电台者亦复不少，所以在诺曼底登陆时，盟军即能那样顺利地扫荡德军，此亦不无原因"。此外，还有介绍国外广播战的技巧，如英国广播对德国人民报道纳粹官员戈培尔有多处豪华私邸，戈林、希姆莱均为富豪等。指出广播战中："双方在摧毁敌人斗志的攻势中，各向对方人民宣传他们的领袖在平时是如何的贪污腐败，在战时是如何懦弱无能。"[1]这一报道手法很有说服力和杀伤力。在现今的伊拉克战争、利比亚战争等冲突各方的舆论战中，这点仍屡见奇效。

二、研究集大成者《广播战》的出版

1943 年 5 月，在重庆的中国编译社出版了彭乐善的《广播战》，该书

---

① 杨坚：《军事与广播》，《广播周报》复刊第43期，1947年7月6日，第1页。

把广播置于国际环境下进行全面深入的考察，是国人对广播战进行较为系统研究的代表性成果。

彭乐善（？—1988）湖北武昌人，其父亲曾是教会学校杂役，本人得到教会学校的培养，到美国留学，获得博士学位，后曾任国际广播电台传音科科长。《广播战》由曾任国民党宣传部副部长、专门负责国际宣传的董显光题写书名，曾任国际宣传处处长的曾虚白在序中表示："彭乐善同志从事国际传音工作有年，贡献甚多，近于公余，将其平日研究所得，参以实际服务的经验，著为此书，论述世界各国广播事业的情况，以及广播传音的技术等，精详博瞻，深入浅出……诚为不可多得之佳作。"[1]

全书共九章，159 页。第一章"无线电波之奇能"、第二章"英国眠时"、第三章"远东之广播战"、第四章"伦敦之呼声"、第五章"莫斯科之广播"、第六章"西半球之广播"、第七章"环球广播战之概观"、第八章"大战中之重要广播人物"、第九章"广播节目之分析与广播方法"等。著作大致分三个部分，前两章简述了无线电广播发展，概述了"二战"初期德国、意大利两国对广播的利用与发展。中间几章详细阐述了各交战国的广播事业，后三章对广播传播现象、规律进行了探讨，对"二战"期间各国的对敌广播、宣传战略和秘密电台等进行了总结，介绍各国的重要人物的广播，分析广播节目的构成、播出、广播传播的方法等问题。

书中有大量的各国广播事业资料的收集。在分析战争对广播影响时，作者选取了 1939 年、1940 年国外出版的广播数据，比较欧洲大战交战

---

[1] 曾虚白：《广播战》序，彭乐善著：《广播战》，中国编译社出版，1943年，第1页。

的英国和时为中立国的美国的广播节目，美国音乐歌曲节目为总节目的52.45%，而英国只有44.65%，并分析道："战时广播，既以宣传为主，而国际广播，复需用多种不同之语言，故平时之娱乐或教育性质之音乐节目自然减少。"① 在"特别转播节目统计"中提到"抗战五年来，我国政府长官及社会名流演说在海外转收"次数表，其中宋美龄的演说 NBC、BBC 等广播公司转收达十四次之多。② 书中第八章"大战中之重要广播人物"，从广播战的最高层次分别介绍了蒋介石、罗斯福、丘吉尔、斯大林、戴高乐等的有关广播演讲的内容与经历。此外，还介绍了当时在广播战中有影响的人物，如美国 NBC 播音员汤姆斯、英国"分析敌谣之广播宣传家"富开逊等。作者认为："广播人物，在一般人心目中，实具有显然之条件。仅就演说一项言之，广播风度之表现，不外思想新颖，事实确切，写稿多用悦耳之字，讲述富有表情之词，声带圆润，音调清晰，而在传话器前，读稿自然，发音活泼，使远近听众，闻其声而知其人，明其言而行其意。现代政治家之公开演说，舍此无以转变舆论（To swing public opinion），而起预期之作。"③

在史实材料基础上，作者还对有关广播传播的问题进行了分析提炼，探讨广播方法："综合言之，约有四端，即在传话器前注意听者，发音有声有色，备稿先事演读，及播送起止守时是也。"④ 接下来书中结合广播战实例，详细阐述了这四个方面的问题，在"起止守时"方面还特别提到："罗斯福、丘吉尔二氏每次广播演说，不过十五分钟，或半小时。如希特

---

① 参见彭乐善著：《广播战》，中国编译社出版，1943年，第135、136页。

② 参见彭乐善著：《广播战》，中国编译社出版，1943年，第33页。

③ 彭乐善著：《广播战》，中国编译社出版，1943年，第115页。

④ 彭乐善著：《广播战》，中国编译社出版，1943年，第143页。

勒二小时以上广播，殊难维持听众之兴趣与耐性。是故欲求广播可收最大之效果，宜以前者为法，以后者为戒。"①认为：在播讲时"须视面前传话器为听众之'代表'，在想象中，如见其人。使其自然发生深切之兴趣"。②这样方可从容发音、谈吐自如，以此克服常见的话筒前的生惧感。书中以广播战为切入点，对广播的传播特点和传播规律进行了归纳、论述，颇有见地。

从广播史和论两方面考察，《广播战》的资料的收集较为丰富，并进行了一定的整理，对广播媒介形态的把握、传播效果的分析探讨等见解独到。该书不仅勾勒出第二次世界大战时期国内、国际广播的基本概貌，也是广播学术史研究的重要文献。

三、抗战时广播战研究的特点

通过对抗战时期有关广播战研究文本的考察，在其探讨问题领域进行逻辑建构和表述的同时，也形成了相应研究的特点，主要有：

（一）广播宣传鼓动作用成为研究之重

战争环境下，各方都要动员包括广播及新闻传播的一切力量，为自己赢得胜利而全力以赴。广播媒介的舆论属性与广播听众的广泛性结合，可以产生强调的宣传鼓动作用，对比考察，之前的广播研究探讨中似乎忽略了这点。如1934年，有研究者提出广播"三大使命"："第一，慰安之使命，即关于娱乐之广播。第二，报传之使命，即关于新闻消息，经济市况，以及气候预告等之广播。第三，教养之使命，即关于教育、修养等

---

① 彭乐善著：《广播战》，中国编译社出版，1943年，第147页。
② 彭乐善著：《广播战》，中国编译社出版，1943年，第143页。

之广播。"①类似表达还有广播具有"报告作用""教育作用"和"娱乐作用"三大作用②。毫无疑问，宣传鼓动是大众传播媒介的社会功能重要方面，在战争时期更是被聚焦与放大，成为广播研究的重心点。不仅如此，在血与火的洗礼中，研究宣传鼓动作用的风格也显得大刀阔斧、粗犷有力。

（二）具有鲜明立场的两极化思维倾向

广播传播与战争结合，相应的广播研究也以广播战为主题。受到战争思维的影响，广播研究也有两极化倾向，敌我双方阵线分明，代表着侵略与反侵略，黑暗与光明，邪恶与正义，谎言与真理，专制与民主……的对立与冲突，这种军事上的对立，进一步延伸到政治上的领域，形成一种立场坚定、思想统一、具有鲜明的主义思想的以阶级、政党出发，意识形态色彩突出的广播及新闻研究取向，面对这些大是大非问题，越来越难以容得处于中间游离状态的研究观点的出现。

（三）军事术语的引入与运用

战争环境下的广播研究，自觉不自觉地使语言及相关术语研究也打上战争的烙印，如大量的军事术语的运用，诸如"战线""阵地""进攻""反击""胜利""失利""挫败""突破"等等。而对听众的称呼，此时更多是运用"同胞们"或是"官兵弟兄们"，战场喊话的语气颇浓，也唯此才能与时代及环境气氛合拍，这些军事用语也都在广播研究中折射出来，构成了广播研究中的战争文化的特质。

---

① 黄镪村:《广播无线电之使命》,《无线电杂志》, 第6卷第1期, 1934年1月出版, 第57、58页。

② 参见铨:《广播事业对于国民生活的各种影响》,《无线电》, 第1卷第3期, 1934年3月15日出版, 第1–5页。

这些在战争烽火年代下所形成广播战研究特点，作为某种因子的遗传代码，对以后的广播研究及新闻传播学研究都产生一定的影响。

第四节　抗战中的日伪广播

一、日伪在东北、华北等地的广播

日本军国主义侵略中国，大肆培植伪政权组织，为配合其鼓吹的"大东亚共荣圈"，在我国建立日伪广播电台。随着被占领区演变，这些广播电台主要分布在东北地区、华北地区、华东地区、华南地区及台湾、香港地区。与此同时，还成立了专门的广播宣传管理机构，颁布法律、法规，对广播电台进行控制和管理。

我国的东北地区是日本长期以来一直觊觎和苦心打造的地方。1905年，在我国领土上发生的日俄战争，俄国失败，日本取代其地位，强迫清政府将辽东半岛租借权转让与日本，日本将其作为日本一个州即"关东州"来统治，设立关东都督府，作为吞并东北继而侵占中国的跳板。为了维护其殖民统治的需要，日本把广播电台开办到中国，1925年8月9日，由日本关东州递信局开办的"大连放送局"开始播音，该台呼号为JQAK，发射功率500瓦，这是日本侵略者在我国东北境内开办的第一座广播电台。而日本国内第一座广播电台才于1925年3月开办，四个多月之后便迫不及待在中国开办了。"大连放送局"的节目编辑与日本国内的电台相同，"设有日语的一般新闻、音乐、讲座、娱乐、气象、警报、教养和社会服务等节目。民国十五年（1926年）11月增设《华语讲座》。此外，每周还播送几次中国戏剧和音乐"，①用以笼络大连地区的中国听众。

1931年"九一八"事变后，日本侵占我国东北地区，东北原有的奉天（今沈阳）和哈尔滨两座广播电台被日本所攫取。1932年3月，伪"满洲国"在长春宣告成立，日伪改长春为"新京"，成立了"新京放送局"。为了严格控制东北地区的无线电广播，1933年9月，由日本政府、伪满洲国政府、南满州铁道株式会社、日本放送协会、朝鲜银行出资合办在大连成立了"满洲电信电话株式会社"（即有限公司意，简称"电电会社"），②统一管理新京、奉天、哈尔滨、大连四个放送局。1935年11月，"电电会社"从大连迁至新京（长春）。伪"电电会社"表面上是由日满合办，实为日本控制，其社员队伍主要由关东厅递信局、"满铁"和关东军的人员组成，其各级领导职务和技术岗位均由日本人垄断，这也充分说明了其傀儡性质。查阅"电电会社"的会员录，便可发现大连放送局昭和十四年（1939年）的技术科有22人，均为日本人，昭和十七年（1942年）的技术科有24人，也均为日本人。③日本当局及其在华机构就是这样一直把核心部门广播技术权牢牢掌握在日本人手中，另招收一部分华籍工人从事低级工作，作为陪衬。日本据此为依托，垄断了东北地区的电报、电话和广播三大事业，为其殖民统治的利益宣传

---

① 赵玉明、艾红红、刘书峰主编：《新修地方志早期广播史料汇编》（上卷），中国广播影视出版社，2016年，第219页。

② 参见辽宁省地方志编纂委员会办公室：《辽宁省志·邮电志》，辽宁民族出版社，2002年，第73页。

③ 庄洪昌：《日伪大连放送局史略》，中国广播电视学会广播电视史研究委员会、北京广播学院广播电视研究中心、浙江省杭州市萧山区广播电视局：《第六次中国广播电视史志研讨会专辑》，2003年，第168页。

服务。

随着日本对中国侵略步伐的加紧，其广播事业也在不断扩展。1934年11月，伪"电电会社"投资100万元，完成了新京广播电台扩充100千瓦发射机的工作（其背景是与当时南京"中央广播电台"竞争，因在1932年"中央广播电台"扩容为75千瓦，一举成为东亚第一）。在当时东北最大的广播设施，在世界上也是为数不多的大功率发射机，后又先后在营口、锦县、鞍山、抚顺、本溪、阜新等地设立广播电台。1938年5月，日伪成立为"新京中央放送总局"，出台加强对广播的集中规定，要求东北境内的放送局接受新京总局的指导、监督，"各地放送局只许转播，'新京中央放送总局'统一编排和播出的节目，不得自办广播节目所有广播节目"，实行所谓的全满广播一体化。[①]截至1945年日本投降前，日本在当时的伪满境内共建广播电台26座。

1937年"七七"事变后，华北大片国土沦陷，北平、天津、太原、青岛等地广播电台相继落入日军之手，在日本广播协会的直接插手下，各地广播电台先后恢复播音。1938年1月1日，日本在北平成立所谓"中华民国临时政府"，将原"北平广播电台"改称"北京中央广播电台"，成为傀儡政府的舆论工具。1940年3月，又将其并入南京的汪伪"国民政府"，原"临时政府"改为"华北政务委员会"，该委员会名义上归汪精卫政权管辖，在汪伪政权中享有极高的自治权，拥有直属的"治安军"，并全权处理河北、山东、山西三省沦陷区及北平、天津、青岛三个特别市等地政务，其在内政各方面实际不受汪伪政府统制，是由日本实际控制的

---

① 赵玉明、艾红红、刘书峰主编：《新修地方志早期广播史料汇编》（上卷），中国广播影视出版社，2016年，第299页。

效仿伪满洲国的又一个傀儡政权。随之成立了伪"华北广播协会",颁布了协会条例,统一日伪的华北广播政策,管辖北平、天津、济南、青岛、石家庄、太原、唐山和徐州等地广播电台。

日本人改变策略,实行"以华制华",日本广播协会名义上把华北各地的广播电台交给"华北广播协会",但实际上仍由日本人掌握该会的实权。华北广播协会 8 个重要领导职位和 4 部,18 个科,20 个系,总共 48 个领导管理职位中,除了会长周大文兼任北平广播电台台长,理事林文龙、理事蒋尊祎、放送部长沈宗汉、文艺系长傅惜华等五个职务是由中国人担任外,其余 43 个职务全由日本人担任或兼任。[1]华北广播协会的全部活动也都是在中国方面派遣军的司令官监督统制之下。

除伪"华北广播协会"之外,日本侵略者还在绥远省东部地区、察哈尔省南部地区以及山西省雁北地区建立了伪蒙疆地区,首府设在张家口,企图分裂、侵占中国。伪蒙疆政权下设有"蒙疆广播协会",在张家口、大同、厚和(今呼和浩特)、包头等城市设立广播电台,其中张家口广播电台于 1937 年 9 月 10 日开播,发射功率为 10 千瓦,一度为华北地区功率最大的广播电台。1940 年汪精卫政权在南京成立后,在名义上拥有蒙疆,但实际上没有管辖权,对"蒙疆广播协会"汪伪政府也是如此。根据现有材料统计,日伪电台在华北地区总数 16 座左右。

1937 年"八一三"淞沪抗战失利后,日本先后占领上海、南京、武汉、广州等地。南京沦陷,日军于 1938 年 9 月 10 日建立南京放送局。1940

---

[1] 日本侵华广播史调研唐山课题组等:《沦陷区的唐山日伪广播史研究》,中国广播电视学会广播电视研究委员会、北京广播学院广播电视研究中心、浙江省杭州市萧山区广播电视局:《第六次中国广播电视史志研讨会专辑》,2003 年,第187页。

年 3 月 30 日，在日本当局的策划下，汪伪"民国政府"在南京成立，形式上把华北伪"临时政府"、伪"蒙疆自治政府"和汪精卫集团等南北傀儡拼凑一起，由汪任代理主席。1941 年 2 月 22 日，成立了"中国广播事业建设协会"（下面有专文介绍），掌管上海、南京、武汉、杭州、苏州等地广播电台，由伪"宣传部"部长林柏生兼任"中国广播事业建设协会"理事长。根据现有资料统计，日伪在华中[①]、华南地区的电台总数在 13 座左右。

此外，1928 年在台北开办日伪"台湾广播电台"，后又在台南、台中、嘉义、花莲等地开办广播电台。1941 年太平洋战争爆发后，日本占领香港，原港英当局的广播电台改为"香岛放送局"。在日本侵华期间，港台地区的电台约 6 座。

日本帝国主义从 1925 年起至 1945 年先后在我国境内开办广播电台约 62 家，[②] 从北至南覆盖了我国半壁江山，不但数量上远超中国的官办广播电台，而且发射功率也巨大，仅伪满广播的发射功率就达 300 千瓦。而抗日战争时期，国民党官办广播电台数量不过 11 家，总发射功率最高不过 140 多千瓦，[③] 即便在如此艰难的环境中，中国的广播人仍顽强抵御着日伪

---

① 抗战时期华中沦陷区初期指上海、南京两市和江苏、浙江、安徽三省，后扩大至武汉地区、江西省等长江中下游地区。

② 依据上述东北、华北、华东、华南、港台地区的广播电视志的统计，参见哈艳秋、蓝红宇、杨蕾：《20年来关于日本侵华期间广播研究概述》，中国广播电视学会广播电视史研究委员会、北京广播学院广播电视研究中心、浙江省杭州市萧山区广播电视局：《第六次中国广播电视史志研讨会专辑》，2003年，第119、120页。

③ 佚名：《十五年来我国广播事业之鸟瞰》，《广播通讯》，第10期，1944年4月30日。第119、120页。

的广播入侵。

日伪电台十分重视广播宣传，其内容概括如下几个方面：

第一，配合日本军事、政治攻势，宣扬所谓"大东亚圣战"，鼓吹"建立东亚新秩序"。日寇在华北地区搞过"治安强化运动"，日本华北方面军参谋部制定的《治安强化运动实施计划》，要求广播须配合宣传，为此，伪华北政务委员会委员长王克敏、王揖唐、"剿共"委员会主任荣臻、新民会（汉奸组织）副会长俞熙杰、治安总署督办齐燮元、建设总署署长周迪平等人受华北广播协会之邀，到电台讲座。不仅如此，还有日方高级军官如坂西中将就"建立东亚新秩序"到伪北京电台发表演讲。①

第二，极力兜售封建法西斯文化思想，宣扬"大和精神"，对中国听众进行亡国灭种的文化教育。伪满洲广播电台开办"协和青年讲座"、《满洲国之道德》等，鼓吹"青年应有义勇奉公的精神"报效日本和进行愚民宣传。日伪的"北京中央广播电台"开办《儿童时间》《青年时间》还有《演讲》，向北平市民灌输建立"大东亚共荣圈"思想。此外，还大肆开办《日语讲座》和日语节目，进行奴化教育。

第三，利用广播作为娱乐工具的功能，麻醉人们的思想，腐蚀人们的意志。伪满洲放送局推广"满洲新歌曲"，作为宣传"日满亲善""五族协和"的重要一环，伪满放送局物色一名由日本一手制造的女歌手李兰香（实为日本人山口淑子），作为"专属歌手"，极力在电台包装推崇。反复播出如《夜来香》《支那之夜》《满洲姑娘》等靡靡之音，粉饰日本军国主义的残暴统治。

---

① 哈艳秋：《日本侵华时期的日伪广播研究》，哈艳秋主编：《勿忘历史：抗战新闻史学术会议论文集》，中国广播影视出版社，2016年，第297页。

日伪广播是在中国特定的历史环境下出现的，它的存在与日本帝国主义在中国推行殖民主义统治政策是分不开的，也是和当时中国的傀儡政权卖国求荣、政治上软弱无能分不开，两者相互利用沆瀣一气，妄图愚弄中国人民。广播作为当时新型传播媒介，日伪方面必然要作为手中的舆论工具进行宣传渗透，以达到恫吓民众、美化自我的目的。而中国人民不屈不挠的斗争精神，坚持长期抗战的意识，反法西斯的正义力量终将取得胜利。随着日本投降，曾经不可一世的日伪广播惶惶如丧家之犬，一个个被接收，再也无法猖狂了。

二、汪伪政府的广播机构筹备

汪伪的"中华民国政府"（1940.3—1945.8）是抗日战争时期以汪精卫为首的最大的汉奸集团，屈服于日本帝国主义的军事进攻和政治诱降，组成的傀儡政府，1940 年 3 月 30 日在南京正式成立，汪精卫任行政院院长兼代主席。同时成立有宣传部，部长为林柏生，依据其"宣传部组织法草案"，宣传部下辖总务司、宣传指导司、宣传事业司、特种宣传司、国际宣传局等机构。其中特种宣传司掌："广播及有关宣传之无线电讯之管理事项""民营广播事业之注册及监督事项""广播电影戏剧事业及其从业人员之联络及扶助事项"等广播方面相关事务。[①] 随着相关单位成立及归口管理，伪宣传部直接统辖有"中央电讯社""新闻检查处""中国广播事业协会""中央书报发行所""中央报业经理处""中央宣传讲习所""中国联合出版公司"等机构，建立起汪伪政府的新闻宣传体制。其中，"中国广

---

① 参见"宣传部组织法草案"，中国第二历史档案馆编：《汪伪中央政治委员会暨最高国防会议会议录》第一册，广西师范大学出版社，2002年，第45—52页。

播事业建设协会"（非正式场合，有文献用"广播协会"等简称）是汪伪政府广播宣传的喉舌，并统合其广播方面的各项事务。

1940 年 3 月 30 日汪伪"中华民国政府"成立，并发表"国民政府还都宣言"：要"与日本共同努力，本于善邻友好、共同防共，经济提携之原则，以扫除过去之纠纷，确立将来之亲善关系"，同时还公布了以"反共和平建国"为核心的"国民政府政纲"，即所谓"国策"。① 汪伪政府成立后，开动其新闻宣传机器，大肆鼓吹中日亲善，美化日本侵略。汪伪"中国广播事业协会"正式成立前，汪伪政府利用日军方办的"南京广播电台"（呼号 XOJC）②，在广播宣传方面，伪宣传部看重其"简捷易举，而流传很远，收效很大"的特点，"举办定期全国广播演讲，或由院部会长官及名人直接广播，或灌制留音片送往电台广播，每星期广播一次，而遇到特殊事情发生或令节，也有陆续一星期广播的"。③ 在所谓还都当日，汪精卫发表广播演讲宣称："国民政府还都南京，以统一全国以内和平反共建国之运动……深信此运动若底于成功，则中国之国家民族得到解救，中日两国关系因调整而得到共存共荣，东亚之和平与秩序得到永久坚固之基

---

① 参见（汪伪）《国民政府公报》，1940 年第 1 期，第 1—3 页。

② 该台系日本军方占领南京后于 1938 年 9 月 16 日开办的，参见《南京无线电放局成立后异常努力 发送时间规定在每日下午》，《南京新报》1938 年 10 月 22 日第 3 版。成立初期的该台节目表显示：播出时间起初每天晚 6:30—7:30 播出一小时，后中午 12:00—13:00 增加一小时，听众应有相当部分为日本人，因节目播报由北京语和日本交替使用，音乐节目也分日本、中国，还注明"南京时间"等。参见《南京新报》，1938 年 11 月 8 日，第 3 版，1938 年 11 月 16 日，第 3 版。

③ 《宣传部一年来施政概况》，《中央导报》，1942 年第 2 卷第 23 期，第 32—35 页。

础。"①广播也充当起汉奸的喉舌鼓噪起来。

此外，陈公博、周佛海、梅思平、褚民谊等伪政府头面人物也都纷纷在广播发表演讲，围绕所谓"反共、和平、建国"进行种种鼓吹宣传。作为宣传部长的林柏生（1902—1946）系汪伪政府传播领域的操盘手和急先锋，接管了沦陷区的文化宣传机构，控制舆论，并通过广播、报刊、电影、戏剧大肆宣扬"战争是国家民族毁灭的死路""强化中日和平轴心""创造建设东亚新秩序，确立永久和平"等汉奸理论，成为汪伪政权的"一支笔"，被汪伪政权吹捧、自诩为"中国的郭培尔"②（即纳粹宣传部长戈培尔），林柏生由此也走上了自绝国家和民族的不归之路。③

汪伪政府在日本的羽翼下成立，并依据和日本政府的所谓"中日基本条约"开始运作。该条约于 1940 年 11 月 30 日签订，其涉及政治经济文化军事等方面共九条，内容有："维持两国善邻友好"、对共产主义的"共同防卫"、"承认日本国基于历来惯例……驻留其舰船部队于中华民国领域之特别地域"等，第六条内容关于"经济提携"，规定：在资源开发上"中华民国政府对于日本及日本臣民须予积极的充分的便宜"，"日本政府对于

---

① "汪主席"广播演词（三月三十日下午六时三十分于南京广播电台中日交换广播），《国民政府还都纪念特刊》，1940年4月，第32页。

② 参见《国府还都三周年中枢长官访问记之六：中国的郭培尔宣传部长林柏生》，《安徽日报》，1943年4月4日，第1版。

③ 林柏生经手组建"中国广播事业建设协会"，担任该会理事长，有文献可查他曾发表广播演讲《正义的和平与道义》《大东亚战争与重庆将来：广播词》《和平运动之展望，十二月五日广播》《由中日事变到大东亚战争：七七第五周年对全国广播》《东亚新秩序建设之前途（三十年九月十六日对全国广播）》等二十余篇。抗战胜利后，林柏生作为汉奸被起诉，林则巧舌如簧开脱罪责，庭审中播放了其亲口广播演讲录音作为证据，在大量铁的事实面前，1946年8月，国民政府法庭判处林柏生死刑。

中华民国之从业、金融、交通、通讯等之复兴期间，根据两国间之协议，须予中华民国必要援助协力"。①此条约承认日本在中国的军事存在，在经济上的优先权等，内容丧权辱国，而汪伪政府则百般美化、辩解。每当有所谓日军方依据协议基本精神，视战事状况陆续交还军事占领下的工厂、交通、邮电等管理事权时，便被美化为"全面和平实现"、日本"尊重中国领土主权的独立完整"等，汪伪政府的"中国广播事业建设协会"便是在此背景下成立。

日军为配合其军事行动，强化"心理战""宣传战"，在占领区大肆侵占广播机构、设施，开办电台，汪伪政府成立，签订了所谓"中日基本条约"后，开始从日军手中接管有关广播事务。对此，汪伪宣传部在《缔约一年来文化事业之进展》有关"文化事业之调整与接收"部分中提到："签订条约之后，日方基于缔约精神，将有关文化事业，各设施交还我国者颇不少"，列举了"中华电影公司之调整""中国广播事业协会之创设"等。②1941年2月22日，"中国广播建设协会"宣布成立，故汪伪报刊曾以"日交还我广播事权"为题，报道宣传部和日本大使馆就广播事权交还共同发表的声明："中国之广播设备自事变以后或西移，或遭损毁，以致机能全部陷于停顿。在此期间，日军方面重新设置广播电台，继续经营。此次中日两方协议结果圆满，日本方面以此事权交还中国，并为经济上与技术上之协助，中国方面爰有中国广播事业建设协会之设立，视为财团法

---

① 参见《关于中华民国日本国间基本关系条约》，《中央导报》，1940年第1卷第19期，第6、7页。

② 宣传部:《缔约一年来文化事业之进展》，《中央导报》，1941年第2卷第18期，第21—25页。"中国广播事业建设协会"为完整的名称，非正式表达有用"中国广播事业协会""广播协会"之类的简称。

人，以谋中国广播事业之发展。今后广播事业统由该协会接办继续经营。中国广播协会之设立，其基本精神以中日两国基本条约之原则为依据，而为文化沟通宣传一致之具体化。中日两国关系当局对该协会之发展，期待至殷，深盼其能于广播宣传之强化，为最大之努力，且于人类文化之增进，尽最大之贡献也。"报道中将其美化为："还都以来，中央竭力整饬政治，以利建国之进行，友邦方面亦本中日提携共荣之旨，时予协助，用资促进东亚之复兴与建设。"[1]在罔顾事实，颠倒黑白。

伪宣传部长林柏生兼任中国广播事业建设协会理事长，其在《中国广播事业协会成立后的谈话》中表示"日本军部先后在上海，南京，汉口，苏州，杭州各地设立广播电台，继续办理苏沪工作年来悉心经营，颇具规模，自和平运动发展以来，广播宣传益感重要，日方为尊重我国宣传行政之完整，迭经表示深愿广播事业早日归还我国直接管理，……事变后日方在华中各地广播电台之全部机器，设备价值颇钜，此次改组日方慨然允诺，自动以捐助或借让方式，无条件供给我国使用，本人对于友邦此种盛意与行动，谨表极感大之谢意，对友邦经济上与技术上之协助，感荷尤深，本于条约精神，在促进国家建设，东亚复兴之前提下，中日两国广播宣传方针尤宜一致，宣传部为此时呈请行政院核准，设立中国广播事业建设协会，办理广播事业"，[2]一番媚态言辞，其说得头头是道，妄图麻痹国人。

《中国广播事业建设协会章程》也于1941年2月22日同日公布，该

---

① 《日交还我广播事权》，《更生》，1941年第9卷第10期，第306、307页。

② 林柏生：《中国广播事业协会成立后的谈话》，《华文大阪每日》，1941年第6卷第6期，第16页。

章程分"总则""组织""资产及经费""附则"四章，共二十四条。其内容主要有：协会"以集中全国官民力量及联合友邦热心人士，倡导社会协助、政府发展广播事业，加强广播宣传以促进国家建设东亚复兴为宗旨"，"受国民政府行政院宣传部之指导监督"。章程第六条明确规定"经宣传部核准得接受友邦广播事业机关及友邦人士对财产上之寄付及经费上之协助，并依此关系经宣传部之核准得聘请友邦广播事业机关代表或友邦人士为理监事"。协会"设理事七至十一名组成理事会，为本会最高权力机关"。在协会的"资产及经费"构成有"政府拨付之基本财产""友邦广播事业机构捐赠之基本财产""友邦寄附本会之财产""政府拨付之经费""友邦广播事业机关协助之经费"等。①

从中可以看到，汪伪政府的傀儡属性暴露无遗。中国的广播事业管理机构，人员有日本人参与，财产及经费有日方介入、控制，自己的独立性和主权荡然无存。对此林柏生则表示："建设协会办理广播建设事业，及统合经营广播无线电台，该协会除我国政府拨付经费外，并接受友邦放送协会之协助，依此关系特聘请友邦广播事业专家为理事，参加工作协助进行，现在发表之日理事人选均为广播事业知名之士，对我国广播事业建设必有极大之贡献，深信必能与我方理事努力合作共谋发展，广播事业建设协会成立之后，人事构成阵容整齐，将见全国宣传益臻统一，中日两国国民感情日臻融洽，其有助于中国复兴及中日合作绝非浅鲜也。"②此番言论寡廉鲜耻，令其铁杆汉奸嘴脸大白于天下。

---

① 参见《中国广播事业建设协会章程草案》，汪伪行政院档案，全宗号二〇〇三：卷宗号6850，中国第二历史档案馆馆藏。

② 林柏生：《中国广播事业协会成立后的谈话》，《华文大阪每日》，1941年第6卷第6期，第16页。

三、伪"中国广播事业建设协会"的架构及特点

1941年3月15日，汪伪中国广播事业建设协会召开成立大会，日本广播协会的中乡孝之助，汪伪政权的宣传部长林柏生，日军陆海军、递信省、外务省驻南京的机构派人参加。该协会会址在南京中山东路祠堂巷25号（即今西祠堂巷8号，江苏广播电视总台所在地），最高领导机构为理事会，理事长由宣传部长林柏生兼，常务理事为分管广播事务的宣传部特种司司长韦乃纶，宣传部总务司司长梁秀予，日方的浅野一男、田中末广等人员组成。其中浅野原为日军报道部放送班中佐班长，田中系日本广播协会派来。理事还有王荫康、钟任寿等。广播活动的中心是实施民众宣抚工作，对重庆广播。太平洋战争爆发后，又用短波向南方进行所谓对敌广播。

1941年3月26日，"中国广播事业建设协会"开始正式办公，接收日军方办的"南京广播电台"（呼号XOJC），即日将其改称"中央广播电台"，呼号XGOA（与重庆国民党中央广播电台的台名、呼号一样，以混淆视听），任命理事王荫康为该台台长，当晚林柏生发表了《中日合作的要件——为中国广播建设协会对全国广播》的广播讲话。[①]同时，还在上海、汉口、杭州、苏州等汪伪政权管辖的华中地区开办电台、统一呼号，建立其广播系统。

该协会直辖于汪伪"宣传部"，为统合经营广播事业的机关，随后以其为枢纽搭建并勾连起所谓的全国广播组织系统。据《改组广播无线电台

---

① 参见《南京广播电台昨日移交改称中央广播电台》，《南京新报》，1941年3月27日，第1张第3版。

计划草案》①，其原结构图如下：

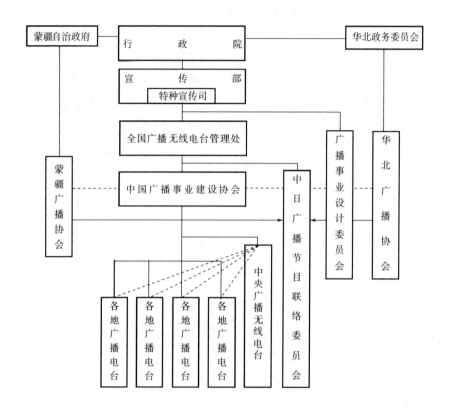

"草案"还明确规定广播事业所需花费"由中日两国均担"，并列出民国三十年、昭和十六年，包括"协会"在内的各广播事业机构所需经费，共计4515840元（法币，下同），中国方面负担2311920元（其中广播设计委员会、全国广播无线电台管理处的108000元为中方单独负担）、日本方面负担2203920元。该草案规定"广播协会为统合经营广播事业之公

———————

①　《改组广播无线电台计划草案》，汪伪行政院档案，全宗号二○○三：卷宗号2139，中国第二历史档案馆馆藏。

益法人，中国政府欢迎日本广播团体及专家在技术上经营上参加合作"，"中央广播电台"等机构"得聘请日籍广播无线电技术专家充任技术顾问"等。① 可以说该"协会"系日本在政治上、经济上，包括技术上一手掌控扶植起来的。

该"协会"成立后从组织管理到广播业务展开起相应的工作。如1943年7月1日，出台"中国广播事业建设协会收听规约"，试图控制沦陷区听众对抗日广播的收听。规定"取得收听广播用无线电收音机装设许可者，应按每一收音机为单位，每月缴纳协会收听费国币十元"，"凡拖久收听费或企图减免付费及其他违反本规约者，本协会得取消收听契约"等。② 在宣传报道方面，1943年2月"协会"曾举办"华中青年击灭英美演讲大会"，题目自定，"但须以下列内容为主体：在东亚民族解放声中各个参战国青年应在的责任和新觉悟，为建设大东亚共荣圈协力友邦铲除英美及青年在复兴中国保卫东亚之下本身所负的职责"。③ 试图通过广播传播活动诱导和麻痹国民，为汪伪政府行使广播事业之职责。

1945年8月15日，日本宣布投降，8月16日汪伪政府宣告解散。国民党中央广播事业管理处拟定《广播复员紧急措施办法》，派接收专员于1945年8月31日抵达"中国广播事业建设协会"所在地，向该会常务理事、

---

① 参见《改组广播无线电台计划草案》，汪伪行政院档案，全宗二〇〇三：卷宗号2139，中国第二历史档案馆馆藏。

② 《中国广播事业建设协会收听规约》，《中央导报》，1943年第4卷第11期，第10、11页。

③ 汉口特别教育局《教育公报》，1943年，转引周竟风：《汪伪统治时期以奴化教育为目的的青少年活动》，《广西社会科学》，2003年第9期，第165–168页。

代理理事长内清（日人），通知接收汪伪广播的日程和事项，9月19日正式接收伪中央台，[①] 该协会经历四年半时间。

通过对"中国广播事业建设协会"产生背景、成立过程、组织架构、工作运行等方面的考察，可以发现其作为伪政府宣传机构的突出特点，主要有：

其一，名称所指和能指上。将之前职能相似的国民党"中央广播事业指导委员会"和汪伪的"中国广播事业建设协会"比较，不难看出，前者属于党务系统，后者属于行政系统；"指导"着眼广播传播及专业领域问题，"建设"从配合战乱之后所谓"和平"宣传出发；"委员会"是从当时文化事业计划委员会、宣传部、交通部、教育部、内政部等部委派代表组成，而"协会"是模仿"日本广播协会"，为"财团法人"（后又界定为"公益法人"），由理事组成，可便于日本势力的"合法"介入。

其二，本质属性上。该协会系汪伪在所谓"中日两国广播宣传方针尤宜一致"下批准设立，受日本方面的掌控，从一系列协议的签订，到日本方面从人员、技术、资金全面介入控制，都充分表明了其傀儡属性。它是汪伪政府美化日本侵略，进行奴化教育的宣传工具，其传播主要是围绕反共、和平的"国策"内容进行。

其三，控制及影响的范围上。该协会名义上用"中国广播事业"来号称，实际上只是汪伪政府控制的所谓华中部分区域。东北地区是汪伪政府承认的所谓"满洲国"，此外，华北政务委员会、蒙疆自治政府等机构都是相当独立的，与汪伪行政院构成一种平行关系，且有自己的广

---

① 参见江苏省地方志编纂委员会：《江苏省志广播电视志》，江苏古籍出版社，2000年，第17、18页。

播协会组织；而西南、西北则是抗日大后方、抗日根据地，都有自己的广播系统。上述政权地缘格局及相应的广播格局，也决定了汪伪广播传播的区域性和有限性。

第四章 民国广播事业的重整与变局时期（1945—1949）

第一节 抗战胜利后民国政府对敌伪的广播接收

1945年8月15日日本宣布投降，抗战胜利后，民国政府即全面着手各项接收事宜，广播的接收工作在此大背景下展开。抗战时期日本为达到侵略和控制中国的目的，扶植傀儡政府，并建立起相应的广播系统，搭建起所谓的"全国广播组织系统"，计由"中国广播事业建设协会""蒙疆广播协会""华北广播协会"组成，及东北的伪满洲国放送协会等，这些组织拥有相应的广播电台机构，鼓吹中日亲善，进行欺骗宣传，抗战胜利后的广播接收便是对这些敌伪广播全面的清理。

一、接收工作的各项准备

1945 年 8 月 31 日，国民政府颁布了《行政院各部会署派遣收复区接收人员办法》，共五条，第一条首先明确了接受主体和授权，即"行政院各部会署局为办理接受收复区直属各机关及事业机关，得呈经本院核准，派遣特派员或接收委员"，其他是关统筹管理问题，规定："各部会署局得依其接收之机关及事业之性质，分别派遣接收委员。如接收之机关较多，事业较钜者，并得分区派遣特派员，所有在各该区内之接收委员，应受特派员之指导"，同时"特派员及接收委员均由各部会署局呈由行政院核转中国陆军总司令部令派，并受中国陆军总司令部之指导监督"，[①]定下了接收的主基调。

同日（1945 年 8 月 31 日），第六届中央常务委员会第十九次会议通过了《管理收复区报纸通讯社杂志电影广播事业暂行办法》，有三大类十四项内容，即国民党中央机关授权其宣传部负责传媒业方面的接收事宜。涉及广播有处置原则是："敌伪机关或私人经营之报纸通讯社杂志及电影制片广播事业一律查封，其财产由宣传部会同当地政府接收管理，但其中原属（非）附逆之私人及非敌国人民财产，而由敌伪占用经查明确实并经中央核准后得于发还。"[②]此外，还包括对查封的机器、房屋、用品等经中央核准，宣传部可会同地方政府启封利用等内容，进行有关收复区包括广播在内的政策宣传推进工作。

---

① 《行政院各部会署派遣收复区接收人员办法》，《交通公报》，1945年，第8卷第15期，第18页。

② 宣传部档案，全宗号：七一八，案卷号：741，中国第二历史档案馆馆藏。

抗战胜利对日伪的各项接管毕竟是在军事接管基础上进行的，接管工作的开展都需要与军方沟通、协调。故 1945 年 9 月 5 日，国民政府决定在陆军总部之下，成立党政接收计划委员会，由何应钦任主任委员，下设党团、经济、内政、财政、金融、外交六组。委员及各组负责人，均由各有关机关的代表担任。同时，各战区、各省市也设立相应的党政接收委员会，受中国陆军总司令及本地区受降主管之指挥监督。

因接收中出现接收范围不明确，多头争抢，甚至假公济私等问题，1945 年 10 月，行政院院长宋子文呈蒋介石批准，成立了"行政院收复区全国性事业接收委员会"，由行政系统独立接管一切接收事宜，办理收复区涉及工矿、商业、农林、粮食、水利、交通、金融等事关国计民生的各项事业的接收事宜。行政院 11 月公布《收复区敌伪产业处理办法》，明确"收复区敌伪从业之接收及处理，以全国性事业接收委员会为中心机关"，[①]规定各级机关接收职权范围及资产处理原则，其总的接收原则是分系统接收，相关工作逐步推进。

在中枢部门制定接受政策法规、组建接收班底、协调关系的同时，广播业务部门即"中央广播事业管理处"，作为归口管理单位，当敌寇宣布投降时，便采取了因应措施，积极准备接管日伪广播的各项事宜。在接到蒋介石批示由广播事业管理处派员接收敌伪广播电台公文及核拨专款后，着手"遴派技术工程人员，先后随同各地省市镇府先前人员，驰往接收敌伪遗留的电台；一面播告收复区各敌伪电台工作人员，令饬维护一

---

① 《收复区敌伪产业处理办法》，《上海市政府公报》，1946年，第2卷第8期，第189、190页。

应机件，努力自效，静俟接收人员的到来"。[①]并令电台立即"转播中央播
音、领袖训谕，使陷区早聆声教定人心，陆续接管收复区、光复区广播电
台，调整播音节目，为过渡时期全国人民精神之枢纽，树将来广播网之
基础"。[②]抗战取得胜利，可国家在人力物力财力方面付出巨大的代价，
国家的提振还有许多事情要做，故广播当局积极作为，试图通过广播媒
介的超时空的传播特征，在统一人们的思想认识，确立领袖及政府的威
信，为国家战后重建服务等方面产生影响作用。

二、各地的广播接收情况

敌伪广播接受是按地域分几大片区进行，其工作量有多有少，有难有
易，不尽相同，主要的情形经过，中央广播事业管理处有报告，主要内容
如下：

（一）京沪区

广播事业管理处指派国际广播电台台长冯简为该处特派员，工程师兼
该台工务科长叶桂馨为京沪区广播电台接收专员，随带技术工程人员，于
1945 年 9 月 30 日商乘美机，赴京沪两地办理导航及接收事宜。主要工作
开展情况：（1）南京除控制节目外，查看廖家巷二十五号所装五百瓦中波
机、江东门三千瓦中波机，经日夜赶修添配即于 10 月 1 日开始播音，暂

---

① 苏：《胜利声中的敌伪广播接收工作》，《广播周报》，1946年复刊第2期，第
13、14页。

② 中央广播事业指导委员会第二十八次会议（1945年12月10日，中央广播事业管理
处工作报告），教育部档案，全宗号：五，卷宗号：1552，中国第二历史档案馆馆藏。

定名为南京广播电台呼号为XGOB。10月3日上午九时一刻，该台转播了蒋介石对全国广播，市民益加振奋，惟该台电力过小，决将重庆中央台四千瓦短波机一座先行迁装南京，现正拆卸装箱候轮启运；（2）上海除先控制节目外，敌伪原设有XGOH、XMHA、XMHC、XGOI、XGOO广播台五座，业经冯特派员接收竣事，除XGOI、XGOO两台机件合并成立上海广播电台播音呼号改为XORA，赶修机件开始播音；（3）苏州敌伪设有广播电台一所，经由冯特派员指派阮昕同志前往接收，该台首由南京先遣军接收，嗣因苏省党政接受委员会认为系伪江苏省政府所设立电台。遂发交省宣传处接受，全部机件由省府装运镇江，旋由叶专员桂馨前往省府接洽，并出席该省党政接收委员会第八次会议，始经通过转移广播事业管理处接收，苏州台移设镇江定名为江苏广播电台，所有战前江苏电台镇江原址及铁塔等各项设备并向省府妥洽接收；（4）徐州敌伪设有电台一所，惟以电力过小，嗣拟加强电力，经由处指示，该台电力过小接收后，应即停止播音，员工全部解散，并函请当地政府予以保存。

（二）平津区

调派甘肃广播电台台长黄念祖为平津区广播电台接收专员，随带技术佐理人员，于1945年9月18日乘机飞北平，于22日开始办理接收事宜。平津区系伪华北广播协会势力范围，附设有北平、天津、济南、青岛、石门、太原、唐山、保定、开封、运城、烟台、北戴河等十二台，以北平台为主，其电力为100千瓦中波及10千瓦短波机各一座，其他十一台电力为500瓦上下，播送之节目大部转自北平台，至各台经费向由听户按月缴纳，收听费由各台收缴伪华北广播协会汇核分拨，以资挹注。现经本处接收者计北平、天津、唐山、青岛、保定、石家庄（即石门）等六台，济南台前由山东省政府监管，正由广播事业管理处电商该省何思源主席，查照中央决定成案移转接收，至其余各台或因交通梗阻暂商由所在地方机关予以保管，并由管理处核示伪华北广播协会立即解散。

（三）武汉区

管理处指派中央台传音科长何柏身为武汉区广播电台接收专员，随带技术佐理人员，于 1945 年 9 月 19 日抵汉，即于 22 日开始接收。据报该市敌伪设有广播电台一所隶属伪中国广播事业建设协会，名为汉口广播无线电台，呼号仍沿用 XGOW，该台设有 10 千瓦及 200 瓦中波机各一座，150 瓦短波机一座，惟 10 千瓦机自 1943 年 1 月起缩减电力为 200 瓦，盟机炸汉日军部即令拆迁，与万家地 150 瓦短波机合装一处，两机于日本宣布投降后即停止播音。现损坏颇多，拆修需时，又市区黄陂路六一九号装有 200 瓦中波机一座专供日语播音，但以调整欠佳、发音不清，复因装于防空洞内，停播月余，机件内部受潮故障颇多，整修亦需时日，所有接收事宜经该专员于 9 月 22 日办理竣事，嗣经日夜赶修，仅将 200 瓦中波机修复波音。

（四）广州区

管理处指派工程师郑崇武为广东区广播接收专员，随带技术佐理人员，于 1945 年 9 月 18 日乘机飞粤，即于翌日往各方洽询接收事宜。据报该市日方设有电台一所，装有 500 瓦短波机一座、500 瓦及 200 瓦中波机各一座。广州收复时，首由三十八师通信兵队接管仍维持播音，嗣经该区张司令长官发奎令饬移交，当于 9 月 27 日由广州市府会同前往接收，暂时共管，呼号为 XTPA。现自 11 月 1 日起，由市府拨交本处专管。

（五）浙闽区

管理处指派收音督导科科长陈泽凤为浙江区广播电台接收专员，随带技术佐理人员，乘轮于 1945 年 10 月 2 日抵杭，当即开始办理接收事宜。据报该地日伪设有广播电台一所，装有 500 瓦及 150 瓦机各一座。该台业之前由中央宣传部接收，现已准全部移交管理处接管，惟该台 500 瓦机因有故障，零件复有散失，暂难修复，现正向上海台商拨配件材料修整中，150 瓦机经加赶修，开始播音，呼号改为 XOPB。

管理处电饬福建台指派黄缘炘、郭少英二同志接收厦门台，1945 年 8 月 22 日前往接收。据报接收尚称顺利，日方装有中距波机三座，惟以唱片家具电表等公物均被日人盗卖，正函请该市政府严予追查中，机件经加赶修，于 11 月 22 日开始试播。

（六）台湾区

管理处指派林忠为台湾区广播电台接收专员，随带技术佐理人员，于 1945 年 10 月 2 日随台湾行政长官公署乘机飞台。台湾地区日方设有台湾放送协会，计有台北、台南、台中及嘉义、花莲港、民雄六家广播电台。台北装有 10 千瓦机两座，台中台南均为 1 千瓦机，嘉义花莲港各为 500 瓦机，各台机件尚属完整，最大的民雄台电力为 100 千瓦已被炸毁。电台已自双十节起转播一部分中央台节目。①

---

① 以上广播接收方面资料，参见"中央广播事业指导委员会第二十八次会议"（1945 年 12 月 10 日，中央广播事业管理处工作报告），教育部档案，全宗号：五，卷宗号：1552，中国第二历史档案馆藏。

（七）东北区

东北情形复杂，自日本政府宣布投降后，驻东北的关东军司令部向苏军总部接洽投降手续。1945 年 8 月 25 日，苏联宣布全部"解放"伪满洲。依据当时的中苏友好同盟条约附件，苏军应于日本战败后最迟三个月撤退其驻在我国东北军队，但实际到 1946 年 2 月才开始撤退，接收工作也相应推迟。

1945 年 12 月中旬，管理处指派中央台工务科长董毓秀为东北区广播电台接收专员，偕同技术佐理多位，随接收特派员冯简教授由重庆飞北平转往东北，先调查伪满洲放送协会设施情况，经由东北行政长官公署获得伪东北广播电台设施概况一纸，该地区敌伪经营规模较大，共有大小电台二十六处，规模最大的长春放送局，有一百千瓦、十千瓦中波机各一台，最近装置的二十千瓦短波机两部，和建筑体量宏阔的广播大厦一座（长春放送局，较之费时两年半，于 1940 年 12 月竣工的重庆上清寺广播大厦大至十倍）。

至 1946 年 4 月 10 日办妥沈阳电台接收手续，计有一百瓦中波机两部，6 月 25 日，接收长春电台大楼，及位于宽城子宏敞机房内的十千瓦中波机一部，而其余一百千瓦中波二十千瓦短波机和重要器材，都被苏军于撤离时带走。大连、哈尔滨、承德等地区的电台由共产党方面掌握使用。另因战事环境下电台受损失者亦复不少。[1]

---

[1]　东北区广播接收内容，参见"中央广播事业指导委员会第二十八次会议"（1945年12月10日），中央广播事业管理处工作报告，教育部档案，全宗号：五，卷宗号：1552，中国第二历史档案馆馆藏。另参见吴道一著：《中广四十年》，（台湾）中国广播公司，1968年，第144页。

三、接收中的问题与处理

抗战胜利广播接收过程中，就被接受一方而言，是服从命令、听从安排，资产明晰的交接顺利。但由于各种关系错综复杂，主要是接收主体以及与此相关的民营电台处理方面，接收过程也遇到棘手问题，尤其是在中国广播事业最发达的上海地区表现突出。

（一）接收主体问题的困扰

因广播除了宣传功能、事业属性外，还有其无线电通讯、联络功能和技术属性，由此牵涉到广播管理的不同归口，抗战前交通部亦有负责无线电通讯及广播电台职责，出台各项涉及广播的政策管理规定，交通部与中央广播事业指导委员会有分工规定，像民营广播电台的审核及波长分配、呼号事项等，均由交通部办理；而关于节目等涉及宣传内容，仍由中央广播事业指导委员会审核等。

在广播电台接收过程中交通部电信总局也参与进来，而且因其网点周密、通讯联络便捷的优势，接收工作开展得更早。1945 年 8 月 28 日电信总局下过指示电："凡收复区内广播电台并机件，由交通部饬以电信总局转饬电信接受人员先行接受，俟中央广播事业管理处所派人员到达以后，将 1000 瓦特以上之机件交中央广播事业处运用，1000 瓦特以下之机件由电信总局收用，至 1000 瓦特之机件各半分用。"[1] 此举令广播事业管理处显被动，只好通过中央宣传部致电军事委员会委员长住沪代表公署，再转函致交通部江苏省江南区电信规复处表示："现中央广播交涉管理处已派冯

---

① "国民党政府对敌伪广播电台的接收"，《旧中国的上海广播事业》，第498页。

总工程师简到沪，会同地方行政长官接收敌伪广播电台，敬希惠与协助，就近洽商办理，并请将原有交通部代表郁处长秉坚监理之上海广播协会各电台统交冯总工程师接收，以符中央规定，借便统筹。"① 而在上海负责电信接收的郁秉坚处长收到该函后，致电重庆电信总局，请示如何处置，电信总局回电"查接收收复区敌伪广播事业，国府已颁暂行办法，规定有宣传部接管。前属上海广播协会各电台等，仰即免于监管，移交中央广播事业管理处接收人员接收。惟民营广播电台应仍由本部统制。"② 可见交通部方面的主张还是坚持既有体制对民营台的管辖权。

广播接收的最高代表冯简特派员认为，从事业发展趋势看，战后一切广播事业应有广播事业管理处负责更合适，并主张"拟请根据前张委员厉生所送之广播法草案进行，务期与交通部划清事权，永免纠纷"。③ 因各种因素干扰，接收过程波折不断。XGOI 电台（上海台）系伪上海广播协会所辖之一，是上海仅有较佳之中波台，听众最多。因呼号、周率与战前上海市公用局广播电台之呼号、周率相同，但非原来机件，上海市公用局拒绝广播事业管理处接收。以致令冯简抱怨："该局如此不守接收条例，实为可叹"。曾电告（1945 年 9 月 20）在重庆的广播事业管理处吴道一处长，表示："因之 XGOI（即 900、800KC，上海台）本处必须接管，不然中央在沪广播事业无立足之地，屡经往返交涉，迄无眉目。公用局因在上海市党政接收委员会内，地位较佳，竟不让该会发给本处接收命令，形成僵局。除弟在沪继续努力交涉外，可否转请果公（作者注：即陈果夫，时任

①　"国民党政府对敌伪广播电台的接收"，《旧中国的上海广播事业》，第506、507页。

②　"国民党政府对敌伪广播电台的接收"，《旧中国的上海广播事业》，第507页。

③　"国民党政府对敌伪广播电台的接收"，《旧中国的上海广播事业》，第509页。

中央广播事业指导委员会主任）设法疏通，务期必成。"①后经斡旋，上海市政府最终同意由广播事业管理处接收，其艰辛与波折也由此可见。

（二）民营广播电台的复杂性

日伪广播电台接收政策明晰相对好操作，而民营广播电台的处理情况则复杂得多。其中有民营广播电台属性变动的，有被日伪强占的，也有所谓附逆的，等等，需要梳理甄别，采用不同的处理方式；另一方面，民营广播电台归交通部管理，而相关政策又需要和广播事业指导委员会及广播事业管理处沟通协调。

上海市民营广播电台公会于 1945 年 9 月 12 日请报准予复业，声称："属会因国军西撤，而原有公会理事人员避不负责，竟使同业陷于对内无以团结、对外又乏人应对压迫，且事关电台业数千人员生活所系，同业等遂公决重组属会，为同业法益之连络，……数载经营，属会处重重压迫之下，虽未能率同业明目发扬抗敌之宣传，而兢兢业业苦心应对，以此广大宣传效力之公团终未被敌人所利用。"②

该申请上报到中央广播事业管理处，管理处让负责上海广播接收冯简特派员、叶桂馨专员，复查该会组织是否合法，并出具复核意见。调查后于 1945 年 10 月 9 日呈报："在八一三以前，播音业公会原称上海市民营无线电播音业同业公会，国军西撤后该公会即行停止工作，所属华美、上海、元昌、鹤鸣、麟记、东方、富星、大中华、福音、佛音等十电台停止播音推出。嗣该业若干分子如刘重恒、陈显宗、马襄卿等另组上海市民营

---

① "国民党政府对敌伪广播电台的接收"，《旧中国的上海广播事业》，第509页。

② "国民党政府对敌伪广播电台的接收"，《旧中国的上海广播事业》，第513页。

电台公会，自任理事，受敌伪当道之意志推动一切，出版刊物，为敌伪工作。该上海市民营广播电台公会确为不合法组织，已属显然。所呈代请复业一节，拟请钧处即于批斥，候中央对于民营电台订有管理办法后，原营各电台呈请复业时再行核办。"①中央广播事业管理局据此驳回上海市民营广播电台公会申请。

还有福音广播电台请求归还机件恢复播音问题其由：日伪大东广播电台（原福音台）有中美董事，应不受民营电台之限制，立予恢复播音。②这些问题需要不同部门合作核查，要准确掌握事实，拿捏好尺度，接收工作原比想象的要更加细致琐碎。

广播接受自经中央广播事业管理处驻沪办事处接手，便走上前台，相关工作都是广播管理处负责，包括民营广播电台核请复业各件，然转呈中央广播事业管理处，一时又没有下文，而交通部电信部门已发现，有电台开始自行播音，申请筹备者亦不少，就此通报反映情况，与中央广播事业管理处协商沟通，以寻找解决方案。上海电信接受委员会向重庆电信总局反映民营台管理问题："民营台由大部（作者注：交通部）统制，但统制管理办法迄犹未奉颁示，然此间各民营广播电台则纷求开放，而市公用局于广播事业管理处均欲闻其事，深恐管理系统为所紊乱。"同时希望电信总局"仰祈转呈大部迅示管理统制办法，俾有遵行"。③广播电台接收头绪

① "国民党政府对敌伪广播电台的接收"，《旧中国的上海广播事业》，第514、515页。

② 福音广播电台请求归还机件恢复播音致中央广播事业管理处公函（1945年10月15日），《旧中国的上海广播事业》，第526、527页。

③ 1945年11月1日，向重庆电信总局反映民营台管理问题，《旧中国的上海广播事业》，第545页。

多，接收者与被接受者、执行者与决策者，老问题与新情况需要反复沟通协商，包括政策管理配套需要时间过程。交通部方面也表示："嗣抗战军兴，设有民营电台各地相继沦陷，最近失地虽次第收复，而原有规则与现在情形不尽合适，本部已另行拟订广播无线电台设置规则，于（1945年）十月九日呈请行政院核示，迄今尚未奉复。在该项设置规则未经奉准公布以前，对民营广播申请者拟暂不予开放。惟近来上海地方以前设置之民营广播电台申请复业者甚多，且尚有自行设置电台播音情事，现经分别批复并正查明取缔。"①关于取缔事宜，还须上海市政府协助进行办理。

随着时间的推移，不仅是民营广播电台的问题，一些党政机构社会团体等也纷纷致中央广播事业管理处函，提出开办广播电台。1945年10—12月间计有：国民党三青团各级党团部为在沪设立的国民广播电台；国民党京沪沪杭甬铁路特别党部执行委员会的建成广播电台；国民党上海特别市执行委员会的九九广播电台；国民党中央执行委员会文化运动委员会的青年文化广播电台；国民党中华海员特别党部执行委员会；大公通讯社；上海总工会整理委员会；上海市教育会；华美无线电学校；全国合作社物品供销处东南分处等，提出各种理由申请办台或备案②。至于党政军方面所设电台应行规定事项，交通部电信总局更是感到无能为力，制止困难。中央广播事业管理处则表示：现正向中常会请示，待核定后再行告知。

一方面民营台及党政军机构申办电台，而相关政策出台尚需时日，在

---

① "国民党政府对广播事业的整顿"，《旧中国的上海广播事业》，第547页。

② "国民党三青团各级党部为在沪设立广播电台至中央广播事业管理处函"，参见《旧中国的上海广播事业》，第532–542页。

这种情形下，所谓的"通便"的方式及"灰色"政策出现。上海电信局电（1946 年 2 月 2 日）向南京电信总局汇报："商民之假藉军政党团名义擅设电台现自播送商业节目者不下数十家之多……且闻警备司令部电检组方面更有纳费发给广播电台居留证之意，以故民营广播电台管理规则自宜呈催早赐颁示，庶于取缔、管理有所准则。……惟与警备司令部电检组之职掌，此间尚无细章则可资遵循，以致应付颇感困难。"① 对此，沪松警备司令部回应（1946 年 2 月 10 日）："依照无线电台检查办法监察本警备区内民营广播电台在案。现正由本部分别审核发给居留证，规定临时呼号及周率中，其有效期间俟民营广播电台设置规则公布后即予停止，以资整理过渡期间之空中秩序予公布该项规则，以利执行为荷。"② 此番言辞也不无合理性，但口子一旦开了，再收起来可就难了。

据播音同业公会整理委员会 1946 年 1 月 12 日公布的调查："惟在民营广播事业尚未奉准开放之前，而本市突有以机关团体或外商名义之广播电台相继设立，迄至目前，已经公告营业者计达四十三家。"并提供附表包括名称、呼号、周率、地址及其他等。③ 民营广播呈现设置胆大，周率错杂、节目良莠不齐状况，一旦蔓延开来将难以遏制。对此冯简忧心，各民营广播电台不断呈请复业，甚感无法应付，寄希望尽快有处置方案好核办。

在千呼万唤中交通部的《广播无线电设置规则》于 1946 年 2 月 14 日出台，规则共 43 条，内容有广播电台功能、性质、申请办台流程、节目

---

① "国民党政府对广播事业的整顿"，《旧中国的上海广播事业》，第564、565页。

② "国民党政府对广播事业的整顿"，《旧中国的上海广播事业》，第566页。

③ "国民党政府对广播事业的整顿"，《旧中国的上海广播事业》，第561–564页。

内容及播出时间安排，以及违规处罚等。尤其提出总量控制，第十八条规定："广播电台之分布，每省不得超过十家，并以散布各市县为原则；特别市除上海不得超过十座外，其余每市不得超过六座。民营广播电台在上列各项数目中不得超过半数。"①这仅仅是纸上的规定。1946 年 6 月，上海广播已达 106 家，交通部电信管理局将请上海警备局从事取缔，除 22 家之外，其余都不准播音，以至于当时的报纸有"广播电台斗法"的报道。②民营电台大量出现，而政策出台规范滞后，造成了积重难返，有这么多不合法的广播要取缔，给管理带来困扰。

抗战胜利后对于敌伪广播的接收，在中国广播史上有着特殊的经历和意义：

首先，增强了中国广播事业实力。通过对南京、上海、浙江、苏州、徐州、北平、天津、青岛、保定、唐山、石家庄、汉口、广州、厦门、台北、台中、台南、嘉义、花莲港、济南、开封、太原、运城、归绥、包头及东北区各台的接收，在一个短时间内便厚实了广播的家底。广播事业管理处资料统计显示：自 1945 年 8 月 27 日起至 1946 年"五五"还都，"经本处迅速派员前往接收的结果，已有二十一台大小播音机四十一座，其电力总计大约二十七万四千瓦特；其中以北平和台湾两地的电台最大，每台都在十万瓦特以上"。③换种说法，这些电台的接收对国民党而言是"总共增加本党党营事业资产，约为战前国币三百五十四万四千余元"，④

---

① 《广播无线电设置规则》，《旧中国的上海广播事业》，第571页。

② 参见《铁报》1946年6月14日，转引《旧中国的上海广播事业》，第582页。

③ 苏：《胜利声中的敌伪广播接收工作》，《广播周报》，1946年复刊第2期，第13、14页。

④ 吴道一著：《中广四十年》，（台湾）中国广播公司，1968年，第145页。

较之战前全国广播总电力约二十万千瓦，广播实力明显地增加。

其次，扩大广播传播的影响力。除了可以数量化的硬件外，还有广播接管后的广播传播与宣传效益得到有效发挥，彻底扫除敌伪遗留在广播界里的流毒，并且迅速地将各台机件整修完竣，恢复了播音，安定了各地的民心，对权力交接、社会秩序稳定、政府职能的有效运转，都产生正面的影响。吴道一曾评价此事道："至于凭着这批宣传工具（指所接收的敌伪广播，作者注）所生产的力量和效果，那是难以数字估计了。"①

最后，广播事业管理措施的跟进与规范。接收的同时很迅捷地废除了敌伪广播法令，解散敌伪广播组织，并请军政当局修订和废止了战时束缚广播事业的有关法令，订立了《广播无线电设置规则》、《指导全国广播电台播送节目办法》（修正）、《整理上海市广播电台初步办法》等② 有关广播复员管理条例及规章，以利战后广播的推行。

当然，抗战胜利广播接收及复业方面也出现诸多新问题，尤其是在民营台，以及与各类机构交织一起的电台出现了种种乱象，产生了矛盾，令各方不满。

---

① 吴道一著：《中广四十年》，（台湾）中国广播公司，1968年，第145页。

② 后两个法规参见"中央广播事业指导委员会第二十九次会议"（1946年6月28日）记录及有关文书，教育部档案，全宗号：五，卷宗号：12096（2），中国第二历史档案馆馆藏。

第二节 广播业的新变化

一、《广播周报》的听众调查

媒介与受众的关系是新闻传播学研究的一个重要领域。因报刊具有实物存在性特点，相对而言，其与读者的联系要更紧密、更有形，如沿着一定的购买、订阅等路径，两者关系尚可具体的把握。从媒介发展历史考察，无论是维新变法时期梁启超的《时务报》，还是五四时期陈独秀的《新青年》，有关作者、编者和读者间的关系研究都有据可考，屡有成果。中国的广播业发端于1923年，即奥斯邦在上海办的"大陆报—中国无线电公司广播电台"。然而，电子媒介与印刷媒介的形态不同，其内容保存不易，长期以来广播和听众的关系（尤其是早期）不甚明了，存在似有还无的"信天游"般状况，鲜有类似报刊那样的记载和研究。在现代广播电视媒介高度重视受众研究的今天，了解、研究过去的广播和听众的关系如何，广播的从业人员和听众彼此在想什么、做什么，知往鉴来，对学术研究和实务操作都是很有意义的。其实，当年（国民党）中央广播事业管理处编印的专业刊物《广播周报》①，曾经组织过一次听众调查。

---

① 该刊1934年9月在南京创刊，1948年12月终刊，共出312期，抗战时期迁重庆出版，其间有过中断。主要内容与广播直接有关，有广播节目表、广播讲演稿、广播专文以及介绍中国和外国广播事业的文章等。

穿越历史的时空，回到抗战胜利后的南京。为了了解听众的基本状况和节目意见，改进广播工作，1946年9月，由《广播周报》复刊第二期（总期198，1946年9月8日出版）、第三期（总期199，1946年9月15日出版）随刊发放一活页单张的"征求听众意见"表格。活页为双面印刷，外面向内折叠后形成印有回邮地址的信封，内面为调查内容，表格设计中有十项，分别是姓名、性别、年龄、地址、职业、平日收听最多电台、我所最喜爱听节目、我所最爱报告员、建议、询问事项等。在回答过程中，这十项内容又分主诉填写和选项圈画两部分，后者有三项，分别为"职业"部分：1. 党、2. 政、3. 军、4. 学、5. 农、6. 工、7. 商、8. 持家等；"平日收听最多电台"部分：1. 周率、2. 电台千周率两个方面；"我所最喜爱听节目"部分：1. 西乐、2. 国乐、3. 平剧、4. 话剧、5. 流行歌曲、6. 地方剧、7. 新闻、8. 一般性演讲、9. 教育性演讲等。其他七项为自由填写的内容。而"建议"部分也提示性标出了两个方面，1. 播音意见、2. 对本报（即《广播周报》）意见等。[1]

在调查表发放两个月后，《广播周报》对这次听众调查内容进行了整理、反馈，在复刊第17期（总刊第213期，1946年12月22日出版）发表了《听众意见汇集统计报告》一文。本次调查共收到177位读者的回复，其基本数据如下：

1. 就性别言：男性169人，女性8人。

2. 就职业言：学界72人，商界42人，政界25人，军界15人，党务6人，持家5人，农界4人，工界3人。

---

[1] 参见《广播周报》复刊第2期，总期198，1946年9月8日，复刊第3期，总期199，1946年9月15日。

3.就地域言：南京77人，上海16人，江苏武进10人，湖北9人，江苏无锡、浙江杭州各6人，江苏镇江5人，河南、徐州、安徽各4人，江苏常熟、铜山、吴县各3人，青岛、江西、辽宁、四川、江苏江都、江浦各2人，江苏奉贤、金坛、宜兴、溧阴、范县、泰县、浙之淳县、北平、山西、甘肃、湖南、台湾、新加坡各1人。

4.就平日收听最多之电台言：中央台108人，上海台27人，北平台12人，南京益世台10人。

5.就最喜收听之节目言：新闻103人，国乐100人，平剧90人，教育性演讲64人，话剧59人，流行歌曲56人，西乐50人，一般性演讲39人。

6.就最欢迎之报告员：杨迈群15人，郑宝燕11人，梁栖10人，吴君9人，靳迈9人。[①]

在公布统计之后，还以《广播周报》编辑室名义对上述数据进行了分析说明，主要有：

第一，两次共发出征求意见表格一万份，收到的答复只有177份，这比例相差实在太远。

周报编辑很可惜"绝对多数"的读者，没有把宝贵意见贡献出来，所以这一次的统计结果，似乎还不能正式代表大众的意见。

第二，最欢迎的报告员，都是填中央台[②]，这或许中央台报告员的名字比较熟悉（本刊第七期有过一篇介绍文字，说不定也有点关系）。但其他

---

① 《听众意见汇集统计报告》，《广播周报》复刊第17期、总刊第213期，1946年12月22日，第18页。

② 指南京国民党中央广播电台。

的电台也有很多好的报告员，就是这样的情形下被湮没了。

第三，对周报的意见，一致要求多刊登无线电和收音常识，及国外广播事业的介绍。国内电台的介绍，关于这方面的资料，周报已在逐期增加中。也有许多读者要求刊登民营电台的节目。凡经交通部核准的民营电台节目，表示将来酌量予以刊载。

第四，关于周报的内容，其实是综合性的，许多读者认为太硬性一点。现在周报已每期增辟了微波副刊、照片专页、连载漫画和增多文艺性作品，务使成为听众与非听众读者的良伴，这是周报编辑最大的愿望。[1]

中国广播电视事业发展的历史，应包含来自各个方面的不同探索，政治评价、专业评价等不同视角，多元呈现才能还原历史的真实。为此，学术研究不应偏废，或因是当年国民党的广播机构而将其忽视或者简单地否定。上述的听众调查工作，构成了广播电视学科积淀和知识生成的重要内容，为相关研究留下了珍贵文献资料，其意义在于：

首先，勾勒了那个时代广播听众的一般状况。如当时的听众地域分布范围广泛，从西部地区到海外都有。从职业构成看主要听众构成是学界和商界人士，与之相适应的是最受欢迎的节目内容是新闻、音乐和教育类。进一步考察这与当时收音机还算是奢侈品，听众主要分布在经济文化实力较强的群体中存在一定的关联性。此外，从性别角度考察，男性对广播的关注度高，从反馈表看人数占95.5%，具有绝对优势，某种程度上折射出当时社会环境下女性在信息地位方面的弱势。

---

[1] 参见《听众意见汇集统计报告》，《广播周报》复刊第17期、总刊第213期，1946年12月22日，第18页。

其次，广播从业人员具有一定的专业意识。系统地调查听众的构成状况和听众对广播的期待，是办好广播的前提或者说是重要方面，当时的广播从业人员做了这项工作很有意义，认识并把握到了广播媒介的传播规律，其理念先进；此外，这种专业性还表现在，通过增强服务性来保持和听众的联系，在调查中还提到给参与者提供节目单之类的小礼品。将"我所最爱报告员"列为一个调查项，在分析中提到其刊物第七期有过一篇介绍文字，即潘启元的《广播人物素描》[①]，介绍了杨迈群、靳迈、吴君三位播音员，试图塑造知名广播业界人物，产生明星效应，再通过这些播音员和听众建立起某种紧密稳定的联系。

最后，从现代专业的眼光看，这次听众调查虽然迈出了第一步，然还显得非常稚嫩。从发放一万个表格仅回收 177 份，只有 1.77% 的回收率来看，这个比例实在太低，导致样本量太少，调查的结果会出现偏差，其在各个环节上还需做好跟踪服务。但毕竟在中国广播史上，有人做了这项工作，其经验和教训都是值得借鉴的。

二、"中央广播电台"公司化改制

按照总理孙中山先生的理念及政治路线图，国民党执政有所谓"军政""训政""宪政"三个阶段。抗战胜利后，国家重建，此时进入宪政阶段，整个国民党党营传媒文化开始改革，包括中央广播电台在内的国民党《中央日报》、中央通讯社以及书局、电影等领域改制都同时进行，而中国广播电台的改制在政策驱动下，在改制过程中既有传媒文化事业单位要解

---

① 潘启元：《广播人物素描》，《广播周报》复刊第7期，总刊第203期，1946年10月22日，第16、24页。

决的共通问题，又有自己面临的特殊性。

（一）改制背景

1927 年 4 月，北伐之后，民国政府奠都南京。1928 年 2 月，中国国民党第二届执行委员会第四次全体会议，提出"努力于革命的建国事业"。在此背景下，出于党务宣传及各方建设发展考虑，国民党及广播界元老陈果夫提出开办电台，以建立一个更为高效的广播传播系统。陈果夫"凭其收听上海美商开洛公司播送商业广告的感想，深信广播电台是宣传主义，阐扬国策，报道新闻，推广教育的利器……即和当时中央宣传部部长戴传贤，中央委员叶楚伧两先生，商决设立"[①]广播电台，并着手相关筹备工作。1928 年 8 月 1 日，电台在南京正式开播，定名"中国国民党中央执行委员会广播电台"（简称"中央广播电台"），发射功率为五百瓦。1932 年"中央广播电台"扩容，发射功率达 75 千瓦，为当时世界第三，东亚第一。作为当时不同于报刊的新媒体，广播在"理论之阐扬，时事之报告，使国际间明了我国之真情，俾正谊得伸于世界，尤非任何宣传工具所可比拟"。[②]

在管理体制方面，"中央广播电台"属于一种党营的文化事业，其成

---

① 吴道一：《中广四十年》，（台湾）中国广播公司，1968 年，第 3 页。另：陈果夫在《关于无线电建设》一文中曾提到："民国十三年（1924 年）有一天，我在上海听广播电台报告行市，忽然联想到宣传，如果本党能有这样一个工具，岂不是比办报还要得力。"之后，开始延揽无线电方面人才，提议开办广播电台。参见台北市新闻记者工会编印：《中华民国新闻年鉴》，1961 年，第 46、47 页。

② 邱楠：《中央广播电台创办经过》，台北市新闻记者工会编印：《中华民国新闻年鉴》，1961 年，第 46 页。

立初隶属于中央宣传部，1931年改名为"中央广播无线电台管理处"，隶属于中央宣传部，1936年又更名"中央广播事业管理处"，直隶于中央执行委员会。当时中国的广播还有公营、民营及外台等，同时广播媒介涉及的领域广泛，为了有效管理，1936年，国民党中央执行委员会设立广播事业指导委员会，由中央广播事业管理处、宣传部、交通部、教育部、内政部等党政部门共同参与形成该委员会，由陈果夫任主任委员、吴保丰任副主任委员，委员会的主要任务"为谋广播事业之统一运用，整齐其步伐，健全其组织"。①从中央广播电台成立动因和功能考察，主要是为了宣传教育。抗战胜利后至1947年1月，隶属于党部的中央广播电台改制成立中国广播公司，概言之是大环境所致。

按照总理孙中山先生的理念及政治路线图，国民党执政有所谓"军政""训政""宪政"三个阶段。其中军政时期即"以党建国"，通过由党主导的军力清除旧弊，统一国家；训政时期即"以党治国"时期，政府通过专业辅导，帮助民众学会自治管理；宪政时期即"还政于民"阶段，实行民主体制。而国民党在其媒介的管理方面，对此也有各相应的规划调整。

民国时期，随着国民党执政，国家机器及相应机关建立，在新闻传播领域也建立起以《中央日报》（1927年）、中央通讯社（1924年）和中央广播电台（1928年）为代表的"中字头"媒介系统，这些都是所谓党营的文化事业。在一党专制的训政体制下，党国不分，全国新闻事业的相关业务均由国民党中宣部负责管理，而党营新闻机构的经费实际上由国库支

---

① 吴保丰:《十年来的中国广播事业》，中国文化建设协会编：《十年来的中国》，商务印书馆，1938年，第696页。

付。抗战结束后国家即将进入宪政体制，中宣部再管理民营新闻机构，显得不尽合理，逐渐引起争议，而解决之道的设想是寄希望于宪政改革，实现党国分开、政企各司其职，将党化的媒体工具体制，逐步政府化、民主化、法制化。

1943年底，中国已进入抗战后期，此时，有关方面已着手考虑战后重建问题。蒋介石于当年发表了《中国之命运》专著，特辟章论述"今后建国工作之重心"，提出实业十年计划各项任务的工作表，其中有关广播通信内容为：电信线路三千六百万公里；无线电台三千所；收音机一千八百万具。[①] 广播业也着手相应的规划，中国广播界资深人士，曾任中央广播电台台长、中央广播事业管理处处长吴道一（1893—2003）对此提道："三十二年（1943年）十一月二十日，中央广播事业管理处奉命拟定发展战后工作方案，以企业化为归依，并依照总裁所著《中国之命运》指示，配合国际情势，国防需要，分为甲乙丙三种方案，以备选择。"三种方案主要涉及规模与经费投入差异，其中甲种方案约需美金五千四百万，乙种需三千九百万，丙种需两千一百万。[②] 抗战胜利前夕，1945年5月，国民党召开第六次全国代表大会，重点议题是勾勒战后国家发展蓝图，大会通过了党务工作之宣传问题决议案，表示要"创办本党文化事业，实行党报产业化"。[③] 六全一中二次大会决定，宣传部改为宣传

---

① 参见张其昀主编：《先总统蒋公全集》（一），（台湾）中国文化大学出版部，1984年，第164页。

② 吴道一：《中广四十年》，（台湾）中国广播公司，1968年，第173、175页。

③ 《十六次大会通过党务五大类决议，包括人事组训民运宣传等项》，《中央日报》，1945年5月18日，第二版。

委员会，"其原有关于国家行政之事务，将由政府另设机构办理"，①试图将党与政的新闻事务职权分开。②

国民党六全大会后，中宣部即着手拟定党报企业化计划纲要。中宣部提出："不能再以国库开支党费，党报不但应自立，且应进而养党"，③并筹划对包括《中央日报》在内的中央通讯社和中央广播电台等党营文化事业进行企业化改制，依照合法手续、组建公司，试图避免其经济问题与党务活动两者相互干扰。

就广播而言，当时无线电环境相对开放，还有诸多民营电台的存在，收听市场竞争不可避免。所以，在保障政治宣传的前提下，国民党中央广播电台，也面临着必须讲求经营之道的选择，来改变党营电台的困境，主张仿效欧美的先进做法，广播应该企业化。1946 年 1 月，经由国防最高委员会会议，决定将中央党部广播事业管理处改组为中国广播股份有限公司，之后由广播"管理处"参照当时中国交通等银行的设置规则，及英国广播公司章程，依公司法规定和架构，拟出中国广播股份有限公司条例草案，送政府讨论。

1946 年 12 月 20 日，在草案讨论修订基础上，《中国广播股份有限公司章程》公布。1947 年 1 月，行政院第七七一次会议院会决议：关于中

① 《一中全会二次大会通过水利建设纲领，常委名额增至二十五人，宣传部改为宣传委会》，《中央日报》，1945年5月31日，第二版。

② 1947年5月，中华民国政府由训政时期过渡到宪政时期，完成实施宪政之各项准备，各部会扩大组织，行政院新闻局正式在南京成立，下设三个业务处，分别负责国内宣传、国际宣传、传播业辅导及新闻分析事项，行使政府职能，管理规划新闻事业。

③ 《中央宣传部1946年工作计划、预算和军事委员会战时新闻检查局工作计划》，1946年，宣传部档案，全宗号：七一八，卷宗号：62，中国第二历史档案馆馆藏。

央广播事业管理处改组为普通公司一案，照交通部中央宣传部所拟办理。由陈果夫代表中国广播公司，蒋梦麟代表行政院在合约上签字，中国广播公司成立。

（二）改制的动议与方案

作为国民党广播事业元老、中央广播事业指导委员会负责人陈果夫，对党营的广播事业将要实施企业化有种种考虑。其间陈果夫多方洽谈、呈请，又屡有波折，在广播公司化改制过程中，充满着博弈。

1945 年 5 月，国民党六全大会后，公布了"中宣部改隶行政院实施办法要点"，关于广播方面提出："中央广播事业管理处划归行政院宣传部直辖，其经费列入国家总预算，并由宣传部设广播事业指导委员会，聘请与本事业有关机构之代表及对广播事业有经验之人士之组成。在国营广播电台未建设以前，本党现有之各广播电台暂行拨归行政院宣传部管理。"[1]同时提出时间表，在当年八月改隶。在其酝酿实施当中，1945 年 6 月 7 日，陈果夫给蒋介石密呈一份《对于广播事业前途之意见》，表示党营事业划归政府之原则虽已为定见，但广播一项性质特殊，与其他党营事业不同，必须特别加以考虑。陈果夫从党势推测、党方经济、历史观点、国际联络、政治部门、广播前途等方面详细论述，认为广播事业不应划归政府，"宜专设独立部门，或仍隶本党，或以特种广播公司性质，密属于党，作为民营，均由政府按供应节目之性质分担，补偿经费，专给特权，俾资发

---

① 《中宣部改隶行政院实施办法要点》，中国第二历史档案馆编：《中国国民党中央执行委员会常务委员会会议录》第38册，广西师范大学出版社，2000年，第30、31页。

展。俟其自身能媲美于列强，再议更张。"①，蒋介石接到该上呈之文后面谕陈布雷，将广播事业指导委员会存废问题交秘书长吴铁城与中宣部改隶政府实施办法并案研究。陈果夫1945年在6月12日致函吴铁城，对广播事业管理委员会应否继续存在之问题，提出他的三点考虑：

1. 本会内部组织人事经费及业务并入中央广播事业管理处，本会则仍隶本党，由职等指导之，其政府关系部门亦照旧参加以资联系；

2. 如广播事业改组公司，仍属于党（密），则本会拟可改组类于董（理）事会，由关系部分推定其首次长任其董事，而由钧座指定董事长；

3. 如广播事业划出党部，则本会可单独改组，作为本党运用广播参加意见之机构，以期把握要点。②

在这两份档案中，可以看出陈果夫所要表达的意图有两点：一是强调广播是宣传利器，党部一定要切实主导利用；二是可通过广播事业指导委员会翻牌的方式，改组成董（理）事会，党方仍暗中实际掌控。

1945年6月25日，中央党部开会审议"宣传部改隶行政院实施办法要点案"，并案核议陈果夫所上书关于广播指导委员会隶属三项意见。③因为考虑宪政即将实行，依旧决定照前项草案划归行政院宣传部直辖，经

---

① 《对于广播事业前途之意见》，附陈果夫呈蒋总裁文一件，中央秘书处便签一张，重庆，1945年6月7日，毛笔原件，党史会藏，档号：6.3/5.6-2。转引高雅郁：《国民党的新闻宣传与战后中国政局变动（1945—1949）》，台湾大学博士学位论文，2002年。

② 《关于广播事业指导委员会存在改组问题意见》，附呈总裁文、蒋中正致吴铁城函，重庆，1945年6月12日，毛笔抄件，党史会藏，档号：6.3/5.6-3。转引高雅郁：《国民党的新闻宣传与战后中国政局变动（1945—1949）》，台湾大学博士学位论文，2002年。

③ 《宣传部改隶行政院实施办法草案》，中国第二历史档案馆编：《中国国民党中央执行委员会常务委员会会议录》第38册，第13、14页。

费列入国家总预算，并由宣传部设广播事业管理委员会负设计指导之责。1945 年 10 月，中常会讨论中宣部"拟定管理广播事业原则三项请予核定案"认为广播事业宜采取英国办法由国家集中经营。①1945 年 12 月，《中国国民党经营事业管理通则（修正案）》公布，其中"第五条，各项事业应遵照公司法组织公司"，"第六条，……凡属新闻事业本会（中央财务委员会，作者注）应会同中宣部办理"②。至此，陈果夫之前的由党部管理控制广播的主张几近搁浅，但其仍在做坚韧努力。1946 年 2 月，陈果夫又和孔祥熙、居正等人向国防最高委员会陈情，建议改组中央党部广播事业处为中国广播股份有限公司，③这项提议获得各方同意，而试图以特种有限公司名义草拟中国广播股份章程，各方又意见颇多。1946 年 3 月，国民党第六届中央执行委员会第二次全体会议，通过对党务报告之决议案，就宣传方面明确表示："有关宣传之党营事业，如各党报、通讯社、各书局及中央电影、摄影场等，应迅速改组为民营公司。"④此处提及有关党营事业改组为民营公司名单中，虽没点广播的名字，但所用"应迅速"之语气与措辞，也可谓大势所趋。陈果夫终于放弃将广播列入特种公司性质的努力，采用普通公司和政府鉴定合约的方式进行。

---

① 《拟定管理广播事业原则三项请予核定案》，中国第二历史档案馆编：《中国国民党中央执行委员会常务委员会会议录》第38册，第174、175页。

② 《中国国民党经营事业管理通则（修正案）》，中国第二历史档案馆编：《中国国民党中央执行委员会常务委员会会议录》第40册，第463、464页。

③ 《中国广播股份有限公司条例案》，1946年2月，钢笔原件，国防最高委员会档案，党史会藏，档号：003/3721。转引高雅郁：《国民党的新闻宣传与战后中国政局变动（1945—1949）》，台湾大学博士学位论文，2002年。

④ 荣孟源主编：《中国国民党历次代表大会及中央全会资料》下册，光明日报出版社，1985年，第1042页。

经过之前的方案起草、讨论，1946年12月，《中国广播股份有限公司章程》正式公布，分总则、业务、资本及股份、股东会、组织、决算及盈余分配和附则等，共七章27条。基本内容有：

广播经营范围，第二章"业务"规定，广播"公司业务种类如下（一）播音；（二）广播机、收音机、扩音机之敷设；（三）播音器材配件成品及唱片产销或代理推销；（四）播送新闻性之电视；（五）播送商业性之广告"。并"得订定收费章则，收取节目费、广告费"以达成公司盈利，实现自我发展。在第三章"资本及股份"中规定"公司总额定为国币五十亿元，分五万股，每股十万元，一次性收足之"；公司在"组织"方面，提出"设立董事二十一人，监察人七人""设总经理一人，副总经理一至三人，由董事会聘任之"；有关公司财务管理内容，第六章"决算及盈余分配"中规定"公司以每年年终为决算期"，董事会造具"（一）营业报告书、（二）资产负债表、（三）财产目录、（四）损益计算书、（五）盈余分配之议案"等，"于股东大会召开前三十日，交监察人核查，提交股东大会请求承认"。盈余分配上，在提取公积金之后，"余作一百份分配如下：（一）股东红利百分之五十，（二）董事、监察人酬金百分之五，（三）总经理、副总经理及员工奖励金百分之二十，（四）员工福利基金百分之十，（五）社会事业辅助金百分之十五"，等等。同时，根据《公司法》成立了董事会和组成监察人员，陈果夫、戴季陶等二十一人当选董事，陈畏垒、何敬之等七人当选监察。①鉴于之前的种种呵护、力争，陈果夫为避嫌招风，推请戴季陶担任"中国广播公司"董事长。

---

① 《中国广播股份有限公司章程》（1946年），交通部档案，全宗号：二〇（2），案卷号：2079，中国第二历史档案馆馆藏。

公司化之前的当时广播体制为：由党政相关部、会人士组成的中央广播事业指导委员会，对整个广播事业宏观指导，具体广播工作由中央广播事业管理处负责，“管理处”下面有中央广播电台及地方电台等，其广播系统内部机构设立都按照事业模式设置，如中央广播电台有五个部门，“工务科”负责技术设备运行维护；“传音科”负责广播业务，主要是新闻编辑，节目制作及播音等；“音乐组”负责广播文艺节目；“事务科”负责日常事务及协调；“人事室”负责电台人员管理等。[①]依据广播公司章程及相关内容的规定，将事业机构改制成一个经济实体，而这五个部门显然无法与公司制相匹配，还有一系列后续对接工作要做，需要设立经营管理及相关财务部门等。故后又制定“中国广播股份公司组织规则”，设立“总务部”职掌文书、事务、出纳、人事等；“工程部”职掌计划、建筑、工务、器材等；“节目部”职掌编审、资料、新闻、播送、乐剧、收听等；还有“会计室”负责编制预决算、资产目录、财务报告等；“秘书室”负责联系各部室工作，从事计划、方案、条规等文案工作；“专员室”负责拟定审核公司合同、契约，接待宾客，记者访问等；“法律顾问”处理各种有关法律问题等。[②]这一组织规则搭建起作为广播股份公司的基本架构。

1947年1月，中央党部广播事业处改组为中国广播股份有限公司，行政院与之订约，委托代办传布政令的工作，期限五年，政府每月补助国币20亿，约当美金20万元。经济部核准公司章程，当时公司的家底及规模为：除“中央广播事业管理处外，辖有广播器材修造所三处，唱片制造

---

① 参见《中央广播事业指导委员会、管理处职员录》，1946年，宣传部档案，全宗号：七一八（4），卷宗号：412，中国第二历史档案馆馆藏。

② 参见《中国广播公司组织系统表》，吴道一：《中广四十年》，第261页。

厂一处，广播电台三十九座，……总电力为四十一万八千二百六十瓦特，每日播音时间为六百二十一又四十五分，职员为一千九百三十七人，工役警卫为七百零七人"。①公司成立后，董事长戴季陶因病未到职履责（后于1949年2月去世），故一切业务仍由原中央党部广播事业处人员负责，改变的实质不大。

而处在当时特殊的社会政治、经济、军事环境背景下，广播电台公司化仅是个发展思路及初步方案，尚无具体实践和成果。如1947年1月，电台在签订企业化协议时，政府每月补助"广播公司"国币20亿，当时也只能维持运营，无法添购设备，而到1947年12月，每月经费就需110亿，再过半年的1948年7月竟达980亿。②此时，经济方面的通货膨胀严峻，之前公司化设想难以为继，加之战争环境，形势紧迫，有关方面也无心顾及广播公司的运作，直到1949年11月16日，"由中央在台湾省台北市召开首次股东大会，推选董事长，聘定总经理后，才成为名符其实的公司"。③

总之，广播股份公司章程及组织规则的拟定属布局开篇，具有启动意义，如按章程实施起来便可将一个原隶属国民党中央的新闻宣传机构，改制成一个兼具有传媒特点的经济实体，从单纯的广播媒介经营管理视角考察，这种意识和设计是符合现代媒介业发展规律的，具有前瞻性。

（三）改制的影响

本次中央广播公司的企业化改制，不是孤立进行，它涉及整个国民党

---

① 吴道一：《中广四十年》，第187页。

② 参见吴道一：《中广四十年》，第266页。

③ 吴道一：《中广四十年》，第6页。

党营传媒文化事业改革，国民党的《中央日报》、中央通讯社以及书局、电影等领域改制都同时进行，这是在抗战结束，拟实施宪政的背景下开展的。主导方试图确立广播机构的企业化经营管理体制，释放广播运行的竞争活力，探索一种合乎实情的广播发展模式，使广播在做好宣传报道的同时面对市场，能够自我发展，这无疑是顺应媒介发展潮流的。

政治方面，标榜遵循孙中山路线，打出"民主""宪政"旗号，试图在法理上有利于国民党对文化事业的掌控。同时也厘清广播媒体与党及政府的关系，即政府委托广播代办传布政令的工作，并给予公开的补贴，政府对媒体的管理和利用形式层面上也有法可依，显得更加科学合理。有研究者评价国民党党报企业化经营管理体制确定"从根本上改变了过去那种有中央宣传部乃至党中央最高负责人直接指挥党报，且报纸只重视政治宣传而不重视业务拓展的传统党报"体制。[①]广播的公司化实施，也有与此类似的预期效果。此外，广播要面对市场，讲求经营，可改变旧体制中媒体衙门化、高贵化作风的弊端。

在经济方面，采用股份制，将所有权与经营权分离，董事会作为企业的法人代表对企业拥有所有权，总经理对董事会负责拥有独立的经营权，有利于广播媒体传播资源优势的发挥，搞好经营管理，使更多的资本投入其中，发展壮大广播事业。在这场党营文化企业的改制过程中，比较而言，报业的探索有几分起色，由马新野执掌的《中央日报》，自动停领津贴率先企业化。报纸企业化之路在中国尚有传统和经验，民营报纸如《申报》《新闻报》等都是按企业化模式发展的，主要是抓发行、抓广告，并赢得不俗的成效。《中央日报》的企业化过程中，在目标和路径上有民营

---

① 蔡铭泽:《中国国民党党报历史研究》，团结出版社，1998年，第288页。

的报纸作参照，也可算是轻车熟路，进展得相对顺利些。而广播电台则不同，其资产规模庞大，是报纸的二十倍[①]，由于投入大，经营成本较高，专业属性强等因素，使得中央广播电台的企业化所面对的困难与问题较之党报更多更甚，故大不易。

第三节　国共对决中的广播宣传比较

抗战胜利，国人欢欣鼓舞，对国家的建设发展也充满着期待。此时，国共两党关系的协调处理，决定着中国社会的走向，备受关注。国民党作为执政党拥有众多的行政资源和社会资源，共产党也发展壮大起来，有自己的军队和管辖区域，是抗日民族统一战线的中坚力量。抗战时期大家一致对外是头等大事，而战后两党在利益和理念方面有诸多分歧，双方开始和平谈判，和谈破裂，彼此尖锐对立，走向了战场。在 1945 年至 1949 年短短的四年中，国民党方面由强变弱，共产党方面由小变大，最终国民党退出大陆，去了台湾。当然，如此结局不是偶然的，是历史的潮流和民心的向背决定的，是不以人的意志为转移的。

这四年国共对决是整个中国社会的重心和焦点，双方动员所能动员的人力物力等各种资源进行对决，各自的广播也在全力以赴投入其中，发挥其媒介的影响力。而国民党失去大陆政权，共产党领导建设新国家是由政

---

① 比较前文所提中央广播股份有限公司"公司总额定为国币五十亿元，分五万股，每股十万元，一次性收足之"，中央日报社的"公司总额定为国币二亿五千万元，计分两万五千股，国币一万元由发起人一次性缴足"。参见《南京中央日报社股份有限公司章程》，1947年，全宗号：六五六（4），卷宗号：5612，中国第二历史档案馆馆藏。

治、经济、文化、军事、外交等多重因素综合决定的，探讨、比较其中广播宣传的得失，是广播史研究的应有之义。

一、国民党的广播宣传困境

1936年国民党成立"中央广播事业管理处"统一全国广播事权，在官方主导下，中央广播电台从抗战初期"损兵折将"开始逐渐恢复实力，至1944年，国民党中央广播事业管理处下辖十一个电台十八座广播机，发射功率在十四万千瓦特，声势已超过战前。战后接受敌伪广播，二十一个电台四十一座广播机，发射功率约二十七万四千瓦特，[①]国民党的广播电台一枝独秀、一家独大。而转眼间，与国民党军事失败为同一频率节奏，其广播宣传方面也顾此失彼，捉襟见肘。

（一）保守被动思虑迟钝

国民党的电台1928年就已成立，其人员整齐，组织机构完善，电台规模大，与外界联系多，需要关照与被关照的也多，渐渐地形成了自己的工作方式和传统。这些可以说构成了国民党电台的优势。但时间长了，在许多场合其负面因素也显现出来，且尾大不掉。

如发新闻的顾虑、程序多多。早先中央广播电台的新闻来源主要是首都各大报纸和中央社的新闻，1932年75千瓦电台开播，新闻时间增加，因此也用上海出版的《申报》《新闻报》《时报》等电讯稿。1933年7月某日，电台接到军事委员会委员长南昌行营来电："中央电台，泄露军机，

---

① 参见吴道一：《胜利还都与我国广播事业》，《广播周报》，1946年9月1日出版，复刊第1期，第3、4页。

希将该台负责人送来南昌处理"。原来此事涉及国民党在江西"剿匪"的报道，中央广播电台采用了《申报》外国新闻社电讯，内容有"目击国军旅行经某地"十余字，事态严重，此后干脆所报新闻皆用中央社稿，并经中央秘书长或中宣部长核阅签字播发。①以后广播电台也乐得这样，多一事不如少一事。

国民党也曾是搞宣传工作的一把老手，当年鼓吹革命与保皇派论战，充满锐气，然时过境迁，现在的国民党家大业大，坛坛罐罐多，人员系统多，新闻宣传要顾及的也就少不了。不同部门、各类人员从各自的利益出发，对新闻宣传提出种种要求，报与不报、报多报少都会引来各方不满，指责宣传失误，投诉到主管机关中宣部。例如中央政治学校抗议《中央日报》对该校参加大学演说竞赛报道太少，指责为"似此失去党的立场，违反报人道德，应转呈中央宣传部予以严重处分"，②令媒体哭笑不得、左右不是。中央广播电台的情况也类似，第一届国大会期间曾因报道更换会议主席惹怒朱家骅，电台节目主持人几被记过处分，③如此多的"婆婆妈妈"指手画脚，弄得新闻机构不胜其烦。

更严厉的是，蒋介石本人也直接干涉报务，《中央日报》、中央通讯社等都常遭其斥责，就有解放战争时期关于军事将领的行动报道，蒋打板子

---

① 参见吴道一：《中广四十年》，（台湾）中国广播公司，1968年，第36页。

② 中国第二历史档案馆馆藏，中宣部档案，全宗号：七一八，卷宗号：1049。

③ 陈沅：《琐谈中广》，中国广播公司编印：《中国六十年》，1988年，第72页。转引高雅郁：《国民党的新闻宣传与战后中国政局变动（1945—1949）》，台湾大学博士学位论文，2002年。

说重话，指其"无异为匪军做报道，无异通匪"。[①] 此等"罪过"不同寻常，无人愿为其背锅。曾经《中央日报》有职业理想的从业人员，还就"先中央，后日报"还是"先日报，后中央"有不同讨论。然而，党营媒体无法摆脱这些问题的纠缠，且稍有不慎，动辄得咎，挨批者又恼又怨但也只好自己担着，集久成郁，由郁而颓。宣传人员变得小心翼翼，不求有功，但求无过，党营新闻机构对职责、使命、担当也想不出什么好办法、好对策，只能日趋保守，毫无进取心可言。

（二）官腔官调虚假说教

国民党的新闻媒体，要服从国民党的意识形态进行宣教，和民营新闻机构相比较，在新闻性、事实性、可读性等方面存在反差，后者显然更得到受众的欢迎，市场的青睐。此外，国民党又是执政党，媒体要配合政府政策进行宣传、说明、解释，而一些政策粗糙，甚至不公，这些宣传、说明、解释采用官腔官调的方式没有回应人们的关切，人们的习惯性认知是媒体在袒护政府有关部门，试图遮掩真相，国民党的新闻媒体也就难以摆脱眼睛朝上、讲利益不讲事实的官腔官调的做派。

国民党新闻机构的宣传文章长而不当，文字呆板，且端着架子说教，传播效果不佳，是其一个突出的问题。因国民党尤其是高层方面宣传智慧不够，官腔官调官样的文章、文告、讲话稿越写越长，蒋介石如此，其他官员纷纷仿效。在一些纪念日和重要时间节点蒋介石常发表广播讲话，其文本结构多为回顾展望及配上一二三几方面组成，如"三十六年（1947

---

① 转引高雅郁：《国民党的新闻宣传与战后中国政局变动（1945—1949）》，台湾大学博士学位论文，2002年。

年）耶稣圣诞广播词"，全文2900余字，[①] 即使是一个训练有素的、一分钟清晰流畅播出两百字的播音员，也需要用15分钟时间处理，如此广播讲话，对听众的耐心不啻是考验，其传播效果也就可想而知了。对中央广播电台，蒋介石也曾正色向广播事业指导委员会主任陈果夫表示："中央广播电台的节目，搞得人不像样，没有人要听"。[②]

战争后期国民党军渐据守势，为宣传考量仍需维持假象，中央社仍然制造了许多国军捷报，中央广播电台都照单接收播出。国民党中宣部专门致电中央广播事业管理处："今后广播重要新闻应以中央社讯为准，即希转饬所属各电台注意遵办为要"。[③] 国民党以当权者的心态，将新闻宣传玩乎掌上，以为传出的讯息别人就会相信接受，不过是自欺欺人。中央通讯社宣传人员忧心不已："如何准确报道，少说谎话，以换取社誉，关于这一点，我主张向新华社学习……至少在战讯方面是如此"。[④] 国民党军官对此更是有切身体会，有旅长表示："中央社的广播全是造谣，要想知道真

① 张其昀主编：《先总统蒋公全集》（三），（台湾）中国文化大学出版部，1984年，第3291-3293页。

② 转引高雅郁：《国民党的新闻宣传与战后中国政局变动（1945—1949）》，台湾大学博士学位论文，2002年。第118、119页。

③ 《国民党中央宣传部为广播重要新闻应以中央社为准致中央广播事业管理处代电（1946年5月14日）》，中国第二历史档案馆编：《中华民国档案资料汇编》（第五辑、第三编文化），江苏古籍出版社，1999年，第120页。

④ 中央通讯社"编辑通信"，中央通讯社编辑部第91号，1948年1月7日，第6、8、9页，中央通讯社档案，二档馆藏，档号656:94。转引高雅郁：《国民党的新闻宣传与战后中国政局变动（1945—1949）》，台湾大学博士学位论文，2002年。

实的军事情况，就不能不听新华社的广播"。①国民党党营宣传机构的结构性问题，使其难以在宣传和新闻间做到平衡，沦落到说谎的地步，竟在国民党方面都成了共识。如此，广播媒介何以立足舆论界？

（三）广播业内部的矛盾与不和

国民党内部本来就派系林立，政学系、黄埔系、CC系等，这也构成了国民党文化的特点，而各种矛盾的背后都会有派系的影子。1948年9月，《新闻天地》杂志发表了署名"麦克疯"的《崩溃前夕的党营广播事业》一文，将其内部的各种矛盾及丑闻公之于众，在广播圈内引起震动。

文章回顾广播业二十年前创业的荣耀，抗战时期的辉煌，然而，抗战胜利却是广播事业的一大转捩点，形成了今日广播事业的乌烟瘴气。抗战胜利，中央广播事业管理处负责接收敌伪广播，有三十多家电台亟待接收，而人员准备不充分，"只好滥竽充数，既无暇选贤与能，遂勉强派出大批'接收专员'听其自然而去"。于是接收过程公款挪用、公款借用、转移物资、"狸猫换太子"等丑剧、把戏陆续登台了，问题是"传到处长耳朵里，装作充耳不闻，好在都是心腹，而且，又有几位好事先生去揭发检举？转捩点第一下就转邪了门，转到今天已成瘫痪状态"。抗战艰难，大家同舟共济，生活待遇上都是吃平价米的朋友，可复员南京后，科长以上的高级职员住水电卫生设备俱全的洋房，小职员住分散的普通民房。更有总务科长的"杰作"，"从美国运来的机器，开箱后居然发现全是鱼肝油

---

① 《解放区广播电台介绍（一）》（一九四八年三月），中央人民广播电台研究室、北京广播学院新闻系编：《解放区广播历史资料选编（一九四〇——一九四九）》，中国广播电视出版社，1985年，第86页。

精"，这些陆续被曝光，作者认为党营的广播事业机构是"腐化恶习布满庭"，对从业人员尤其是年轻的职员产生消极的影响。

文章涉及了一个关键的人事问题，将矛头指向广播事业管理处处长吴道一，认为吴"既无进取心，更缺乏革命力，遇事保守，一直保守了十几年，造成今日党营广播事业摇摇欲坠的险象"。[①] 而此时宣传部划归行政系统，行政院成立新闻局，局长为董显光，广播事业也在进行公司制改革，董可能是公司制主管的候选人，故有老冤家碰头的意味。抗战时期，董是宣传部副部长，主管国际宣传，将国际电台纳入麾下，不久又在吴等电台方面人员的运作下了划回广播事业管理处，如此纠葛平添内耗。

此文一出广播业议论纷纷，有认为广播圈内的矛盾外泄，害苦了广播事业，也有人认为这可能是一剂抗生素，"令毒气满身的广播事业起死回生；有幸灾乐祸的，有希望借此机会广播事业能有所改善的；有的认为吴氏（指吴道一）确是好人，糟却糟在被塞在那般智囊阁的'囊'里，与外界完全隔绝，董（指董显光）对广播事业垂涎已久，企图卷土重来，也有认为董是蒙冤背锅的"。[②] 广播事业人事安排不明，人心浮动，竞相揣测作者是谁，意图何在，早已把抗战时期，广播人在艰难困苦的环境下，具有的奋斗精神丢到一边。为名利闹不和，如此状态广播业何谈进取心？何来业绩？

二、共产党的广播宣传特点

抗战期间 1940 年 12 月 30 日，延安新华广播电台开始播音，呼号

---

① 参见麦克疯：《新闻天地》，第47期，1948年9月1日出版，第7–9页。

② 官理楚：《广播圈震动了》，《新闻天地》，第48期，1948年9月16日出版，第17页。

XNCR，中共的广播事业开始创立，由于设备简陋，无线电器材缺乏，后一度暂停播音，至战后才恢复运作，是中共广播事业的主体。战后中共广播事业陆续接管张家口、哈尔滨、大连、长春、安东、鞍山、吉林、齐齐哈尔和承德等地的敌伪电台，事业发展有了一定的规模。随着战争进程，国共各自的广播实力此消彼长，最终共产党全面接管了大陆的广播事业。

（一）重视发挥广播传播影响

1946年5月，根据中共中央的决定，对新华社和《解放日报》进行重点改组，实行报、社合一，以通讯社为主的体制。延安新华广播电台由新华通讯社供给稿件，在组织机构上也是新华社的一部分，之前新华社编辑科口头广播组，扩大为负责编写口"语言广播部"，温济泽任语言广播部主任。1947年3月，国民党重点进攻延安，《解放日报》停刊，延安新华广播电台改名为陕北新华广播电台，新华社承担报纸、广播和通讯社的三重职责。1949年6月，中共中央决定成立中央广播事业管理处，广播电台从此与新华社分离，成为媒介体系的一个独立方面。

延安（陕北）台的广播，立足解放区，面向全中国，并以国民党统治区的普通群众和国民党军队官兵为主要宣传对象。广播内容紧密配合战争形势的发展，宣传中国共产党的政策和主张。节目以新闻和评论为主，先后办有"解放区介绍""人民呼声"和"对国民党军广播"等专题节目，1947年9月，还开办了英语新闻节目。

战争环境，双方所控制的区域是动态变化的，党中央指示要各地了解，各解放区之间需要协调组织、动员力量、彼此支持，故广播不仅是新闻宣传媒介，同时还承担保证通信联络畅通的职能。延安台有"记录新闻"广播，即相对慢速以便各地抄收。1947 年 6 月，新华社总社语言广播部在改进意见提道："随着胜利攻势，我军离后方愈远，愈看不到报纸，就愈感到收听播音之重要"，①要求广播工作跟上形势发展。国民党对共产党广播的监听也注意到"有重要会议记录（不属于机密性的）或是重要谈话工作指示，都由陕北台播送全文，由各台记录再次重复播出，供给各地解放区的各级干部抄录（机密的则播报密码），他们是用这方法来补充了邮路和电讯联络的不足"。②

此外，注重整合广播资源，壮大实力。在老解放区东北，中共东北局就意识到"广播电台是现代化的宣传武器，党应该加强其领导，统一集中使用广播电台，在今天尤为重要"，需将东北的几个电台统一起来，有效发挥广播电台的作用，故东北局特决定："全东北解放区各电台，统一属东北新华广播电台领导管理……各电台的干部人员（包括编辑、机务与事务人员）和全部器材均由东北新华广播电台接受统一处理。"③同时，提到将有关编辑人员、广播员、机务人员集中训练，进行各项业务教育，提高政治水平与科学技术水平，以适应形势发展需要。

广播可超越时空，直抵国统区。延安台"播音的内容，和国民党统治

---

① 华总社语言部：《对目前改进语言广播的几点意见（一九四七年六月十日）》，转引中央人民广播电台研究室、北京广播学院新闻系编：《解放区广播历史资料选编（一九四〇——一九四九）》，中国广播电视出版社，1985 年，第129页。

② 《中央广播事业管理处抄送透视"共匪"的广播宣传致新闻局函件》（1948年10月15日），中国第二历史档案馆编：《中华民国档案资料汇编》第五辑第一编文化（三），江苏古籍出版社，1994年，第101页。

③ 《中共东北局关于统一广播电台的决定（一九四八年七月九日）》，中央人民广播电台研究室、北京广播学院新闻系：《解放区广播历史资料选编（一九四〇——一九四九）》，中国广播电视出版社，1985年，第287、288页。

下的广播电台的播音，根本不同。我们播的，是国内国际的最真实的消息和动向，是解放区人们的生活和各种建设的情况，是中国人民的政党中共共产党的政策和时局主张，是对国民党当局腐败黑暗统治的无情揭露，是蒋介石统治地区广大人民的呼声。这些声音，从国民党统治下的电台，是听不到的"[①] 等。鉴于上述实情，重视发挥广播传播是自然又必然的路径选择。

（二）加强广播专业学习、提升业务水平

与这一时期中共广播办得有声有色相联系，在广播专业学习和业务探讨方面也可圈可点，取得不俗的成绩。有大量的总结、意见、办法、手则、细则等各类文本记录，显示了人民广播工作者的好学钻研、专业过硬的特点。

1946 年 6 月出台的《新华社语言广播部暂行工作细则》（以下简称《细则》），分任务、具体业务范围、研究国内外语言广播、广播稿的编写、指导广播台的业务、组织与分工、制度、与听众联系、附则等九个方面，这是中共广播史上最早较为系统的工作规章制度。其中广播的具体业务范围主要有研究广播的宣传、编写语言广播稿件和组织广播节目、指导播音工作；在广播研究方面规定：收听国内各主要电台语言广播及国外华语广播，特别对国民党中央宣传机构的语言广播，要有系统地收听，并作摘要或记录，经常研究其宣传政策与方针，以提供与国民党进行宣传斗争之参

---

① 《大家都来说话——XNCR周年纪念广播》，延安《解放日报》1946年9月5日，转引中央人民广播电台研究室、北京广播学院新闻系编：《解放区广播历史资料选编（一九四〇——一九四九）》，中国广播电视出版社，1985年，第72页。

考；研究别人的语言广播，包括节目配备；新闻与文稿的写作技巧，广播技术等以作改进自己业务的借鉴。《细则》在制度环节方面提到了业务学习讨论会，规定"每月一次，时间在半月前后，专门研究编写技术，改进业务"；此外要建立与听众的联系，语言广播部在一定时期内，提出问题，征询听众意见，通过各地新华分社收集整理，作为改进业务之参考等。[①]细则的出台，标志着共产党的广播在业务管理上的规范与成熟。

听众凭什么听你的广播，这是每家电台需要面对和回答的问题。为此，广播传播要研究听众，满足听众的需求，设计好相应的节目内容和形式。"烽火连三月、家书抵万金"，在兵荒马乱的战争环境下，每个个体的生死安危，都是令亲人无限牵挂的。延安（陕北）台有针对性开办"对蒋军广播"（后改名"对国民党军广播"）节目，以国民党军中上级军官为对象（主要是能接触到收音机），除报道国共战争情况，介绍共产党政策外，还播放被俘官兵的家信及谈话，每天半小时至一小时。从国民党军反馈信息了解："他们最爱听蒋俘军官介绍及家属，认为这是绝对可靠，当介绍军官时，他们就说：'又点将了'。"[②] 调侃中透露的是一种石块落地的安定心情。

而"敌军主要军官被打死，报道处理其尸体情形，并通知其家属领

---

① 《新华社语言广播部暂行工作细则》（一九四六年六月），参见中央人民广播电台研究室、北京广播学院新闻系编：《解放区广播历史资料选编（一九四〇——一九四九）》，中国广播电视出版社，1985年，第117-121页。

② 《宜川战役中高级蒋俘对我口播的几点意见》（一九四八年四月二十日），中央人民广播电台研究室、北京广播学院新闻系编：《解放区广播历史资料选编（一九四〇——一九四九）》，中国广播电视出版社，1985年，第188页。

尸，如通知戴之奇、张灵甫、刘戡等家属领尸体，都收到很好的效果"。①
广播中也请听众转告家属，并表示"麻烦各位，谢谢你们"，充满着人情
味，赢得了听众的认可，故《对蒋军广播》(《对国民党军广播》) 有人气，
有收听率，可以说是延安（陕北）台的品牌节目。

从现有的文献资料表明，解放战争时期中共对广播传播大量的研究探
讨，对广播业务把握也达到新的水准，为广播宣传出色成功奠定了理论基
础。而这些在理论与实践中互动的研究成果，在基础性、科学性方面也丰
富和深化了广播学的内容。

（三）文风生动活泼

中共的宣传一贯强调联系实际、联系群众，在根据地、解放区环境下
所办的报刊、广播等媒体，主要面向的对象都是普通百姓，文章须通俗易
懂，才能为人们所喜闻乐见；同时还提出全党办报、群众办报的主张，体
现在文风上就是生动活泼，反对党八股。就广播而言，如何实现生动活
泼，首要的是广播稿要简短，要有具体事例说话。

新华社的广播稿对此有专门的工作规定："讲话每篇最多不得超过
一千二百字""评论、通讯、综合报道等稿件……一般每篇以一千到
一千五百字为宜""每一单篇稿件写好后，应由一人念，几个人听，听了
提意见再修改，力求写得口语化，意思简明，头绪清楚，一听就懂，并且

---

① 　《新华总社关于加强瓦解敌军宣传的几点要求》（一九四八年四月二日）。
中央人民广播电台研究室、北京广播学院新闻系编：《解放区广播历史资料选编
（一九四〇——一九四九）》，中国广播电视出版社，1985年，第188页。

生动而富有说服力或鼓动的力量"①等广播稿的写作环节与技巧。

在《新华社语言广播部暂行工作细则》中专门探讨广播稿的"编写的技术",有"要用普通语的口语,句子要短,用字用词要力求念起来一听就懂,并要注意音韵优美与响亮""要生动、有趣味"②等符合广播口语语言特点的内容。

另外,还时常检讨、反思自己在文风方面出现的问题,提出改进措施。在对一个时期的一些稿件进行梳理后,新华总社表示:"稿件有一共同缺点,即大道理讲得太多,太生硬,思想上与国民党官兵及国民党区一般听众的距离太远。……讲政治道理时也要把国民党原来讲的一套举出具体实证,加以具体批驳,如此才能使听众乐于接受。"③不断地反思和调整自己,坚持实事求是的态度。

"对敌广播不宜长篇大论,故书信愈短愈好。""信中可谈必要的大道理,但不要生硬。可鼓励敌俘虏多说些个人前后思想转变过程,或以切身经验来驳斥敌之各种欺骗荒谬宣传。有时还可以谈些日常小节,已易为一

---

① 《编稿发稿工作细则》(一九四八年十月),中央人民广播电台研究室、北京广播学院新闻系编:《解放区广播历史资料选编(一九四〇——一九四九)》,中国广播电视出版社,1985年,第162、163页。

② 《新华社语言广播部暂行工作细则》(一九四六年六月),参见中央人民广播电台研究室、北京广播学院新闻系编:《解放区广播历史资料选编(一九四〇——一九四九)》,中国广播电视出版社,1985年,第117—121页。

③ 《新华总社关于改进对敌宣传口播稿写作的意见》(一九四八年十一月十一日),中央人民广播电台研究室、北京广播学院新闻系编:《解放区广播历史资料选编(一九四〇——一九四九)》,中国广播电视出版社,1985年,第215页。

般蒋军军官所接受为原则"，①等等，可以说这些细节也决定了广播的传播影响力。

解放战争时期，毛泽东为新华社起草、修改大量的稿件，像《人民解放军总部向黄维兵团的广播讲话》《敦促杜聿明等投降书》《我三十万大军胜利南渡长江》等均系出自毛泽东手笔的新闻经典名篇，读起来朗朗上口，犹音在耳，文采灵动，气度不凡，于新闻宣传则是如虎添翼，而作为党的领导人其风格及个性于党的新闻宣传的影响也是不言而喻的。

解放战争的初期，和国民党比较，共产党方面所掌握的诸如人口土地资源、城市经济资源等，明显不及，军队的数量与装备，也还处于弱势。然而，在双方对决博弈中，各自实力腾挪变化，形势呈现了似乎是出人意料的快速反转。就新闻宣传鼓动而言，共产党表现出色，对广播传播规律的把握和利用方面完胜国民党，对此国民党也承认：共产党"把宣传看成与军事行动同样重要，尤其是广播宣传，在他们认为这是最有力的宣传工具"，且对知识分子、青年学生、"人民百姓"及"失意落伍者""野心政客"等有"莫大的诱惑"，②以至于成星火燎原之势，如同体育比赛决出输赢一样，在共产党凌厉的新闻宣传攻势面前，国民党的新闻机器老旧失灵无法招架。

常言道：得民心者得天下。共产党的政策在赢得民心的同时，还努力

---

① 《新华总社关于组织敌俘房写劝降书信应注意的事项》（一九四八年十一月二十三日），中央人民广播电台研究室、北京广播学院新闻系编：《解放区广播历史资料选编（一九四〇——一九四九）》，中国广播电视出版社，1985年，第216页。

② 《中央广播事业管理处抄送透视"共匪"的广播宣传致新闻局函件》（1948年10月15日），中国第二历史档案馆编：《中华民国档案资料汇编》第五辑第三编文化，江苏古籍出版社，1999年，第97页。

以合适的方式告知天下人了解这些政策，这就需要传播、宣传。1948年12月，新华总社出台了对外广播宣传的指示，其中有包括对旧有军政机关、公务人员、一般国民党员、三青团员，对知识分子，对私人工商业等，实事求是、合情合理的政策，表示"对国民党区（特别是京沪平津）的公务人员知识分子自由资产阶级等的讲话，故材料选择解释问题的方法，用词用语均应对老解放区的宣传有所不同，一方面所有这些稿件都要合乎实际，不能夸大，应多用讲详细事实，少讲大道理。另一方面解释问题时，则要合乎国民党区这些听众的经验和认识水平"，"能选择适当的人物，亲自广播更好"。[1] 国共在这场得天下的对决中，正如国民党自己总结的共产党广播目的"就是叫所有的人都感觉到：1.解放区是明朗的，蒋管区是黑暗的！ 2.人民解放军是必胜的，蒋军是必败的！ 3.走向解放阵营的路是正确的路，顽固于'蒋匪阵营'的路是死路"。[2] 在这一目的的达成过程中，共产党广播的表现起到了赢得民心的催化助力作用。

第四节　民国广播事业的去路

1949年，国民党和共产党展开大对决，整个中国社会也经历了一场乾坤大腾挪。伴随国民党政权在大陆的瓦解，撤退台湾，共产党在大陆执

---

① 《新华总社关于粉碎国民党制造谣言加强对外广播宣传的指示》，《宣教工作通讯》，1949年第2期，第15页。

② 《中央广播事业管理处抄送透视"共匪"的广播宣传致新闻局函件》（1948年10月15日），中国第二历史档案馆编：《中华民国档案资料汇编》第五辑第一编文化（三），江苏古籍出版社，1999年，第108页。

政，中华人民共和国的成立，民国广播走上了最后的旅程。

一、民国广播在大陆的落幕

在这国体转换之际，民国广播业，包括组织机构、设备人员等也随时代的变迁而变迁。广播的资产如电台的房屋、发射塔等无法移动，留在原来的位置。就广播设备器材而言，1949年2月，国民党方面从南京、上海拆运了一批到台湾，如中央广播电台的50千瓦中波机、20千瓦短波机及约六百顿器材；另有少部分炸毁，如1949年11月在重庆的国际广播电台35千瓦和10千瓦短波发射机等，绝大部分的广播仪器设备都留在大陆。

人员方面的去留则是缠绕在各位从业人员心头的一道题。1949年1月"中央广播电台"下发了一张八开大小的"疏散志愿""供君选择"的表，有四选项：一是志愿疏散；二是调下属地方台；三是去台湾；四是留京工作。[1]兵荒马乱的年代，选前两项者居多，最后去台湾的都是所谓的广播电台的"中坚人士"。[2]而留守的电台人员倒也安然面对，毕竟和抗战时期日本人来了的情况不同，国民党共产党大家都是同胞，是中国人；另一方面地下党也在积极做工作，介绍共产党的政策。其实作为广播人，他们也通过共产党的广播早已了解有关情况了，甚至还有与共产党、解放军

---

① 汪学起、是翰生：《第四战线——国民党中央广播电台掇实》，中国文史出版社，1988年，第210页。

② 1948年7月有资料统计："中央广播事业管理处所属全国各地广播电台"人数为职员1449人、工友629人，合计2078人，1949年来到台湾的"工作同仁亦仅三十五人"。参见吴道一：《中广四十年》，（台湾）中国广播公司，1968年，第237、251页。

打过交道的亲身经历。据中央广播电台播音员蔡美娴向同仁介绍：济南解放，她和山东广播电台的一些人又回归南京，当时解放军还在路上设点搜捕王耀武，在盘查他们一行人时，解放军战士见到女人还显得很腼腆，[①]后谈到这段经历令身边的广播人对解放军有了不乏好感的新认识，故在新旧政权转换之际，也都不再是人心惶惶，而是平静地等待着接管的到来。

民国广播的徐徐谢幕，与国民党在大陆的节节败退，共产党一个城市一个城市的收复联系在一起。1949年1月15日，天津解放，天津市军管会接受国民党天津广播电台，当晚便以"天津新华广播电台"的呼号开始播音。

1949年1月31日，北平和平解放，陕北新华广播电台部分人员随中国人民解放军进北平接管国民党的北平广播电台，2月2日起用"北平新华广播电台"播音。

1949年4月23日，中国人民解放军占领南京，24日国民党中央广播电台改称"南京广播电台"，转播北平新华广播电台的节目。5月6日，南京市军事管制委员会文教委员会接管国民党中央广播电台，建立南京人民广播电台。

1949年5月25日，解放军攻入上海，战事还未结束，地下党即安排解放军入城布告（即约法八章），在国民党上海电台和"凯旋电台""中华自由"等私营电台播出。5月27日，华东新华广播电台参加接管人员，赶赴上海电台宣读上海市军事管制委员会主任陈毅、副主任粟裕签署的命令，办理接管事宜，当晚以上海人民广播电台呼号对全市广播。

----

① 汪学起、是翰生：《第四战线——国民党中央广播电台掇实》，中国文史出版社，1988年7月，第211页。

1949 年 10 月 14 日，广州解放，17 日广州市军管会文教接管小组，接受国民党中央广播事业管理处属下的广州电台，建立广州市人民广播电台。1949 年 11 月 28 日夜 29 日晨，在重庆的国际广播电台被炸，35 千瓦和 10 千瓦短波发射机等设备顿成废铁，30 日重庆解放。1949 年 12 月，国民党中央广播事业管理处与昆明电台失去联系，[①]昆明台获得新生。

　　一个个城市所承载的民国广播，此时已换成了一个个历史的背影，渐行渐远。

　　二、广播的接管政策

　　新的政权建立并开始筹划新的广播事业，当然新的广播事业并不是一夜间完全另起炉灶，而是伴随着对民国广播进行接收、改造，有序推进的。20 世纪 40 年代后期，国共对决的形势明朗，国民党大势已去，共产党方面开始着手接管包括广播事业在内各项准备。1948 年 11 月 20 日《中共中央对新解放城市的原电台及其人员政策的决定》颁布，规定对电台分为官方和民间两类采用不同的处理方式："所有敌方政府军队及党部管理之电台，必须全部接收。凡属广播电台机件动力及物资，一律不许拆卸搬迁，作其他通讯社器材，或其他目的使用，并务须争取于入城后迅速开始播音，首先播送我入城法令、布告、城市政策等。并转播陕北广播电台节目。……对新解放城市之工作队，必须配备若干广播编辑与广播员，准备

---

　　① 各主要城市广播电台被接管，参见赵玉明、艾红红、刘书峰主编《新修地方志早期广播史料汇编》，中国广播影视出版社，2016 年。

入城后即开展工作。"①为新解放的城市平稳过渡，在广播方面做了周密的安排。

对于民营广播台，在解放军军管期间，一律归军管委员会统一管理，并令其分别具报资本来源、政治背景、经理、广播员、编辑员等，听候处理，进而理清两种情况及处理规定："甲、其背景是国民党或某一派系经营，查明有据，专门进行反苏反共反人民之宣传者没收之。乙、纯粹系私人营业性质，靠商业广告及音乐娱乐以维持者，则在军管会管理之下，暂时准其继续营业，但必须：（1）转播新华台节目；（2）不得有反对人民解放军及人民民主政府之任何宣传；（3）广播节目须经军官会之审查。此外，由外国资本及外国人经营之广播台、私人经营的短波电台一律停止广播。"②对原有广播从业人员处理，因关系到各位生计前程，政策制定极为慎重，将旧广播人员分成五种，分别有不同的处理形式：

"甲、旧广播员一般不用，其历史不明者令其转业，历史上经过调查确无甚问题而表现比较进步者，可经训练后个别使用，或送新华总社处理和训练。

"乙、旧编辑人员一般亦不能任用，因为敌人的广播台是对我空中斗争的主要武器，其编辑人员大多数是经敌人选择的，故必须加以警戒，其中尚有历史清白，确属进步分子，则可分别录用，在录用时亦只能做技术工作，主要编辑部门，必须掌握在自己手中。

"丙、旧技术人员即分别加以甄别后录用，如经查明非顽固特务，则

---

① 中国社会科学院新闻研究所编：《中国共产党新闻工作文件汇编》（上卷），新华出版社，1980年，第194页。

② 中国社会科学院新闻研究所编：《中国共产党新闻工作文件汇编》（上卷），新华出版社，1980年，第196页。

可与之订立合同，令其保证技术上一切问题由其负全部责任，成绩良好者有奖，怠工而发生故障者处罚，故意破坏者处以应得之罪。电力员、技术调配人员等应在了解其历史后，尽可能争取其为我服务，此等技术人员中顽固反动者不多，进步革命者亦不多，大多为政治认识模糊，兴趣不高，充满不正确之技术观点，故必须将这些人与顽固特务区别开来，将对我畏惧与不信任的分子和坚决反对我之反革命分子区别开来，将普通的保证饭碗的国民党员与特务分子区别开来，对这些技术人员不加分别而一律排拒是错误的。同时录用之技术人员一方面须严肃督促其在技术上负责，另一方面须加强对他们的政治教育，并热情地争取他们。

"丁、旧艺术人员，或其他靠广播台售卖节目为生之人物，如音乐队员，说书鼓词，教英文、俄文讲座之广播讲师等，可分别了解其情况后，照常录用，或雇请之。

"戊、旧事务人员，倘其历史清楚，而对广播台之业务有帮助者录用，其余遣散。"①

这是中共中央的关于广播接收的一个指导性政策规定，显示研究细致，准备周密，工作思路清晰，政策拿捏有度，有利各地操作执行，最大限度减少波动，很好地实现了顺利接管广播事业以及之后有效运行。参照此规定，对属国民党政府、军队等所谓官僚之本的电台一律没收，操作相对简单明了；而对民营台，各地广播业发展状况不同，则情况复杂需要甄别，同时也要考虑到城市对现代媒体广播的需要，以及人们对共产党广播政策的了解。所以，各个城市解放之后，也都随即出台关于私营电台的暂

---

① 中国社会科学院新闻研究所编：《中国共产党新闻工作文件汇编》（上卷），新华出版社，1980年，第195页。

行管理条例（办法）等，如《中共中央关于对私营广播电台的处理办法给天津市委的指示》（一九四九年二月二十八日）①；《上海市军事管制委员会关于上海市私营广播电台暂行管制条例》（一九四九年六月十三日）（原载一九四九年六月十三日上海《解放日报》）；《北京市军事管制委员会关于北京市私营广播电台管理暂行办法》（一九四九年九月二十九日）（原载《广播通报》第一卷第五期，一九五○年三月十五日）；《广州市军事管制委员会公布私营广播电台暂行管理条例》（一九四九年六月十三日）等。②

总的原则是私营广播电台要进行登记备案，允许商业性节目及广告广播，新闻节目须转播人民台等。此外，不允许使用短波广播。

三、广播的接管实情——以上海的广播业为例

上海是中国近现代史上最为发达和繁华的大都市，十里洋场，现代时尚，媒介发达。它也是中国广播的发祥地，包括技术、设备、资金、人才、受众等在内的广播软硬件指标均属国内前茅，电台数量较其他地区明显众多，且人物、成分复杂，类型齐全，是民国广播的代表，其结局的经历也颇具有标志意义。按当时的标准划分，民国的广播电台有三种体制：即国营、公营和民营（或私营）。1946年，国民政府交通部在《广播无线电台设置规则》中，对其有所界定，"凡中华民国政府机关所办广播电台除交通部所办者系国营电台外其余均称为公营广播电台"，"凡中华民国公

---

① 中国社会科学院新闻研究所编：《中国共产党新闻工作文件汇编》（上卷），新华出版社，1980年，第278、279页。

② 参见中央人民广播电台研究室、北京广播学院新闻系编《解放区广播历史资料选编（1940—1949）》，中国广播电视出版社，1985年，第343—349页。

民或正式立案完全华人组织设置之公司厂商学校团体所设广播电台均称为民营广播电台"。①

依据共产党的接管政策，属国民党的党政军机构及官僚资本所拥有的所谓国营公营的电台一律接管，上海当时统计这类电台约有"公建"（属淞沪警备司令部）、"新运"（属新生活运动促进会）、"上海"（属中央广播事业管理处）、"伤友"（属联勤总部上海总医院）、"青年"（属青年运动指导委员会）等约二十二家，首先是停止播音，造册呈报登记财产及历史沿革，确属军政机关的加以没收，而机器等财产确属私人所有者，"结具觅保加以返还"，即结清资产关系，有人出面担保后返所有者，并拆除天线不再播音。公营电台为何又属有私人财产之说，其原因之一是抗战胜利后，国民党接管时存在将被日伪侵占的私人财产视为日伪电台接管的问题，而当事人也一直在申诉；还有因当时主管部门交通部电信局对电台设立限制严格，一些私营台钻空子，打政策擦边球，借公营台面目出现，而大部分节目为私营商业性的游艺内容，"电台收入则按月呈缴党政军机构若干，作为所谓背景费"②。实际上 22 家中有 17 家电台器材在接管后——核实并给予发还，同时各台人员也经器材所有人自行处理。

私营台处理较为复杂，当时上海私营电台（或民营电台）有"福音""亚美""麟记""大陆""大中华""东方""华美""元昌""鹤鸣"等计二十三家③。其中有抗战前的老民营台，也有后建的，民营台的播音一直

---

① 交通部电信总局编印：《电信法令汇编》，上册第二类，转引赵玉明主编：《中国现代广播史料选编》，汕头大学出版社，2007年，第183页。

② 《上海市广播电台管制工作报告》，上海市档案馆藏档案，编号：B91-1-8-23。

③ 参见《上海市广播电台管制工作报告》，上海市档案馆藏档案，编号：B91-1-8-23。

都在进行。1949年6月13日上海军管会发布"关于上海市私营广播电台暂行管制条例",共八条,主要内容一是登记电台基本资料(地点、电话、负责人、员工人数,波长、功率、播音时间等);二是节目内容管理,要求内容报备,转播指定节目,不得自播政治性节目;三是规定不得利用电台进行通话联络。因为是刚解放,头绪纷繁,首先是需要了解情况,工作上求稳,财产处置上(包括对公营台)以从宽为原则,有利于团结大多数,争取对新政权的信任和拥护。

私营台的收入主要是"广告客户的所谓电费",有关电费的标准由早先"民营广播电台业同业公会"制定的,此时依然如此。即将从早到晚的节目时间依据收听状况分为六个等级,再以三十分钟为一个单元计算,如6:00—8:00为"戊等",价格为九十单位,有四个九十,18:00—23:00为"超等",价格三七五单位,有十个三七五。电台广告费实际收取时并不是足额的,主要有季节等因素的浮动,还要支付代理商,通常要打上个7折左右。据此标准1949年9月统计,民营台还是相当有利可图的,如大美电台薪水总数一二三二,占全部收入的43%,而民营电台职工人数一般3—5人,故受益都不错。[1]

上海的私营电台有大量的听众,这些听众不仅在上海,周边的江浙地区都有,属于小市民阶层,其趣味侧重于地方戏等游艺节目,而上海人民台一时无法满足其需求,同时还要教育、争取、团结、提高这部分听众,也就是一方面私营台有市场需求,另一方面其节目得有所改进,解决这一问题的方案,便是促使公私合营电台的设立。"通过公私合营,以企业性

---

① 参见《上海市广播电台管制工作报告》,上海市档案馆馆藏档案,编号:B91-1-8-23。

质姿态出现，一方面可以吸收经验，测量听众的爱恶，体贴私营台所赶遇到的困难和便利，进而研究如何管理，一方面也可以作为示范，对落后听众潜移默化，养成他们能提高到听人民电台文艺节目的兴趣；一方面也可向其他落后的私营台例证，把播唱内容提高了，并不妨碍他们的营业。"①经过中央广播事业管理处和上海文管会批准，进行电台公司合营的尝试。1949年12月原先的私营的合作电台——新沪电台改组成沪声台和大沪台，旧人员保持其职业，上海人民台派员参与，本着经营放宽、政治抓紧的原则加以管理。

1952年10月1日，政府对私营电台实行全面的公私合营改造，16家私营广播电台公私合营，成立上海联合广播电台，1953年10月并入上海电台，1954年底联合电台中私股由上海人民广播电台收购。至此，带有民国印记的广播彻底走进历史。

四、民国广播退场的特点

整体考察民国广播最后的落幕阶段平稳和自然，广播机构及仪器设备基本完整移交，从业人员分类妥善处置，生计前程得到保障，广播传播正常进行，能做到这些的原因可从三个方面分析考察。

一是依据广播媒介自身规模和技术因素。大陆刚解放时，人民政府管理下的广播媒介，无论是人数还是电台数，实际并不是很多，当时像南京这样的城市，也只有三个私营台。而大都市上海私人电台也只有二十三个，且统计资料显示，其中的二十家电台职工数合计仅为73人，平均每

---

① 《上海市广播电台管制工作报告》，上海市档案馆馆藏档案，编号：B91-1-8-23。

台 3.65 人，其中最多的是大中华电台 7 人，最少的是金都电台仅 1 人①。比起涉及千千万万个工商企业及其从业人员的繁重接受、改造任务而言，电台的接受、改造工作要好处理多了。另一方面广播电台的技术性强、应用性强，新政府需要懂专业懂技术的广播人才为其服务，包括国民党广播事业管理处的中央广播电台和上海电台的所属人员等绝大多数都被接纳留用，这点和旧报纸的接受改造还是有差别的。当年办报的"笔杆子"，在新的媒介传播体制环境下，不仅有立场问题，还有包括话语及观念的表达都存在适应性的问题，而广播更多的是技术技能的应用问题，新的人民政府恰恰缺这方面的人才，可以为我所用，故给予了广播人员关心和信任。

二是新政府的政策合理有效。中共中央的《中共中央对新解放城市的原电台及其人员政策的决定》政策明晰，对财产处置合情合理，尤其是对人员处理以人为本，妥善安置。还根据实际情况进行完善，而政策的修正完善，也是随着一个一个城市的解放，接管经验的积累而完善起来的。在1949 年 2 月，中央对天津市委有相关指示，允许私人经营，并有详细的管理规定。② 与此相关报纸也是。中共中央认为："在大城市中，除党报外视情况需要再办一两家或若干家非党进步的报纸，以联系更广泛的社会阶

---

① 参见《上海市广播电台管制工作报告》，上海市档案馆馆藏档案，编号：B91-1-8-23。

② 《中共中央关于对私营广播电台的处理办法给天津市委的指示》（一九四九年二月二十八日），中国社会科学院新闻研究所编：《中国共产党新闻工作文件汇编》（上卷），新华出版社，1980年，第278、279页。

层。"①这些做法和经营，在完善对待私营电台处理方面都有着影响的联系。

政策合理、有效与实事求是调整改进有关。在《中央关于对旧广播员政策的补充指示》中就表示："过去曾经规定旧广播员一般不用，现查旧广播员，仅作普通技术性的播音工作，政治上反动的不多，而有些在播音技术上则很熟练，我们亦无法大批代替。故就广播员经甄别除政治上确属反动不用外，其余仍可在我们的负责管理教育下留用，这对我们没有坏处。"②最大程度地安排旧广播人员的留任，使他们能发挥一技之长。

三是广播政策的执行者熟悉情况，素质高，执行把握的能力强。接管大城市前，都抽调组织专门人员，集中学习培训。如上海军事管制委员会文化教育管理委员会成员文化水平高，专业能力强，有大城市（白区）工作经验；如文管会副主任夏衍，三十年代就活跃在上海文化界，对文教领域熟悉且交友甚广。上海市电台多情况复杂，文管会新闻传播处采用座谈会的形式和民营台沟通交流，并形成定期制度，各台轮流出面做召集人和主席，融洽彼此感情，其间讲解政策、表达诉求、督促工作效果奇好。这种座谈会的形式颇具创新性，1949 年 6 月 30 日《文汇报》做了题为上海《文管会招待播音界》的新闻报道："文管会于昨日（二十九）午后二时，假静安寺路美华酒家茶点招待播音界举行座谈会，文管会有范长江、夏衍、黄源、华坚、周新武诸同志，播音界到有人民电台，建成电台陆锦荣，民声电台葛正心，亚美麟记电台苏祖国，元昌电台张元贤等及剧艺家

---

① 《中共中央关于大城市报纸问题复南京市委电》（一九四九年五月九日），中国社会科学院新闻研究所编：《中国共产党新闻工作文件汇编》（上卷），新华出版社，1980 年，第 280 页。

② 《对大城市广播人员的政策》，《宣教工作通讯》，1949 年第 2 期，1949 年 2 月 21 日出版，第 11 页。

播音员徐道民，杨华生，陆宏彦，杨笑峰等五十余人，大家一边进点心一边谈话，宾主之间情感至为融洽，一直到五点半，始尽欢而散。"报道中提到范长江讲解政策："私营广播电台，财产为私人所有，其性质与私营报纸工厂相同，人民政府本'公私兼顾'的政策，是要予以保护的。""各到会的人都踊跃发言，综合大意为请求人民政府帮助私营电台发展，对于播音员及广播的广告予以检查，认为合格者发给'派司'，解决为帮助播音员学习、劳资等问题。"① 对于这些问题，文管会方面还一一给以解答。

到1949年底这样的座谈会已有十余次，文管会方面后有总结："这样做，最大的好处是避免了官办气息，使出席者可以充分自由发言，没有顾忌，这在了解情况上有好处，在团结上也有好处……在启发群众和融洽感情上都比光靠命令来执行来得强。"② 文管会人员在处理事务方面的工作态度和工作能力，不仅无官腔官调之气，更令人有如沐春风之感，工作自然顺利且成效卓然，在政权更迭转换中，保证了广播电台的平稳过渡。

---

① 《文管会招待播音界》，《文汇报》，1949年6月30日，第3版。
② 《上海市广播电台管制工作报告》，上海市档案馆馆藏档案，编号：B91-1-8-23。

下篇

第五章　广播的政策规制与广告经营管理

第一节　广播事业政策规制与管理

关于广播事业的管理，1947年行政院新闻局在《广播事业》中提道："各国对于广播事业的态度不同，因此对于广播事业的管理也各不相同。有的采取自由放任政策，有的由国家统筹办理，也有把广播看作政府的一个机构，而采取完全统制态度的。我国的情形，最初对于广播事业原没有多大限制。"[①]后因各地电台丛起，导致呼号、周率和节目等问题多多，设立机构来进行协调管理。广播媒介运转涉及广播电台的设立、机件的完善、人员的分工、节目的安排、听众的覆盖等，广播的功能是多元的，如何使广播有效地发挥其传播功能，涉及广播管理的问题；广播的特性是多

---

① 行政院新闻局编：《广播事业》，1947年，第38页。

元的，有技术的、有业务的、有宣传的、有经营的等，而要使广播的效能处在较佳的状态，广播事业能可持续发展，并使之制度化、规范化地运行，离不开广播事业的政策法规与管理。

中国的广播事业从无到有，影响越来越大，政府当局出台广播业诸多政策法规。主管部门有对公营电台的指导，有对民营电台设立规则的厘定，以及对播音节目之检查，收音机之设置等规定和要求；同时广播的民间、社团组织也陆续成立，进行自我管理。广播事业在边发展边规范，边规范边发展，一步步成长起来。就广播事业的政策法规制定及管理主体而言，有政府当局的主管部门，有广播机构组织，而所涉及的内容有专门针对广播事业的，也有跨领域、跨部门的，如教育部门的播音教育，海关部门的无线电器材进口，等等。

总之，广播事业的政策规制及管理涉及不同层次、不同领域、不同部门，是一个多元复杂的系统问题，主要可从三个方面考察：广播事业的行业与机构；广播节目及业务；广播收音机及无线电器材。这些政策法规制定与管理，涉及并形成了民国广播事业的发展基本格局。而其内在的关系是行业与机构的管理，相比较而言是一种系统层次较高级的管理；节目及业务管理更多的是来自机构内部工作对象与生产内容的管理；广播收音机及无线电器材方面的管理是与广播传播特点及信息接收及有关的硬件建设管理。

一、广播行业机构的管理

晚清时期无线电传入中国，1905 年，北洋大臣袁世凯在天津开办无线电训练班，购置无线电发报机，开展无线电信息传递业务。中华民国成立，政府设交通部，内置电政司掌管包括有线、无线在内的电政业务。

1915 年 4 月 18 日，中华民国北洋政府公布了《电信条例》，这是我国第一部关于电信的法规。确定"电信由国家经营"，条例共 22 条，除了第 1 条电信的定义，第 2 条电信由国家经营确定电信事业的性质以外，第 3 条规定了许可设置范围。其他各类内容，如政府对电信的权限（4、5、6 条）、用户使用（7、8、9 条）、电报服务（10、11 条）、电信运作受保障（12、13、14、15 条）、电信交费（16 条）、电信运作保障（12、13、14、15 条）、罚则（19 条）、特别规定（20 条）、尊重涉外条约（21 条），最后的 22 条是"公布日施行"。条例明定："电报电话不论有线无线均称电信。"① 条例还有取缔境内外台之规定。由此确立了电信管理的总基调，之后随着包括广播无线电在内的电信事业发展不断充实修改完善。

广播业是建立在无线电技术基础上的，民国时期广播事业的行业管理具有鲜明的技术特点，且管理方也是与技术相关度高的政府职能部门的有关机构。除中央广播电台及其分台，由专设之"中央广播事业管理处"统筹规划外，其余如各省市电台，或直辖于各省市政府，或隶属于交通部；民营电台则由交通部全权辖管。

交通部指导各省市公立电台时，则呈请行政院核准，通令各省市遵照，关于民营电台事宜，则由交通部直接令各地电报局办理。上海民营电台，原由交通部嘱上海国际电信局监督，1936 年 3 月交通部裁撤该局后，上海广播事业即移交上海电报局兼办。② 交通部与建设委员会（部会无线电管理问题见第二章第三节）作为政府机构对电台的管理注重行业规则、技术标准的制定和把握，主要事项有：

---

① 《电信条例》，《中国年鉴》，商务印书馆，1924年，第921、922页。
② 《交部裁撤国际电信局》，《无线电》，1936年3卷4期，第85页。

（一）制定设立电台规则

1928 年定都南京后，国民政府建设委员会下设的无线电管理处管辖国内及国际间包括广播电台在内的全部无线电事业。该委员会 1928 年 12 月 13 日公布了《中华民国广播无线电台条例》。

条例共 25 条。对广播电台的概念类型、申办批准、业务范围等有明确规定，广播事业发展开始有章可循。其中对广播无线电台加以界定，"凡无线电台应用无线电话发射机广播言语、音乐或信号者为广播无线电台"，因为仅无线电或电台概念与广播无线电台或广播电台在技术功能和传播形态上还是有差别的，前者与人们通常理解的电报、通信相联系，后者主要是指传播言语、音乐的广播媒介，该"条例"将广播内涵界定清楚，有利于明确对象、规范管理。广播电台办台主体是"中华民国政府机关公众或私人团体或私人"，事前须经国民政府建设委员会无线电管理处特许。广播电台业务有四项：一、公益演讲；二、新闻、商情、气象等项之报告；三、音乐、歌曲及其他娱乐节目；四、商业广告，但不得逾每日广播时间十分之一。同时还有限制规定，"不得广播一切违背党义、危害治安、有伤风化之一切事项，违者送交法庭讯办"①。国民政府建设委员会下设的无线电管理处与之前的交通部电政司的职能有交叉，为此，两家相互博弈，产生一定的冲突。1929 年 6 月 17 日，国民党第三届中央执行委员会第二次全体会议讨论通过决议：建委会所管之无线电移交交通部管理。

1929 年 8 月，《电信条例》（修改）出台，明文规定"凡国家经营之电信，由国民政府行政院交通部管理之"，实行管理权统一，交通部成立

---

① 《中华民国法规大全》（交通），商务印书馆，1936年，第4638-4639页。

无线电管理局、国际电信局并成为统管全国无线电事物的执行机关。依国民政府颁布之"电信条例"，民营广播电台之设置须交通部或其委托机关之核准。[①] 作为部门管理机构，交通部颁布了《民营广播无线电台暂行取缔规则》(1932 年 11 月)，以及《广播无线电台设置规则》(1946 年 2 月)[②] 等法规。其主要内容有:

前者针对民营电台机构的，共二十八条。主要内容有办台主体的规定：凡中华民国之公民，完全华商之公司，经在民国政府立案之学校团体或其他合法之组织，得在中国境内设立广播电台，但须呈由交通部领得许可证后，始得装置。其非完全华商之公司及非完全华人国籍之团体，须经在国民政府注册，领有注册证书者，始得请领许可证在中国境内设立广播电台；规定设立民营广播电台须由交通部领得许可证方可设置，领证时需提供公司或团体名称、地址、主管人姓名、办台目的、发射功率、工程计划等详细资料。有关广播电台的电力、呼号及周率等技术参数，须由交通部指定或核准；电台的呼号、周率由交通部指定，并在播音时间每隔 30 分钟须将呼号及所用周率作简单报告；广播电台业务有四项："一、公益演讲；二、新闻报告（必要时交通部得制止之）；三、音乐歌曲及其他节目；四、商业报告（但不得逾每日广播时间 2/10）。"对电台的限制项规定计有七条："一、扰乱和妨害国家海陆空及公众通信电台之业务；二、不服从交通部所派检察人员之指导与监督；三、播送不真切之消息或新闻；四、与任何一电台叫通有类如通报情事；五、传递私人消息；六、播送危

---

① 《民营广播无线电台暂行取缔规则》，《无线电》，1935年2卷6期，第76-78页。

② 《广播无线电台设置规则》，赵玉明主编：《中国现代广播史料选编》，汕头大学出版社，2007年，第183-187页。

害治安或有伤风化之一切言论消息歌曲文词；七、扰乱其他广播电台之播音。"而对违反规定的处罚也是由交通部处置，按情节轻重予以："一、停止播音；二、取消执照；三、没收机件及处以 50 元以上 2000 元以下之罚金。"①

交通部的该规则的框架与建设委员会 1928 年 12 月公布的《中华民国广播无线电台条例》相似，由于经过十多年的广播实践，一些问题出现，需要条例规则不断跟进，使之更加详细同时具有可操作性。从之前有"不得广播一切违背党义、危害治安、有伤风化之一切事项，违者送交法庭讯办"的一句话，到七项限制规定与交通部三项处罚手段，可以清楚地把握到电台管理法规的细化和完善。此外还规定了办许可证的程序，以及广播电台的业务范围，规定涉及申请办台登记、业务范围、违规处罚等内容，对电台机构一般管理的各个方面，实际上是较为完整的民营广播电台管理条例，而不是仅就取缔而言。该项规定叫"暂行取缔规则"，也体现出政府部门对广播电台新媒体的某种心态，对新生事物要尝试，又不确定，总是担心会产生不可控制的问题，故用"暂行取缔"说，倒也简化矛盾。

到 1946 年的《广播无线电台设置规则》（1946 年 2 月）从题目看没有之前的"民营""暂行""取缔"字眼，覆盖面更广更具普遍性，共计四十四条，内容也更完整。规则界定国营、公营和民营广播电台概念："凡中华民国政府机关所办广播电台除交通部所办系属国营电台外其余均称为公营广播电台"，"凡中华民国公民或正式立案完全华人组织设置之公司厂商学校团体所设广播电台均称为民营广播电台"。在此基础上对不

---

① 参见《民营广播无线电台暂行取缔规则》，《无线电》，1935 年 2 卷 6 期，第 76-78 页。

同性质的电台在电力、波长、内容、数量等分类管理，如"公营广播电台如系地方政府所设，应以供所辖区域内公众收听为标准的，其电力以100瓦特至5000瓦特为限；民营广播电台应以供所在市县内公众收听为标准的，其电力以50瓦特至500瓦特为限，此限地方政府所设及民营电台波长均限用中波（550千周至1566千周）"。在节目内容规定方面有："1.教育及公益演讲；2.新闻报告；（以上两项之每日播音时间公营电台应占多数，民营电台亦不得少于全日播音时间20%。）3.音乐歌曲及其他娱乐节目；4.商业报告。（民营电台播送以上两项节目至多不得超过每日播音时间80%，公营电台应不予播送商业广告。）"在违规处罚方面由交通部按情节轻重予以"1.警告；2.停止播音（自1日至1个月）；3.吊销执照限令撤销电台"。[①]

以上三个关于广播电台的条例、规则，一脉相承，前后经历十余年，由简单到复杂到完整，构成递进关系，既显示出中国的广播电台发展成长，也反映对广播电台管理在不断完善，制度化建设不断提升。

（二）周率与呼号的分配规定

广播的周率即无线电波的频率。无线电广播原理是借助电波作载体，通过技术设备的发射与接收将声音的信号和电波的信号进行彼此转换，进行信息传播的。电波有一定的频率和波长，一家广播电台的无线电波频率和波长信号通过一定的无线设备发射，再通过接收设备对应此频率和波长

---

① 参见《广播无线电台设置规则》，赵玉明主编：《中国现代广播史料选编》，汕头大学出版社，2007年，第183–187页。

接收，从而实现广播电台节目的播出与收听。①

在一定的国度或区域，周率作为无线电资源需要官方权威的部门来统一规划，分配使用，否则，周率紊乱，音波嚣杂，范围内的各广播电台节目彼此干扰，都难以让听众正常收听。所以，周率的分配是无线电广播必要的也是项基础性的管理。此外，无线电周率还涉及航海、电报通信等领域，需国际间合作。1927 年国际无线电组织规定，周率（Kilocycles/sec.）为 550—1300；1300—1500；6000—6150；9500—9600；11700—11900；15100—15350；17750—17800；21450—21550，分别对应波长（Meters）为 545—230；230—200；50.00—48.80；31.60—31.20；25.60—25.20；19.85—19.55；16.90—16.85；14.00—13.90 等，广播的业务类别即"播散与公众之无线电话而言，或直接播散，或由转递电台转播"。②而周率与波长的关系是周率越高，波长越短，短波因其波长所至能被地球所环抱的电离层反射，再由地面反射，形成多次折射，特别是在电离层密度较高的夜间，短波的电波能以很小的发射功率传输很远，几百至上万千米。国际间广播常用短波进行。

广播在中国出现早期，如上海地区各类民营电台接二连三设立，初创之时，周率紊乱，音波杂呈，影响听众及官方正规的无线电台所用周率。后交通部颁布"民营广播电台周率通告"，规定民营广播电台所用周率范围为"550 千周至 1500 千周为限，所有短波广播周率（6000—6150 千周、9500—9600 千周、11700—11900 千周、15100—15300 千周、17750—

---

① 《呼号与波长》，《无线电问答汇刊》，1932 年 8 月 5 日出版，第 15 期，第 211-213 页。

② 参见恽震：《万国周率分配表——一九二七年华盛顿无线电会议决定》，《无线电月报》1928 年第 1 卷第 2 期，第 33-35 页。

17850千周）均应暂时保留不予分配，如有擅用短波广播者应一律严加处罚"。[①] 还要求其各广播电台周率相差之数，亦规定至少为10千周。广播电台发展很快，同年（1935年）6月此项周率已分配馨尽，故"一律停止发给民营广播无线电台许可证"。[②]

广播周率分配使用，与电台的电力大小，通信距离的远近，广播机件的类型、规格，乃至时间季节不同有着种种联系。1936年，民国政府专门制定了《中华民国无线电发射周率统制办法》，共十六条，其中规定："凡无线电台使用周率，概由交通部会同有关单位组织无线电发射周率管制委员会（简称无线电波管制会）统一核定之，该会依据国际规定，按照业务性质，区分各周率带范围。"该规定对电力有明确、细致的规定。电力超过二十瓦之电台，一律应用指定周率，"凡电力超过一百瓦特之新设之电台，应采用主振式线路或晶体控制，其原有电力满一百瓦特之电台，如干扰他台时，亦应改用主振式线路或晶体控制。""凡电力超过一千瓦特之电台，应采用晶体控制，其机器程式，机件配备等，须送至无线电报管制会审核，并须呈请查验。""各机关按电台之多寡、电力大小、通信距离、机器程式及季节变化等，计算其所需周率，作精密统计，提供无线电波管制会参考。"[③] 从技术规范上为电台周率的合理应用进行安排管理。

呼号规定　呼号起到识别作用，一家电台在幽冥的电波世界中，发出自己的声音，明确传播者身份，让听众知道是谁在说什么，这样传播才有

---

① 《通告交通部为限制民营广播电台周率通告第二号》，《交通公报》，1935年第543号，第18页。

② 《交部停发民营广播电台许可证》，《申报》，1935年6月25日，第10版。

③ 《中华民国无线电发射周率统制办法》，三十五年三月十五日国民政府令饬遵照，《无线电世界》，1946年第1卷第4-5期，第70、71页。

效、才有意义，此为呼号，它如同电台的姓名称呼。电波可以全球传播，可以突破地域限制，世界各地都能收到信号（具体接收情况还与发射功率、接收设备等有关），要让不同国度的人有个基本的识别，呼号需要有个通用的称呼规则。1929年，当时主管无线电"建设委员会"出台《中华民国无线电台呼号条例》，第一条即规定"根据一九二七年华盛顿国际无线电报会议之规定，中华民国治权所达到之电台之呼号，应当在下列字母范围以内，XGA——XUZ"。① 此规定依据1927年（民国十六年）华盛顿国际无线电会议通过的万国无线电台呼号的规定，即用26个字母来表示排序分配各个国家电台的呼号，如加拿大呼号CFA——CKZ；德国呼号D；英国呼号G、M；美国呼号K、N；苏联呼号RAA——RQZ；日本呼号J；中国呼号XGA——XUZ；墨西哥呼号XAA——XFZ等。② 上述无线电台，包括陆地固定电台以及舰船飞机移动电台，在使用呼号时可以明确相应的地区国籍。故在中国治权所达范围广播电台呼号，应在XGA至XUZ字母范围之内。之前有上海广播电台因未经指导，呼号不合通行规则，其所用XC两字起首，系属墨西哥方面的应用范围。公私电台，经交通部分别厘正后，各家电台呼号大体规范，其中公营电台多以XG为起首字母。又民营电台之电力，经决定后，不许任意增加，藉此稳定电波秩序，避免干扰。

随着国内各地电台的布局的实施，当时的"中央广播事业指导委员会"曾将全国广播分十二个区，再依照电台地域、属性等进行细化管理，

① 《中华民国无线电台呼号条例》，《无线电新报》，1929年第1卷第1期，第42页。

② 参见周维干《万国无线电台呼号之新规定》，《无线电月报》，1928年第1卷第2期，第30-32页。

如苏浙皖为第一区，规定全国广播电台呼号第一个字母均用X，第二个字母为十二个区，分别对应I、K、L、M、O、P、Q、T、U、V、W、Y。[①]

总之，周率、呼号与电力的分配管理目的是避免电台间相互干扰，无序发展。此外，频率资源分配还涉及无线电报、海事、航空等领域，技术专业性强；同时又不仅限于国内，需要有国际间的协调问题。显然这些内容规划、实施，难以在点和线层面完成，需要有顶层设计，需要从国家、政府层面统制管理，而这种管理既体现社会政治功能，又有行业专业功能。

（三）机构人员管理

人事制度管理是单位内部管理的基本内容，广播电台人员的专业属性及日常工作的规范化，需要有一套完善的规章制度。1941年3月"国民党中央广播事业指导委员会第十六次会议"上，推出了《中央广播事业管理处广播播音技术员、播音员服务规程》，共五十条，是管理处为适应广播事业特殊需要制定的。内容包括从业人员的类型划定、等级资质、薪俸标准、奖励惩戒、请假出差以及恤养等，是个较为完整的单位人事管理的规章制度。

规程将工作人员主要分为技术员和播音员两类，同时注明其他工作人员参酌办理。技术员"包括工程师、助理工程师、工务员、助理工务员"；播音员涵盖范围更广，"包括编审稿件、创作曲谱指挥导演奏唱歌剧人员"。工作人员一律铨定资格发给证书分配职务，技术员分为四等，每个等级资

---

① 《增订全国广播大纲计划草案请核议案》，宣传部档案，全宗号：七一八（5），卷号：24，中国第二历史档案馆馆藏。

格均有详细的规定，如满足下列三项之一者得叙一等技术员，即"1. 国内外大学工科毕业得有高级学位曾在著名工厂实习二年以上并负责技术工作一年以上著有成绩者；2. 国内外大学工科毕业办理本科工程有九年之经验曾叙本处二等技术员而工作在一年以上著有成绩者；3. 曾叙本处二等技术员而工作在四年以上著有成绩者（但未具有高等工业专科以上学校毕业资格者，非经特种考试，不得叙用为一等技术员，特种考试办法另定之）"。播音员也分四等，每个等级资格同样列出详细的达标要求，一等需满足四项之一者，即"1. 国内外大学毕业得有高级学位对文字语言具有特长经考验或甄选合格者；2. 国内外大学音乐或戏剧系毕业曾任指挥或导演有二年以上之经验经考验合格者；3. 对于播音工作有特殊技能丰富经验并有事实证明而夙著声誉者；4. 曾叙本处二等播音员而工作在四年以上著有成绩者"。从中可以了解到中央广播事业管理处对业务人员的资质尤其是一等要求是比较高的，要求国内外大学毕业，注重工作经验和工作成绩，同时也考虑到在本单位工作定级晋升的连续性，另外也注意分类指导，其播音员包括编导演奏人员，而狭义的播音员是播报人员，强调特殊技能，如二等播音员其中标准有"对于播音工作有适当技能优良表现而经验充足素孚众望者"。此外，还有"无本党党籍之工作人员经需用后于三个月内经考察对本党确有信仰设法介绍入党"，这些标准、要求显然民营电台没有，也做不到，也构成中央广播电台的人员管理特殊性。工作人员的薪俸有二十七级，其对应关系：

级： 1 　 2 　 3 　 4 　 5 　 6 　 7 　 8 　 9 　 10 　 11 　 12 　 13 　 14

薪： 600 560 520 480 450 420 390 360 330 300 280 260 240 220

级： 15 　 16 　 17 　 18 　 19 　 20 　 21 　 22 　 23 　 24 　 25 　 26 27

薪： 200 190 180 170 160 150 140 130 120 110 100 90 80

规程规定"一等技术员播音员自第十三级起至第一级止，二等技术员播音员自第十七级起至十一级止，三等技术员播音员自第二十一级起至第十五级止，四等技术员自第二十五级起播音员自第二十七级起至第二十级止"。此外还有人事管理的奖惩制度，奖励方面有"特奖金、年奖金、奖状"，惩戒方面有"撤职、降级或记过、罚薪或申戒"，并详细列出出现什么情况给予相应的奖惩，如"发明或改进广播器材经试验适用具有价值者""阐述无线电或播音节目理论经审定为确当者""编稿播讲具有特殊技能吸引听众传诵一时者"等给予奖励；而"违反本党言论或行动确有实据者""有意延误工程或工作者"等要受到相应处罚。此外，还有出差舟车膳宿规定，五十五岁退休及退休金发放等规定。[①]

总之，《中央广播事业管理处广播播音技术员、播音员服务规程》形成了一套完整规范的电台机构人事管理制度，对从业人员有受教育程度的要求，有薪水级别的规定，有奖惩制度、报销制度等，系中央广播事业管理处（即公家单位）结合广播机构行业特点制定的，以实现制度管人的目的，符合现代管理的模式。而民营电台规模小，人员少，有的存在时间短，尚无发现类似的服务规程，这也显示出中国民营广播还有很长的路要走，而官方广播机构的规范化运作已成趋势。

二、广播节目的管理

节目是按照一定内容与形式的组成的播出单元，是广播传播信息内容的承载体，听众也是通过节目与广播媒体建立联系，一定意义上讲，广播

---

① 参见《中央广播事业管理处广播播音技术人员、播音员服务规程》，社会部档案，全宗号：十一，卷宗号：9434，中国第二历史档案馆馆藏。

工作是围绕节目进行的。中国开始有广播时，播出时间不长，节目简单，节目的内容与形式的随意性较大，随着广播事业的发展，节目也更加丰富，并形成了节目的类型和系统。有新闻类、宣传类、娱乐类等等，同时对节目的管理也提上议事日程。

1936年10月28日，交通部又公布"指导全国广播电台播送节目办法"，[①] 主要内容有：

（一）节目内容——播音节目之成分，关于宣传教育讲演方面，公营广播电台应占多数，民营广播电台，亦不得少于百分之四十；广告节目应包括在娱乐节目内，且不得超过娱乐节目三分之一。各广播电台应以国语播送为原则，暂时兼用当地方言者，应另加教授国语节目。各广播电台不得播送有违禁例或偏激之言论，诲淫诲盗迷信荒诞之故事及歌曲唱词。

（二）节目审查——各广播电台应将播音节目种类及播送时间预编节目时间表，遵照交通部之规定，呈送"中央执行委员会广播事业指导委员会"审查后，核准施行。又逐日播送每种节目之标题（如演讲某事，奏唱某书某曲）及担任人员姓名，亦应先编排节目内容预报表，呈送审阅。至审阅后之预定节目，不得已临时变更增加或停缺，亦不逾每日节目五分之一。除交通部规定之转播中央广播电台节目外，如遇特别重要节目，中央认为有转播之必要时，得随时通知办理。

此外，各广播电台播送节目之时间，亦应以规定各区标准时间为标准，应与中央广播电台每日校对之。不遵守上列各项办法之广播电台，由交通部按其情节轻重，警告或取缔之。

---

① 《指导全国广播电台播送节目办法》，《申报》，1937年2月1日，第5版。

商业性质的民营电台广告、娱乐节目漫天飞舞，可以说毫无统制，是节目管理需要面对的突出问题，后各地电报局秉承交通部意旨，对民营电台节目不时提醒加以指导。作为主管地方民营广播电台的"上海电报局"，也出台有关"民营广播电台严加取缔和补救办法"（1936年），主要有：（一）审查脚本。对于不合格之脚本，概予相当限制或取缔。（二）取缔节目。定有取缔节目标准，计宗旨纯正；不危害治安；不可海淫海盗；不可有污秽俚俗等九项。（三）时间限制。对申曲、滑稽、苏滩（流行于苏州一带的曲艺形式，作者注）、小曲等，各电台每天播送不得超过3小时。（四）增加人员。鉴于存在审查脚本与播音唱词间有出入，特设电台稽查员，每日谛听各台所播节目，遇有可疑者，随即加以制止。（五）出借唱片。前面所述皆是消极方面之防止，作为积极方面，出借中央广播事业管理处发行的戏剧、故事、名人演讲等唱片，供各电台免费使用。（六）办理登记。统计广播从业人员籍贯、年龄、履历等基本资料。[1] 对广播娱乐节目的规范管理起到督促效用。

据1937年1月22日《申报》记载，上海电报局"鉴于本市广播电台所有广播人员之程度高下，对于题材选择及影响群众思想生活颇巨，最近特制成表格，分发调查，对于教育程度一点最加注意"。调查统计的结果是"于457人，计出身私塾者159人，占播音界全体人员三分之一；出身小学者99人，占全体人员五分之一，其中小学未毕业者74人；出身中学者120人，占全体人员四分之一；曾受大学教育者18人，占全数的二十五分之一；不识字者及未受教育者61人。故统观本市播音人员教育

---

① 参见《电报局对广播电台取缔无益节目》，《申报》，1936年7月2日，第15版。

程度尚甚不齐，当局认为有设法救济必要"。①广播与报刊相比，从业人员的教育门槛似乎要低许多，反映当时广播界从业人员某方面真实的状况。不过也正如调查中提到，广播传播是要影响大众的，而自身教育、学识程度不高，则不免流于浅陋，故广播管理还有很多工作要做。

起先对节目的管理采用列负面清单方式，即对那些败坏风气的电台节目进行限制，多为涤秽除恶，而对电台节目应该如何，广播的社会价值体现如何等，并无中心主旨。中央广播事业管理处鉴于中央大电台播音射程，对于节目孜孜改进，不遗余力，宣传党义政治之外，注重成人教育、儿童教育，并提倡高尚娱乐与智德修养，以期民众不为低级娱乐所腐化，呈经中央执行委员会，转函行政院，于1936年4月20日，发行政院令《全国无线电台一律转播中央节目》，要求"交通部及各省市政府转知民营及公营各广播电台，自即日起，每日于下午八时起至九时零五分（星期日除外）须一律转播中央广播电台节目，现悉暂为简明新闻，时事述评，名人讲演，学术讲演，话剧，音乐等六个项目"。②比较而言，中央广播电台节目制作能力较强，这些节目都是精挑细选的，全国民众得所熏陶，为各地电台减少延揽节目的困难与代价，对扩大中央电台的影响，可谓一举多得。

三、广播收音机及器材管理

收音机及器材是广播传播与接收的必备装置，是技术与材料结合的硬

---

① 《调查播音人员完竣》，《申报》，1937年1月22日，第16版。

② 《全国无线电台一律转播中央节目，行政院令各省市政府遵办每日下午八时起实行》，《实用无线电杂志》，1936年第1卷第8期，第18页。《全市广播电台转播二十日实行》，《大公报》，1936年4月15日，第2张第6版。

件设备。一个国家的广播事业发达程度与其所拥有的收音机量有着紧密的关联，是考察、衡量这个国家广播事业发展水平的重要指标。

收音机器材背后折射一个国家的科技水平、经济实力、国民文化等诸多方面内容，并与经济利益、国家主权、意识形态等有着种种联系，故对广播接收设备收音机的管理，有较为特殊的意义。如当时欧洲如德俄等国，以及日本，对其国民设置收音机，均有一定法规加以管理。收音机的真空管数，不得超过一定只数，以免国民收听他国的播音，受他国尤其是不友好乃至敌对的信息所左右，产生不良影响。此外，国民设置收音机前，须照章注册登记纳费，既有便管理，又可使广播事业发展得以经济上补贴。

民国时期中国自广播事业发展以来，政府对收音机及器材设置，虽无权威且强制的统制政策，但相关领域问题也有所注意，主要有：

（一）无线电收音机及器材进口限制。收音机为无线电材料之一，在初来中国之时，与军火进口同一性质，须先领得军政部的护照。1933 年 3 月以后，"改由交通部发给护照；凡配有真空管之机件，无论整件或零件，俱可具呈其性质与价格，请求入口。凡货值在 50 元者须纳费 4 元，每加 50 元，即多纳费 2 元，又印花税一元"。[①] 通过高税收的标准，来严格执行这一规定。另据《请领无线电材料进口护照办法》，"凡输入无线电材料应依据电信条例第七条之规定，向交通部请领护照，其属于军用者，应呈由军政部或海军部核准，转交通部填发"，"输入之材料属于发射用品者，领照时应依式填具申请书，连同发货及抄件三分（份），并缴印花二元及

---

① The China Year Book 1938，P287，转引殷增芳：《中国广播无线电事业》，燕京大学学士论文，1939年，第59页。

应纳之护照费"。①

（二）无线电收音机登记。交通部颁布了《装设广播无线电收音机登记暂行办法》（1930年7月），该办法涉及收音机及听众，共十五条。规定"欲装设广播无线电收音机者，无论其系购置或自行配制零件而成者，均应向交通部或交通部国际电信局或交通部所指定之登记处登记，填具装用广播无线电收音机登记申请书，领取登记证后方准使用"。内容有收音机的机件种类、真空管数、天线式样、波长范围等，而未按规定申请登记的"一经查出，除没收其全副机器外，并酌量情形处以十元以上一百元以下之罚金"。②还特别强调收音机内部装置不得任意变更作为发报和发话使用，以及引入室内天线须有避雷装置等。

无线电涉及主权、安全等问题，管理方顾虑忌惮较多，对收音机的使用也多有限制。但随着广播事业发展，听众点多面广，操作不易。1934年交通部又下命令，废止了其中的不领登记证，一经查出，收音机没收，并处十至一百元罚金的条款，该办法实施顺应了社会的进步。

另外，1935年8月5日开始，交通部对国内各省市县的收音机实用情况进行登记，登记表格计有：（1）机件种类（矿石或真空）；（2）真空管数；（3）天线样式（形式、根数、长度）；（4）电流供给状况；（5）波长范围；（6）采用听筒或扩大器；（7）购制或自配；（8）机器价值；（9）出品厂名；（10）发售商店。③收音机各装户登记申请书汇成呈交部后，再

---

　　①　《请领无线电材料进口护照办法》，《无线电》，1935年5月5日出版，第2卷第5期，第79页。

　　②　《装设无线电收音机登记暂行规则》（1931年4月10日交通部修正公布），《旧中国的上海广播事业》，第181—183页。

　　③　《交通部举行全国广播收音机登记》，《申报》，1935年8月6日，第13版。

由交通部发给执照，不收任何费用。交通部又为装户安全及防止装户私设电台起见，特令各电报局，派员调查检验各装户，装置是否合格；如有长短波两用收音机，则须查询短波用途。

需要说明的是，国人装置收音机，政府不课费，但各地收音机装户对交通部的登记注册不明真相，多有误解以致踌躇规避者甚多。历年来，政府方面对此说明解释也多有疏忽，影响对收音机究竟有多少家底的统计及其管理。

四、广播政策法规的特点和功能

随着广播的出现及快速发展，并逐步形成自己的事业，成为整个社会系统的一部分，广播事业涉及的领域和问题越来越多的，复杂性程度也越来越高，由此衍生出机构与管理问题。为有效规范运行，相关业务主管部门、广播电台内部等机构，陆续出台了涉及广播业管理的有关政策法规及规范性文件。它们由不同机构部门制定，有着不同的类别，反映不同的需要，适用于不同的范围，在不同的方面起到调整作用，林林总总，不一而足。

这些规范性文件的文本类型考察，具有不同的管理范畴，不同体例内涵规格。有法令类的，即对有关无线电广播传播出台具有法律性质的文件，如《全国无线电台一律转播中央节目》《中华民国无线电台呼号条例》；中华民国北洋政府公布了《电信条例》，从国家层面对广播事业的某些重大事项的管理和处置作出比较全面、系统的规定；以及《请领无线电材料进口护照办法》（1935 年 5 月 15 日，《无线电》第二卷第五期，第75 页），《无线电收音指导训练班办法》（1935 年 7 月 15 日，《无线电》第二卷第七期，第 73 页），《指导播送节目办法》（1937 年 2 月 1 日，

《申报》第 5 版）等办法，从操作性的角度，对广播的相关工作和事项的具体办理或实施提供了依据。

有章程类的，即政府或社会团体制定的用以说明某广播机构的组织宗旨、性质、组织原则、机构设置、职责范围等的纲领性文件，具有准则性与约束性的作用。例"中央广播事业指导委员会""中央广播电台管理处"之盖称，直属"国民党中央执行委员会"。像"管理处"除处理中央电台日常事务，技术工作及随时更订节目外，其所举办业务约有四端：即"（一）筹划阔展广播事业；（二）开办收音员训练班；（三）出版定期刊物；（四）协助教育部实施播音教育"。[①]"指导委员会"是为多部门参与的协调机构，出台政策大家共同参照遵守和执行。

有制度类的，包括制度、规则、规程、守则、须知等，如《装设无线电收音机登记暂行规则》（参见《旧中国的上海广播事业》，第 181 页），是为广播业单位部门制定的工作原则、方法和手续等的条规。

这些政策法规系统就效力层级而言，官方高层制定的面向全国、全行业的比地方、部门的影响力权威性更大。如《中华民国广播无线电台条例》《中华民国无线电发射周率统制办法》等；像《上海市教育局无线电播音暂行办法》（参见《旧中国的上海广播事业》，第 191 页），是为地方教育部门为推进教育事业发展而制定的。而就时间序列考察，这些政策法规不同年份有不同版本，先有暂行规定，后有修改调整的，而同一机关新规定的效力高于旧规定。

民国的广播从无到有，而与之配套的政策法规也开始了初步的尝试，

---

① 吴道一：《八年来之中央广播电台》，《广播周报》，1936年9月19日出版，104期，第16页。

同时，如条令之下的规则、办法之后的细则等政策法规之间的配套衔接内部体系也自然延展开来。当然从事后的立场出发，这些广播法规的严整方面、体系方面以及执行的落实方面都有待完善提高，但这些政策法规的制定在很大程度上使广播的运作有章可循，而对出现的问题也能合理地纠偏、纠错，管理更加有序、更加规范，有利行业、机构的发展。此外，这些政策法规的先期实施也具有探索意味，自身也有不断修改、补充完善的过程，为后续者提供了基础和借鉴。

第二节　民国的广播广告

一、广播与广告的结缘

广告由来已久，而当无线电广播作为电子媒介出现，其强大的传播力和影响力与广告内在诉求一致，很自然地与广告建立起联系，彼此互动，彼此丰富，形成了广播广告新格局。其早期的发展首先依托的是无线电器材生产公司，它们生产的产品得让人了解，销售出去，而广播本身就是宣传自己最好的媒介。有资料统计，1922 年美国无线电公司销售额是 1100 万美元，1925 年就猛增到 5000 万美元，[①]这其中就有赖自我无线电广播广告的促销。正因如此一些大商店大制造厂自备电台，专供宣传之用，还有租赁他人电台，暂作广告之利器者，租费以广播的时长计算。也是在

---

① ［美］梅尔文·L·德弗勒、埃弗雷特·E·丹尼斯著，颜建军、王怡红、张跃宏、刘殉文译：《大众传播通论》，华夏出版社，1989年，第62页。

1922 年，美国的电台开始将广播时段提供给广告商，"首先是一家公司买了十分钟来宣读一则长岛房地产的信息，而后一家化妆品公司出钱做了一个广告节目"。① 由此，开启了广播广告的时代。

国外无线电技术的发达与广告结合早，所产生的市场销售新变化，引起国人的关注。中国的外交人员就将这一商务现象介绍到国内。1925 年的《外交公报》刊发了《美国之无线电广告》，该文系驻纽约总领馆报告〔录于（民国）十三年（即 1924 年）十一月二十五日〕提道：美国"各大商家用无线电传达广告，其价每分钟十元至少十分钟，若传达一小时须美金四百元"。还介绍了纽约一家广播机构 WEAF，一天的广播传达的节目表，有唱歌、演说、钢琴、读小说等内容。"无线电传达近亦成为商界发布广告之性质，其方法系按其出品而行之。纽约两公司每星期用此法广告：（甲）糖果公司每星期有传达广告，其法系特别歌曲音乐或演说笑话等，以使听受者快乐为宗旨，因其名快乐糖果；（乙）食品公司等。纽约商界以无线电发布广告以该两公司为最著云。"② 从该报告可以了解到，美国的广播广告已注意到广播节目内容与广告商品内容有机结合，风格一致，如此效果更好。

1926 年 9 月 16 日《申报》介绍美国广播台的广告。"美国的大商店大制造厂往往自备广播电台，而划入其经费于广告之部，故其国内有广播电台五百余座，为全世界其他各国所有电台之总数所不及。……美国有每小时收费至五百金元者，可谓巨矣，盖美国商业，俱基于广告之上，除报

---

① ［美］梅尔文·L·德弗勒、埃弗雷特·E·丹尼斯著，颜建军、王怡红、张跃宏、刘殉文译：《大众传播通论》，华夏出版社，1989 年，第 63 页。

② 《美国之无线电广告》，《外交公报》，1925 年第 43 期，第 18–22 页。

纸外，更索求种种新法，皆收广告之效。而广播无线电话复为新法广告中之利器，此美国广播电台所以发达之因也。"① 中国的广播时处萌芽时期，而广播建设发展有赖经费支撑，如何解决，希望国人利用好广播广告这一新兴行业。

1931 年统计，美国全国播音广告费之总收入达七千万金元。② 1936 年全年总收入则为一万万一千四百余万金元，但为雇佣播送广告之人才（如歌唱家等艺术人才）所耗费用，亦达三千六百余万金元之巨。③

20 世纪 20 年代，中国的广播事业初由外人介绍到上海，开办电台亦以售卖收音机为目的，广播电台本身即成为收音机的广告工具。1924 年美商开洛公司为推销进口无线电收音机，设立了一个播音台，电力 250 瓦，呼号 KRC，播报新闻、商情、中西唱片等，广告除了宣传该公司出品外，还有一项收入是电台发行行情密码单，"就是把市面行情（像交易所开盘收盘行情、外汇市况、金融市面等）的数目，编写密码，每月印行一次。电台上所报告的市况数目，都是密码，听众欲知道行市，非得出资购买密码单不可。（后来亚美公司的上海播音台也仿效它的办法。）但是这种收入进账款究竟有限"。④ 后来电台开始正式兼营商务广告，自后还有广告公司专营的播音台。而其他所有商营电台，更是依赖广告收入以维持业务。

---

① 芳芙：《广播无线电话之费用》，《申报》，1926年9月16日，第19版。

② 传：《美国广播事业概况》，《广播周报》，1936年9月19日出版104期，第53—55页。

③ 《S.E.Frost: Is American Radio Democratic? P92》，转引殷增芳：《中国广播无线电事业》，燕京大学学士论文，1939年，第53页。

④ 志：《上海播音台的历史》，《申报》，1938年12月23日，第12版。

1928 年 12 月 13 日建设委员会颁布的《中华民国广播无线电台条例》，第二十三条内容即为："广播电台对于代播之广告得收取广告费。"[①] 虽仅此一句话，却是有案可查最早的具有法规层面的文明条款，为广播广告确立了法律地位，也为以后的各类广播广告实施办法提供依据。

商业部门的广告引入广播业，解决了广播发展的资金问题，开启广播媒体营运的商业模式，广播有了稳定的收入来源，可以投入各类节目制作，满足人们的需求。广播传入中国，广播与广告结缘也走了这样的路径。其中原因有广播和广告各自内在功能与需求彼此吸引的驱使，也有广播作为舶来品新事物，成长过程借鉴模仿的习得。

二、民国广播广告的实施

国家经济实力的增强，需要大量工商业发展起来，此为国家重要的经济政策，而市场的活力，又推动广告兴起。广播的快捷高效传播，自然成了广告媒介的选择，广播广告事关国计民生，尤其是在经济发达地区渐成气候。1931 年，当时"浙江省广播无线电台"对开播广告就有过探讨和总结。因杭州有西湖山水胜境，水陆交通便利，每年来游者络绎不绝，需要了解浙省之物产，市内旅社菜馆等信息，商家的广告手法也百出，无线电广播广告传递迅速，且经营有声有色，收效显著，同时其广播广告事业也得到较好发展。

浙江省广播无线电广播将广告分为甲乙丙三种，在内容制作播出方面有相应的规定，其内容："（甲）直接广告。商店对营业上或出品上，

---

① 《中华民国广播无线电台条例》，《中华民国法规大全》（交通），商务印书馆，1936年，第4638、4639页。

欲为广播宣传，得用简捷扼要之语句，用广播无线电话之介绍，每次以五分为度，插入任何普通节目前后行之，言语须得体，不可冗长，以免取厌，由本台报告员报告之。（乙）间接广告。由商店自行邀请音乐团体，播送半小时或一小时特别音乐，即以商店名之。此特别节目，先期由本台预为报告，俾听众得准时接收，届时除播送音乐外，于休息时间，插入货品广告，听众既享雅乐，对于该商店已生好感，于此广告印象更深。（丙）联合广告。本台因谋扩大无线电话广告效力起见，与上海亚美公司广播无线电台联合，代商店宣传。凡商店欲于沪杭沪宁各埠之一般普通收音机能收取，而聆其宣传者，不论直接广告，或间接广告，本台与上海亚美公司，均可接收，将广告句语，或特别音乐，分告双方，定期报告或传播。若是则同一宣传句话，每日有两次，或范围较广之宣传，其效力自更伟大。"[1]对广告的种类进行了详尽的规定，便于客户选择。

同时制定了具体的广告时间及收费标准，大致有："（甲）直接广告，每次以五分钟为度，插入普通节目前后行之，收费表如下：

广告次数	每次价目	每月	价目
每星期一次	四元	每月四次	十五元
每星期二次	三元五角	每月八次	二十五元
每星期三次	三元	每月十二次	三十二元

（乙）间接广告，时期以半小时为最少限度，如有不足，亦作半小时计算，收费表如下：

---

① 《无线电话广告之办法》，《浙江省建设月刊》，1931年第4卷第12期，第67–69页。

播音时间	每半小时价目
每日上午九时半至十一时内	八元
每日下午五时至六时半内	十元
每日下午八时至九时内	十元
星期六下午七时至九时内	十四元
星期日下午二时至四时内	十四元
星期日下午六时至九时内	十二元

（丙）联合广告，概照直接广告，或间接广告收费率，再加百分之五十。"①

"办法"还约定与电台签订长期合同者收费亦可照规定收费率，酌量减少。广告句语，务宜大方得体，勿遇事铺张，令人起疑，而失去信誉；对于同业攻讦须力加避免，否则电台得随时拒绝收受，或停止其宣传。该台当时发射功率为 750 瓦，传播覆盖范围颇令其自豪："京沪沪杭各埠收音，异常清晰，即京平平汉各埠，亦能畅达，而东亚各部，莫不称誉发音之清晰佳妙，由本台广播广告效力之弘，不言可知矣。"②具有为广播电台自身做广告意味。浙江地处中国经济发达的华东沿海，人多精明具有商业头脑，人们广播媒介的见识也相对多些，作为省一级的浙江台推出"广告之办法"，实现制度化规范化也是顺理成章。

1934 年 10 月 1 日，中央广播电台管理处以播音广告传播效力高，可作提倡国货喉舌，辅助国内实业发展为由，选择管理处下辖的中央及北

---

① 《无线电话广告之办法》，《浙江省建设月刊》，1931年第4卷第12期，第67-69页。

② 《无线电话广告之办法》，《浙江省建设月刊》，1931年第4卷第12期，第67-69页。

平、福州三大电台开放，承播广告，还特发启示："广告价目，以时间之不同，分甲乙丙三等，播放二分钟者，为普通广告价目每次四元至八元，二十分钟者，为特种广告，每次十二元至二十四元，连播数次尚有折扣。凡国货用品，播送广告者，概照对折收费。"[①]而一切广告事宜，由南京中山东路三十三号中国电声广告社承办，表示凡各种正当企业及出品，欲广事宣传者，皆可向该广告社委托办理。

经过几年实施下来，广播广告规模越来越大，事业也日渐发达，足以影响于国计民生，对广告厂商，对消费者，对作为广告载体电台均有裨益。不独是经济发达地区，1937 年，山东省为便利商号宣传营业、繁荣市面起见出台了《山东省政府广播无线电台播音广告章程》。章程共九条，规范的广告事项及权利义务，在第三条中，详细规定了该台广告的种类和价目，即长期广告、短期广告和借座广告三种。长期广告之种类及价目为："一、特种广告在本台播送特别节目或每日播送政令新闻前后由本台报告员每日报告两次每次以五十分钟为限每月收电力费五十元；二、甲种广告每日下午六时半至十二点止每日由报告员报告两次每次以五分钟为限每月收电力费四十元；三、乙种广告每日上午八时半至十时半止每日由报告员报告两次每次以五分钟为限每月收电力费三十元；四、丙种广告每日下午六时半至十二时止每日由报告员报告一次以五分钟为限每月收电力费二十元；五、丁种广告每日上午八时半至十时半止每日由报告员报告一次以五分钟为限每月收电力费十六元。"短期广告之种类及价目为："一、十天收费十元；二、七天收费七元六角；三、五天收费五元八角；四、三天收费四元二角。"借座广告规定为："一、凡各商号自备节目借座本台播音

---

① 《中央台广告启示》，《新声无线电》，1934年第1卷第6期，第10页。

者每日半小时酌收电力费一百八十元其播音时间临时接洽由本台指定之但超过半小时者每加十分钟照原价增加百分之二十收费不足十分钟仍按十分钟计算；二、借座广告之性质只限一种不得包揽其他商家广告如在一时间有二种性质以上之广告应照二种以上广告计算电力费。"[1]电台规定每天播送广告时间为一小时，每条广告限五十字，每超过十个字，照原价增加百分之十收费，如不足十字仍按十字计算。此外，广告文字须先送台查核，电台认为须删改或不予播送者随时通知。

山东作为传统文化发达的孔孟之乡，与当时经济发达、工商繁荣、电台机构众多的江南有着明显的地域经济文化及媒介文化的差异，而此时已有了电台广告章程来规范该领域的相关事务，可见广播广告在中国已有了一定程度的普及。

民国时期除了像福音电台之类的宗教广播外，官办、民办电台均经营广告业务。尤其是商业性质的电台，有资料显示："一个普通的电台，每月广告费的收入，出去开支外，还可盈余四五百元之谱（原文用词）。无线电广告的发旺，的确可观了。"[2]所谓普通电台的概念，不过是发射功率百十瓦，人员三四位，当时有大量的民营电台，规模即如此，甚至更少。据当年上海广播电台调查报告表显示，开办电台的主体也是五花八门，有药店、绸庄、戏院、旅行社、广告公司、无线电厂等等。[3]商业宣传是这

① 《山东省政府广播无线电播音广告章程》，《山东省政府公报》，1937年第431期，第11–13页。

② 丁悚：《播送广告和听众心理》，《电声（上海）》，1934年第3卷第1期，第18页。

③ 参见上海电信局上海市广播电台调查报告表，《旧中国的上海广播事业》，第591–600页。

些电台的办台的目的，广告成为电台节目的基本内容。而经过多年的电台广告实践，有关广告经营与时段开发也越来越精细。

民国时期广播电台的广告收入俗称"电费"，即广告客户支付给电台的广告费用。通常电台按照收听率状况给一天早中晚不同时段，定个收费等级，再结合播出时长、次数、电台级别等，广告客户付给电台电费，作为向电台购买播音时间的代价。这种客户可以是厂商，也可以是游艺演员，甚至中间商人（捐客）。厂商在购买的节目时间里，自行聘请演员、剧团，安排节目和广告播出的内容。播音游艺演员也可买下节目时间去拉厂商做广告。中间商人（捐客）也可以买下节目时间，向商店、公司包揽广告生意，聘请剧团、演员来电台播出节目，从中得到佣金。而在实际操作中电台广告费实际收取时并不是足额的，主要有季节等因素的浮动，还要支付代理商，通常要打个 7 折左右。

民营的商业广播电台主要依靠广告生存，这类电台数量众多，同时需要协调与政府管理部门、广告客户、同行之间，及电台内部各种关系，民营电台为此成立了自己的组织。其中最有影响的是 1934 年 11 月成立的"上海市民营无线电播音业同业公会"，公会推举王完白为主席，苏祖国、胡芝楣、金康侯、陈子桢、王伟之、陈翰春、陈懋甫、张元贤为执委。[①]抗战后更名"上海市民营广播电台商业同业公会"，于 1946 年 10 月 11 日正式宣告成立，张元贤、苏祖国、王完白、赵乐事、刘凤麟、周廉清、葛正心、毛礼祚、凌曙东九人为公会理事，会员有大陆、大中华、元昌、亚美、福音、东方、华美、鹤鸣、麟记、民声、新沪、合作、合众、亚洲、中华自由、金都、九九、新声、大同、中国文化、大中国二十一家经交通

---

① 《播音业同业公会昨成立》，《申报》，1934年11月12日，第11版。

部电信局核准播音之民营广播电台。其章程规定公会的宗旨是"以维持增进同业之公共利益及矫正弊害"。任务有"关于同业营业之指导研究调查统计事项；关于同业劳资间争执之调解事项；关于主管官署及商会之委办事项；关于会员营业上必要时之维持事项"等。[1]

作为民营电台的同业公会除了在事务协调、业务交流外，在商言商，相当部分的工作是与其在经营方面的广告相关。1947年4月1日起，播音节目时间每档由45分钟改为30分钟，"上海市民营广播电台商业同业公会"为此向各会员电台发出相应核减每档广告费的通知。同时规定了广告时段的等级价目标准："上午六时至十时为丙级（每月）四十万；上午十时至十二时为乙级（每月）六十万；中午十二时至二时为甲级（每月）八十万；下午二时至五时为乙级（每月）六十万；下午五时至十一时为甲级（每月）八十万；下午十一时至十二时为乙级（每月）六十万；小报告广告费每天三次（每月）十五万（十五天减半计算）；全日报告（每月）五十万"，[2]制定了同业公会刊登广告统一的行业标准。

1947年3月22日，《申报》馆与民营电台同业公会各会员电台及"公营"建成、合作两电台商定合作广播广告，试办3个月。每月由《申报》馆津贴1000万元。[3]特别广播每星期日一次，由各电台轮值，报社每次津贴当值电台70万元，试办18次。合作广播广告还规定，如果上海市其他报馆

---

① 《上海市民营广播电台商业同业公会章程》，参见上海档案馆馆藏档案，S448-1-10-32。

② 《旧中国的上海广播事业》，第750页，其中单位是法币，小报告广告每次以一百字及客户两户为限。

③ 《上海市民营广播电台商业同业公会第三次理监事联席会议录》，参见上海档案馆馆藏档案，编号：S448-1-1-3。

同业要求签约电台作同样性质的广播，各电台应谢绝。商业性民营电台以广告为主，非民营电台也要分一杯羹，以上是民国时期广播广告大致情况。

三、广播广告的问题与批评

广播广告作为新生事物，在促进工商业繁荣的同时，也必然会出现之前所没遇到的问题，人们对此也会有不同的看法，比如官方国营性质的电台广告是否合适，当然更多的问题出自依赖广告生存的民营电台，有虚假夸大，低俗喧嚣，还有不正当竞争引发破坏规则等问题。

具有官方性质的电台做广告，国外也是有限制的，因为其经费来自政府的税收，再去做广告是与民争利，属不当得利。《广播无线电台设置规则》（1946 年 2 月）也有"公营电台应不予播送商业广告"的规定。对于前面提到的中央广播电台也开放播音广告，当时社会人士，反应不一：有认为播广告牟利之嫌需变更；有以宣传为重请取消者；有表示提倡国货应当先审核，建立工商业标准；也有认为广告裨益公私自宜推广者；等等，纷纭议论，各执其是。显然，对于具有官方性质的广播电台做广告，人们的顾虑要多些，问题也变得复杂些。

对此，广播界的人士还进行了相关回应探讨，认为："广播电台费简效宏，为国家之喉舌，文化之枢机，是以世界各国，互竞建设"，可是国家建设万端待举，而财政竭蹶，在广播事业发展方面"如果此项建设，徒恃国库支拨，势将阻滞进程，不得已另寻途径，仿照欧美各电台之成例，试办播音广告，征收费用，以期聚（沙）成塔，挹注开支，发展业务，实属一举数利之计划。"[①] 强调电台可通过广告收入进行自我造血，为广播事

---

① 陆以振：《对于播音广告之我见》，《广播周报》，1934年第9期，第26—28页。

业发展提供资金。此外，中央电台播音广告价格不高，符合中国工商业实情，尤其是对国货价值减半之例等，均显示中央电台设播音广告节目，非为牟利，意在提倡国货，发展工商业。给予国货广告资费减少，无疑是扶持民族企业之举，寓提倡于无形，体现中央广播电台用心良苦与责任担当。

中央电台与其他民营商业电台宗旨不同，其使命以宣传党义政策为首要，而发展学术文化，沟通中外消息，也是电台的重要职能。故节目内容安排也是偏重新闻、宣传、教育部分。但节目编排要有技巧，需考虑受众的接受习惯，那些严肃节目长时段播出，易使听众感到疲而厌倦，故在编排时穿插娱乐节目，来保持收听兴趣，"今于娱乐之中，间以广告，与宣传之效率，自无影响。……新奇之出品，或亦社会所乐闻，各有所需，当谋选择，则广告之增加，适是以扩大播音之功效，而裨益宣传，自无取消之必要。"①作者想表明的是广告与宣传并不矛盾，处理好应是相得益彰。当然广告的商业用语有其市场表达习惯，那些易遭顾客反感，以及粗俗鄙陋之辞需要审核修改，这在报刊广告方面也是如此。

广告与社会经济发展状况息息相关，而当市面不景气，工商企业时有倒闭时则常有广告费倒欠发生，为此同业公会及时与各方沟通协调，以求采取共同措施防范风险。广播电台商业同业公会有致函上海市广告商业同业公会表示："贵会会员如有前列情形（即广告费倒欠）发生，希将该户户名通知敝会，以便采取同一办法，凡在欠款未曾理楚之前，所有同户户播音广告亦予拒绝；而在敝会会员如有前列情形发生时，亦即通知贵会希

---

① 陆以振：《对于播音广告之我见》，《广播周报》，1934年第9期，第26—28页。

予同样办理。"① 同时也致函会员电台："所有广告电费一律先期付清，不得拖欠。凡有拖欠甲同业广告电费者，其他同业在未得甲同业同意前，概须拒绝该客户之任何广告，以保障同业利益。况查此种客户毫无信誉，为自身计，亦应拒绝为是。"② 还有规定"节目报告电费乙方每月须先付后播"③，以防止广告费拖欠或流失。

民营电台之间为争夺广告，难免有竞相降低广告价格，贬低同行现象的出现。为此同业公会制定"公会业规"，明确要求："凡我会员电台所收电费系共同议决价格，按照时间等级取费，不得低于限价，作同业之竞争；如有特殊情形者，应向公会说明，否则妨害同业营业，报请公会处罚。""各会员电台或雇佣跑街兜揽生意时，应各谋发展，不得竞争贬价，相互攻讦，以共谋业务之发展。"④ 违规者公会将给予相应的处罚。

另一方面，当民营电台的合法权益遭到侵害时，公会也出面申诉，积极维权。抗日战争胜利后，仅上海有已开播与正在筹备开设的广播电台总数最多时曾达 108 座。⑤ 官办民办、公营私营本该分类管理，但私心私利作怪，导致在广播广告方面存在诸多问题。

---

① 《广播电台商业同业公会关于防范客户拖欠广告费的函（1946年12月3日）》，《旧中国的上海广播事业》，第741页。
② 《广播电台商业同业公会关于防范客户拖欠广告费的函（1946年12月3日）》，《旧中国的上海广播事业》，第742页。
③ 《上海市民营广播商业同业公会播音合同草案（1947年9月10日）》，《旧中国的上海广播事业》，第752页。
④ 《上海市民营广播电台商业同业公会业规草案（1947年9月18日）》，《旧中国的上海广播事业》，第764–766页。
⑤ 1946年5月，上海电信局上海市广播电台调查表，参见《旧中国的上海广播事业》，第591–600页。

中央广播电台因负有政府宣传使命，故交通部通饬全国民营电台于是时一律转播，公会也要求会员电台转播统一的新闻广播。然而却有中央广播事业管理处所辖的上海电台及公营、军用等电台则播送营业广告与民争利，为此同业公会投诉交通部："本市其他公营及军用广播电台，均于上开〔广播〕时间内兜揽商业广告，播游艺节目……间有叫卖滑头劣货……实属不应有之现象。……公营及军用广播电台依照设置规定，更应有较多之推行政令及教育、新闻等节目。"民营电台全赖营业收入以维持，今得一律转播新闻，不顾营业损失，要求有关方面制止公营电台与民争利的不当行为。①

其实之前中央广播事业管理处即有相关的节目察听制度，指出过上海广播电台"歌咏节目间有靡靡之音及广告时间过长"的问题，可上海电台以听众欢迎、广告需要之名上书辩解："本台因举办播音广告适应听众之需要，故播送时间较长。惟于放送时亦经选择，尽量减少词句肉麻之歌曲。至于乐而不淫之歌曲，纵其唱法属于靡靡之类，仍不能立时取消，否则影响广告收入极大。"②不仅屡教不改，还振振有词，由此也不难看出广播广告的乱象以及管理的软弱。

电台与广告的结合，是各取所需的结果，既为商品赢得市场，也为广播事业发展提供财力的支持，应是皆大欢喜的双赢。然而广播广告在实践中也产生种种问题，一些电台广告急功近利，又多又滥，令人生厌，还有电台主只管收取"电费"，完全脱离了对节目的管理，因此节目播出的质

---

① 《广播电台商业同业公会关于陈报公营及军用电台兜揽商业广告的呈（1948年11月22日）》，《旧中国的上海广播事业》，第759–760页。

② 《上海广播电台为广告收入不能取消靡靡之音致中央广播事业管理处呈（1946年10月17日）》，《旧中国的上海广播事业》，第634页。

量很难保证，凡此种种，民国时期也有相应的广告批评的开展。

《申报》曾有报道记录下当时广告的播报情形："恐怕没有一个国度的每只唱片播送之后，便有大批商品广告开始播送，连篇累牍地口诵着，过了半刻钟或一刻钟之后口诵完毕……听一只唱片，或是一个歌曲，几分钟播送完毕，又是一大篇商品广告的口诵。当我们听完一出《四郎探母》的名曲后，我们的广告播音员便急促地发出沙音的警告，叫听众要赶紧到××路××号××针织厂去买丝袜，要买的原因是该厂丝袜特别便宜，不买的便须记好该厂的电话号码；接着又叫你去买酱鸭和肉骨头；又叫你去买祖传的人参补药。把你麻烦一阵子之后，方才肯给你再听《贵妃醉酒》的名歌。"① 对如此喋喋不休的广告播出，听得令人心烦，甚至四五十分钟的节目穿插大量的广告，导致正场节目只播一刻钟的怪现象。

有批评者提出了听众心理与广播广告的问题探讨，认为"做无线电广告（就是报语言）须先明瞭听众的心理，才能得到真正的效力。多数的听众对于坏戏多锣鼓的报告，是十分厌恶的。在商店方面呢，当然说话愈多愈好，恨不得把全部的节目，完全宣传他们的商品物质的优良，这种见解可以说是完全错误的"，"倘使你不明瞭听众心理，以为多说多报告，一定是有效力的，结果适得其反，甚至厌恶到不愿开听，而且还会有连带引起对于该商店发生恶感的可能性。一样的耗金钱做广告，结果能获不同如此"。② 其分析得十分中肯，好的广告，在恰到好处的地方嵌插广告，听众

---

① 柳絮：《无线电听众的烦闷》，《申报》，1938年12月15日，第15版。

② 丁悚：《播送广告和听众心理》，《电声（上海）》，1934年第3卷第1期，第18页。

能在心理上有认同感，对商品和服务都留下好印象，而不是相反。

还有从社会批判的角度考察电台广告，认为无线电播音成功与失败都与广告关系密切，故电台对广告都全力以赴去竞争，"不过现在播音台的发达是畸形的，是否能够持久，是个问题！"因为"生活上必需品，像柴米油盐，那又是不要广告宣传的，需要广告宣传的，大多数是绸缎、化妆品、香烟、药物……最盛行的是花柳病的药，其次是补品才需要广告宣传，而这些都和劳苦大众无关！他们的主顾都是资产阶级"。电台广告便投其所好，为有钱有闲阶级服务，产生大量的追求感官刺激的娱乐节目，成了一个纯粹的娱乐单位，只是用来消遣。而一旦经济不景气、购买力下降，便是播音台的末日来临了。认为"无线电播音台应该注意灌输文化、培养民德、辅助教育，这几种积极的工作。不要单纯提倡娱乐，否则徒然造成少数人的机会，与社会大众是毫无益处的"。电台应"负起复兴民族的使命，别推波助澜断伤国家社会的生机"。[①]为社会大众利益，从国家和民族的传统和接受习惯来考虑，广播广告才能有可持续性发展。

总之，有电台就有广告，而有广告就难免有过多过滥和低俗化的问题，而对此电台方面始终就有一股矫正的力量，在引导、推动着广告业朝着正向的方向发展。

---

① 奚为：《播音台衰败预言》，《社会周刊》，1934年第1卷第11期，第206—208页。

第六章　民国广播的相关软硬件建设

第一节　广播研究开展及特点

广播作为科学技术的产物，是 20 世纪人类文明的重要成果之一。1920 年，世界上第一家正式的广播电台美国的 KDKA 电台诞生。广播事业作为人类社会新的组织形态，掀开了传播革命的新篇章。1920 年 8 月《东方杂志》的"科学杂俎"栏目以"用无线电传达音乐及新闻"为题，介绍广播，文中提到："最近美国 Burean of Standards 发明一种特别受音器，名曰 Portaphone。其外表与蓄音器相似，装有一匣，极便携带，无论何地，均可放置。此器能接受中央无线电发音机所发之声浪而扩大之，使其声自喇叭中传出，以布于全室。"[①] 这对当时还处在印刷媒体时代的国人来说不

---

① 《用无线电传达音乐及新闻》，《东方杂志》，1920 年第 17 卷第 15 号，第 79 页。

啻为一个科幻故事，然而技术的引进无疑是大大缩短了它走向现实的时间和距离。1923年初中国第一家电台"大陆报—中国无线电公司广播电台"在上海出现了，之后广播在中国快速发展。这不同于报章的新媒体更新了国人传播的时空观念，同时也引起人们的关注和研究。

一、广播及本体研究

广播研究首先是从科学技术的角度把握的。晚清时期西学东渐，一些涉及电报、磁电、化学电能等自然科学方面的知识开始介绍到中国。进入民国后，留学欧美和在国内接受新式教育的人员大批成长起来之后，西方的学科体系和学术内容已在中国立稳根基，与广播有关的电报、电话及无线电知识逐渐普及。

广播传播的科技基础是无线电学原理及应用。在广播之前，国人对"电报""电话"作为交通联络手段已有所认知。"我国电报，以1881年12月24日津沪线初创为嚆矢，上海的《申报》自次年1月16日起即刊载天津发来的新闻电"，电报开始进入人们日常生活。"电话则是直接传达语言，使嘴巴里吐出来的声音能够直接传达到本能力量范围以外的地方。但是藉电话传达的声音，可以接通到极远的地方，而不能使极多的人都听到。"现在这一缺憾，终于有"无线电广播"发明来弥补。广播"它能够传达得'快'，传达得'远'，又能够传达得'广'"。①

广播的出现是无线电科技发展的一个必然的逻辑，是一代接一代科学家艰辛探索，造福人类的结果。"自马克史威尔及赫芝之发明，马可尼之实验，而无线电三字，而震耀于世，遂有有线电与无线电之分别。就字面

---

① 胡道静：《新闻史上的新时代》，世界书局，1946年，第24、4页。

观察，本极明显。如学理上作探讨，则前者系电能之藉导体以传送，后者则为电能之藉电波以推进。而电波之产生，全基于电流之振荡。凭藉'以太'为媒介，挟每秒十八万六千英里之速度，远及八方，无坚不进，无孔不入；遇有特别装置之收音机械，则贴然就范，故无线电之长于有线电者，在于引用轻便，既无植杆架线之劳，更属管理简易；即遇损坏，亦限于一台，而且发于一地，达于全球。公共消息之传播，可称尽善尽美。"[①]用通俗易懂的语言，向国民解释无线电广播的发声和传播科学原理的知识。

除了技术上考察的之外，对广播有别于报章印刷文字传播的有声语言传播的认识，是广播本体性问题把握的另一个重要方面。语言学家赵元任先生在《广播须知》（1937年）中，从广播的播音方式及语言学原理的角度，阐述了广播传播基本特点。文章分为机械、声音、语言、讲稿、材料、礼貌六个方面，如在声音方面提出了"说什么声音做什么样的脸"的观点，并从人的语言活动生理学出发分析："语言本是行为的一种，所以语言中各种表情的声音与全身的动作，特别是与面部的状态，有分不开的密切关系……不要以为听众看不见就可以从头至尾板着脸说话，因为脸部肌肉的状态对于所发的声音有极大的影响的。"[②]多年来该文在广播实务和广播学研究中一直为人们所关注。

在广播的传播方式中，有关"播新闻"和"说新闻"的研究，茅盾先生在20世纪30年代的抗战时期就有过探讨，认为："当天重要新闻既有

---

① 吴道一：《我国之广播事业》，《中央广播无线电年鉴》，1929年12月编印，第2、3页。

② 赵元任：《广播须知》，《广播周报》，第135期，1937年5月1日出版，第33—36页。

中央电台和交通部上海电台在负责报告也就够了，上海其他民营电台很可以不必死板地讲读报纸，很应该把作风变换一变换。"同时提到自己听广播的一次经历，"我有一次曾经听到有将报纸上一段记载（述士兵的英勇的）用说书的方式在 retold（复述义，作者注），觉得既能通俗，又热情横溢，比之死板的逐句讲读实在好多了。"提出和"游艺界同人（特别是说书人）联合……把当天重要的新闻编成故事式"，认为"在不背事实的原则下加一点想象和渲染是必要的；而为了使故事生动加一点环境描写也是必要的"。同时结合几篇抗战的报道进行分析，使"硬性的新闻变为生动的故事"。① 无声的阅读和有声的聆听作用于人的心理感受是不同的，探讨如何用广播表现形式来报道新闻，提高这种感受力。

广播功能研究有娱乐功能、传播功能和社会教育三大作用，即："第一，安慰之使命，即关于娱乐之广播。第二，报传之使命，即关于新闻消息，经济市况，以及气候预告等之广播。第三，教养之使命，即关于教育，教养等之广播。"② 此外，还从广播内容与人们实际生活需要论述这一问题。

1942 年 1 月，国民党中央宣传部编印了《无线电宣传战》一书，认为："在宣传战中发挥着最显著效能的无线电工具已和外交策略、经济压力、军事力量并存不悖，成为对外政策的必备武器之一。"宣传战包括三个方面："第一，在国内激励士兵和人民团体精诚团结和勇于牺牲；第二，对于中立国家播送言简意赅的短评，专题讲演和新闻报道；第三，对敌人

---

① 茅盾：《对于时事播音的一点意见》，《救亡日报》，1937年8月28日，第四版。

② 黄鑑村：《广播无线电之使命》，《无线电杂志》，1934年1月出版，第6卷第1期，第57、58页。

的后方则大量放送许多驳斥性谈话和事实证据以达到消沉士气摧毁斗志的目的。"① 广播广告是通过语言和音响效果传递产品或劳务信息的，广播与广告似乎天生一对，于是电台开广告，既为广告客户解决了市场问题，又给自己增强了经济实力，发展业务，实属一举数得，有的表示"今于娱乐之中，间以广告，与宣传之效率，自无影响"。② 当然还有的更多地探讨民营台不加节制存在的问题。

民国时期广播研究大致包括广播传播特点、广播传播功能、广播宣传、广播广告、有声语言、广播战等，研究没有过多的延展，大体在广播的本体范畴，其特点有：

（一）广播研究的性质以应用性研究为主。与人文科学研究的抽象性、思辨性强的特点不同，媒介研究有具体的对象和实体机构，广播研究往往是从具体问题和操作出发，或者说是有具体对象为依托，与广播传播的互动性强。这也为以后的广播研究打下了底色，形成了广播研究的风格和传统。

这种研究不仅表现在与广播传播的业务互动，还与广播设备、器材制造互动，当年美国人奥斯邦（Osborn）办的"大陆报—中国无线电公司广播电台"，"每日于一定时间递送音乐，并出售收音机，上海居民耳目为之一新。声气所届，宁、杭、甬各地亦有购去私装者"。③ 所以在广播研究中，将与无线电广播相关的商号、公司作为研究对象的一个方面，中国早期的广播机构尤其是民营电台多为无线电机及电气材料商行、公司所开办，如

———————————

① 国民党中央宣传部编印：《无线电宣传战》，1942年，第1页。

② 陆以振：《对于播音广告之我见》，《广播周报》，1934年第9期，第26—28页。

③ 曹仲渊：《三年来上海无线电话之情形》，《东方杂志》，1924年8月15日出版，第21卷第18号，第49—66页。

新孚洋行、开洛公司等通过办广播来促销、拓展起经营的业务。这种互动对于今天的广播传播也不无启示。

（二）研究主体人员专业化程度高。比较报章而言，广播传播的技术含量较高。这一时期的广播研究者，是该领域的先行者和开拓者，这一状况也就决定了研究者少而精的特点。"中国无线电俱乐部""上海无线电话艺术会"等集多人而成会的组织，人数多为一二十人，但有博士列其间。如曹仲渊（1892—1972），1916年毕业于南京海军雷电学校无线电专科，曾留学英国、德国攻读无线电工程专业，著有《马可尼传》《无线电发明及发展史》。吴道一（1893—2003），上海交通大学电机系毕业，1928年参与筹建"中央广播电台"，后任该台主任、台长，1936年起先后任国民党中央广播事业管理处处长，曾多次出国考察欧美广播事业和参加国际广播会议，著有《我国之广播事业》《八年来的中央广播电台》等。吴保丰（1899—1963），毕业于上海交通大学电机科，1929年获美国密歇根大学电机硕士，著有《十年来的中国广播事业》等。

与专业化程度高相联系的是研究主体人员与外界的联系密切，换句话说研究的对外开放达到较高的水准，研究人员拥有高学历和留学经历之外，国外无线电方面的专家也来到中国。其中值得一提的是，1933年12月，意大利无线电发明家、1909年诺贝尔物理奖获得者马可尼来华先后访问了北平、南京和上海。其间到中央广播电台参观讲演，在交大容闳堂，马可尼出席了由中央研究院蔡元培院长主持的沪上十四学术团体茶话欢迎会，并为交大电台树基。《申报》于1933年12月9日第41期"无线电"周刊专门编发一期"欢迎马可尼专号"，希望"吾国民众得共瞻发明家的风采，提高研究无线电兴趣，藉以促进中国无线电事业的进步"。[①] 显示与世界保持着开放的态度，至少在知识菁英方面是如此。

（三）研究领域与研究状况上，研究涉及面尚可，体系有待建立。这一时期有关广播研究的专著有资料统计大约十本，[②] 主要是侧重于无线电技术的常识与普及教育。有关广播的研究文章内容丰富，尤其是广播专业期刊如《中国无线电》（苏祖国主编，亚美无线电公司编印，1933年创刊），《播音二周刊》（上海市公用局广播无线电管理处印行，1936年创刊），《播音教育月刊》（教育部社会教育司编辑，商务印书馆出版，1936年）等。特别是《广播周报》[③] 的出版，为广播研究提供一个专业平台，发表了诸多的文章。该刊第188期编后（封二）提出："今后本刊以介绍世界广播理论、广播动态为主要的特征，由此我们可以供给从事国内广播事业者之参与。"表明了办刊的方针从刊登介绍广播内容到注重研究广播方面的调整。此后，《广播周报》发表了诸多研究性的文章，如陈立夫的《广播与教育》（第190期）、海涛的《提倡广播批判与提高广播文化》（第191期）、潘公展的《广播与文化》（第192期）。赵炳良翻译《广播的政治作用》（第188期），徐学铠翻译《播音节目之建立》（第188、189、190期）、《播音讲话的形式问题》（第193期）等，之后还有《广播周报》编辑《广播新闻的编辑和报告》（复刊第2期）、潘启元《广播人物素描》（复刊第7期）、

---

① 记者：《欢迎马克尼来华》，《申报》1933年12月9日"无线电"专栏，第十三版。

② 参见北京图书馆编《民国时期总书目》（1911—1949）（文化科学艺术卷），书目文献出版社，1994年。

③ 《广播周报》是由国民党中央广播无线电台管理处及中央广播电台创办、主办的广播专业期刊，从1934年9月至1948年12月，前后共刊行14年，因抗战原因，该刊经历了南京、重庆、南京三个出版阶段，中间有过停刊，共出版312期。

林华的《广播内容与播音技巧》（复刊第 13 期），编译连载《广播常识》，等等。在研究方法上，有师心自用，有感而发，有调查统计实证分析，有翻译介绍、中外比较等。

对广播的认知和研究决定于广播作为大众传播媒介对社会和国民的影响程度。总体上，民国时期（1920—1949）对广播的认知已达到同时期和世界基本同步，有关广播研究面已铺开，但在学理的探索和体系的建构上，仍然还有许多工作要做。这些对今天的广播电视学科建设不无启示，为此，研究者应树立起相关学术研究的历史意识。

二、广播听众的研究

媒介与受众的关系是新闻学与传播学研究的一个重要领域。随着广播事业的发展，广播工作者也关注听众在传播中的地位和作用，为此也开展这方面的业务探讨活动。相关文献整理主要有以下内容：一是收集听众的意见及反馈交流；二是介绍国外广播的听众研究；三是开展听众调查工作。

（一）收集听众的意见及反馈交流

民国时期出版过各种类型广播期刊，有广播事业管理机构的，有广播电台的，有广播爱好者及相关协会的，这些广播期刊有的出版相对完整，出版的时间也长，如（国民党）中央广播事业管理处编印的专业刊物《广播周报》；而有些广播期刊则出版时间不长，也缺乏完整的文献记录。刊物中设有与听众沟通、交流的栏目，如《广播周报》的"听众服务""听众意见"；《大美电台周刊》的"听众信箱"；《胜利无线电》的"听众园地"；《电声》的"听众呼声"等，所反映的内容多样，有咨询求助的；有报告收听状况的；有建议提议的；等等，虽多为三言两语，但为把握和研究中国广播初期听众的一般状况提供了实证材料。

因广播在当时还是一种新媒体，所以，有许多栏目常有听众反映和咨询无线电接受、收音机器材等技术方面的问题，刊物则提供专业基础服务，如《广播周报》的"听众讯问"专门解答这方面的问题，如"河北石门中正路四七号古鸿钧君问：请教设计扩大机上所用输入输出变压器及传话变压器，并将公示知为感"。① "镇江大西路七〇七号张慰慈先生问：普通收音机天线长度及高度应为若干"。② "安徽无为十字街西童兴祥先生问：（一）请代绘最新矿石机线路图？（二）附上矿石检波一灯收音机线路，按此收音机收听中央台声音宏亮，别台声音微弱，反不如三回路再生式一灯收音机，请赐知何故？"③ 等等，有关无线电专业技术人员一一给予解答。从中可知这些听众来函是要解决具体问题，与电台交流时有着明确的目的和强烈的动机，他们是听众同时兼具广播无线电"发烧友"，较之普通听众，对广播的忠诚度更高，对家庭成员及周边人所产生的广播影响也会更大些，就刊物而言需要重视、呵护好这批读者，悉心解答问题，做好服务工作。

有意思的是当时国内外无线电爱好者有收听报告惯例，即收听到某台广播节目时，会写信报告自己所在地点、收听时间、内容、收听是否清晰等事关传播覆盖、效果等信息，而电台也非常在意这些信息，加以汇编报告。《无线电》曾发专文《国外听众收音报告之一角》，介绍"中央广播电

---

① 《广播周报》，1947年9月21日出版，复刊54期总第250期，第11页。

② 《广播周报》，1947年9月28日出版，复刊55期总第251期，第12页。

③ 《广播周报》，1947年10月5日出版，复刊56期总第252期，第11页。

台"在世界各地的传播情况：

1. 一九三三年九月十四日，美国加利福利亚省恩西尼塔（Encinitas），伦特夫亨特（Raudalph Hunt）报告（按该地距京约 10500 公里）。去冬今夏曾在收音机上六百八十千周波处，收得贵台音波，惟因稍有滋扰未获良果。本晨三时三十五分起至四时二十分止（约合南京时间下午七时三十五分至八时二十分），在六五五千周波处闻得 XGOA 呼号及各种音乐与报告，此显为新用之周率，音波非常清晰，为自收听以来之最佳者。

2. 一九三三年十一月二十三日，澳洲维多利亚，乌鲁比那（Wurrumbeena），丹登朗路（Dandenong Rd）七〇二号莱斯（Ernest E.Rice）报告（按该地距京约 8700 公里）。昨夜十一时四十五分（约合南京时间下午九时五十五分），曾用七灯超等外差式具有推挽放大级之收音机及高约三十五呎长五十呎之室外天线，收到贵台播音。适为一女子报告，音浪清响，可供扩音器收听。间有静电，无衰落现象。① 此外，还有阿拉斯加、新加坡十二份听众的收听报告，它们是从七百余份海外听众来函报告中挑选出来的，可谓"音波所及，几达全世界"，这些对了解当时广播传播的覆盖范围和相应的影响提供了佐证。

在听众反馈中，有相当的内容是关于收听意见和建议。《电声》的"听众呼声"栏目中发了一篇听众来信，提出"筹设妇孺电台"的建议。认为："四万万同胞中我们妇孺起码是占着大半数。可是国内电台虽然是多如林立，却没有吾们妇孺电台。"作者也清楚知道，要办特定收听对象的电台并非易事，"照现在目今电台近状，不要说妇孺电台，就是电台上的妇孺节目，也是少见"，而通过观察当时一些宗教电台的运行和传播状况，还

---

① 《国外听众收音报告之一角》，《无线电》，1934年，第1卷第3期，第29页。

是颇有信心："只要合群努力没有不成的，你看佛音福音（两电台名，作者注）怎样成立的，不是单靠他们信徒的帮助么。"①从现代传播学观点考察，此建议的深刻之处在于，触及了受众细分，电台定位等传媒市场分工的专业化及发展趋势问题，无疑是符合广播传播规律，而在20世纪30年代即有此主张，这一认识还是相当超前的。

此外，有热心听众，对所收听的广播节目认真地思考，整理、反馈给电台。对此，作为传播一方，自然非常重视这些送上门来的受众意见。《广播周报》曾发表听众鹗的《听众需要的是什么》一文，表示："机件是电台的生命，而节目便是电台的灵魂，一个电台的节目，如果不能在听众的心坎中起同情的感动，仍然算不得有了灵魂。……要表现一个电台的灵魂，惟一的原则是适合现实，换句话说，便是要认识时代。现在的中国人多半是由醉生梦死而于麻木不仁的状态中，在这样的一个环境下，最需要的是一种兴奋剂。"②作者认为：兴奋剂可分坏的和好的两种，坏的诸如吸烟、赌牌，甚至抽鸦片吗啡，而提供健康向上的节目应是好的兴奋剂。"现在所倡导的新生活运动，便是想来消灭这种坏的兴奋剂，但是积极方面须有一种好的兴奋剂来替代才行，播音节目是一种最好的推进器，如果把这个灵魂深入多数人心，移风易俗是不难办到"。对此《广播周报》编辑表示："所见甚是，我们对于听众批评节目的意见，极愿虚怀接受。"③

当然听众意见千差万别，有许多带有个人主观倾向，彼此甚至有冲

---

① 玉：《筹设妇孺电台》，《电声（上海）》，1934年，第3卷第18期，第357页。

② 鹗：《听众需要的是什么》，《广播周报》，1934年10月12日出版，第6期，第29页。

③ 鹗：《听众需要的是什么》，《广播周报》，1934年10月12日出版，第6期，第30页。

突，往往令电台颇感众口难调。中央广播电台曾在"听众意见"栏，集中答复听众较为关注问题时，对此也有沟通解释："苏杭人士可评弹词之优劣，而不应议及打鼓或闽粤曲之取消；燕鲁听众宜评打鼓之优劣，亦不应议及弹词之可取消。须知敝台支配节目以全国著想，不能局于一隅。"① 对待广播节目的问题，尤其是像中央广播电台，听众面广，东南西北中各地都有，有时也需要引导听众要合理地看待这一问题。

还有热心听众，做调查研究，进行较为深入的分析思考，一位叫敖惠陶的听众，曾对节目编排提出了较为系统的看法：

一、各种节目分配之时间殊有再加考虑之必要，因中央电台节目日间播音，除首都及其附近各地，可以收听外，其他各处，非完美之收音机，不能收听清晰，故凡有关于全国听众之节目，须尽量移至晚间……

二、新歌曲演讲故事，与全国听众最有兴趣而有益处，亦应设法移至晚间广播，且所演讲之故事，多半关于古今名人轶事，如能使全国听众得以收听，实足以引起全国人民之兴奋。

三、晚间时候有限，所播节目自然不能太多，为分配妥当起见，应将不关于全国听众之节目移至日间，又如广播军乐时间，亦可缩短。②

上述意见结合节目内容、播出时间以及不同地域听众的收听方式、作息规律，分析得有理有据，由于大气环境对电离层的影响，一般而言晚间无线电波信号传播相对稳定，各地听众收听效果较好，提出面向全国听众的节目，尽量放在晚间，颇有见地，对电台工作的改进极具参考价值和操作性。故编辑也赞赏有加，称其："所说各点，能从客观立言，为大众着

---

① "听众意见"栏目，《广播周报》，1935年3月23日出版，第27期，第39页。
② 《敖惠陶君来函》，《广播周报》，1934年10月12日出版，第6期，第30页。

想，为全国谋利，实不易得。"①电台方面博采众家之长，与听众之间开展友好互动。

此外，听众指出播音"江浙时调，词句类欠雅正"，提出"普及和推广国语""减少方言报告"，建议将"所播爱国救国等之歌曲词登入周报"等，都颇具专业水准，电台方面则非常欣赏、看重，予以积极回应，及时进行相关的调整。广播传播史考察，正是传者与受众积极互动，了解听众的需求，使得广播节目内容和形式不断调整、改进，广播的传播效能也由此得到提升。

在电台与听众交流中，还有对交流渠道及状况的介绍，主要是通过听众来函、来电方式。上海"大美电台"有统计，一周收到信件："本埠五三七封，外埠四五三封，每日平均一四二封。"接到电话："本埠三四七三次，外埠三一次，共计三五〇四次，每日平均五〇一次（外埠包括大场、南翔、浦东、苏州、无锡、杭州均系长途电话）。"②而内容有"谬奖""建议""点唱"等，从中可了解该台与听众交流很密切，尤其已采用电话交流反馈且效率奇高，平均每天能达五百次之多，这种广播与电话的结合，也印证了不同媒介间的融合早已有之，是一个历史现象。

（二）介绍国外广播的听众研究

欧美国家无线电技术发达，其广播事业包括电台数、发射功率、收音机及听众数等都处在世界领先地位，故相应的广播研究开展较早，其中听

---

① 《敖惠陶君来函》，《广播周报》，1934年10月12日出版，第6期，第30页。

② 《每周统计》，《大美电台周刊》创刊号，1946年1月10日出版，第5页。统计时间段为1945年12月30日至1946年1月5日。

众方面的研究有了一定的积累。

国外同行的相关研究，也引起当时广播人的关注，并陆续有这方面的介绍性文章。

《三六九画报》的"世界知识"栏目，在1941年刊登一篇译文《印刷品与无线竞争下的读者与听众》，详细介绍了美国波士顿大学法学院所主持的一个无线电的研究方案，他们从全国各地搜集了以各种无线电听众为对象，所做的个案调查与访问而形成的大量材料，再进行统计、分析和讨论。研究人员"把人民按着收入及教育水准的高低依次分类，结果，他们发现水准愈高的人愈喜读印刷物，水准愈低的人愈喜听无线电"。对此研究还就具体的节目内容进行了细化探讨："分析了那些印刷物竞争的无线电所广播的报告、新闻，以及政治评论等节目。前后附合起来，他们得到了一个很有趣味的结果，那就是，教育程度愈低的人，愈不喜欢听以上所说的那些节目，反之，爱读书的人也时常爱听这些正当的节目。换句话说，就是大多数人们喜欢听那些逗笑的小故事同每日续讲的长篇小说之类；对于政治的讲演，世界的报道，以及文学讲话之类，则是掩耳不闻。"[1] 对无线电听众增多，一般人易被引诱趋于低级趣味的现象，研究给予提醒。

这一研究比较阅读和收听方式与影响认为：读的时候聚集注意力，可任意选择材料，速度的选择等，印刷品和无线电竞争的一个基本状况是："读书虽然比较费些脑力，可是在知识上之获得却远胜于听了，那么无线电将要代替印刷品而起的可能性，无疑是很渺茫了。无线电是可能变为普及教育的一个重要因素，可是其效力也要视其给听众们于获取知识及演讲

---

① 旭译：《印刷品与无线竞争下的读者与听众》，《三六九画报》，1941年，第11卷第15期，第2页。

要义上的兴趣之高低而定。"[1] 由此可知，关于报刊媒体和广播媒体的竞争及对受众的影响，在广播出现不久国外的研究即予以关注，其研究方法是建立在大量数据基础之上的实证研究，分析合理，结论也是有说服力的。

受众研究是传播学研究的一个重要领域。报刊可以通过发行量来分析把握自己的读者，电影院可以通过票房检测影片的成败，而无线电广播如何把握听众节目收听状况，这似乎成了新媒体遇到的新问题。《浙江记者》于1948年发文，专门介绍英国广播公司的听众研究。英国广播公司从1936年起就设立了一个部门——"听众研究组"，目的就是解决广播如何像报刊、电影院把握受众那样把握自己的听众。

其研究在数据采集和分析方面有一套严谨的程序和方法："第一点是要决定每一种节目究竟有多少听众，这是从所谓'采访意见'入手的；两百名取薪给的兼职助理员每天在英国各部成人群中做三千次的访问，这样的助理员共有八百名。访问的时候特别要选择足以代表全国人口的一个横截面。每个调查员每天所访问的十五个人中间，八个应当是女子，七个是男子；这十五个人七个必须是差不多整天留在家里的人如家庭主妇或靠养老金生活的人之类；一个必须是有职业的男子或女子，四个属于较低的中等社会，十个属于劳工阶级。至于年龄，也要相当于全国人口的成分：一个是在十六岁和二十岁之间，三个在二十岁和三十岁之间，六个在三十岁和五十岁之间，五个在五十岁以上。"调查员向三十个被访问的人所提出的问题都是关于前一天广播节目种种问题，例如："你开无线电没有？什么时候开的？听的什么节目？白天听了没有？是工作时间收听的还是吃午

---

① 旭译：《印刷品与无线竞争下的读者与听众》，《三六九画报》，1941年，第11卷第15期，第4页。

饭时候收听的？晚上呢？"①

以上是听众样本的数据采样，之后"听众研究组"分析各种节目受听众欢迎的程度。"这是件由三千六百名义务批评家担任的，他们也是代表着英国人口的成分。这些人都是英国广播公司的一般听众，为本人对这件工作的兴趣自动为公司服务的，他们每人每星期两次得着一大张的问题，问到一个剧本的就有这样的问题：'你喜欢那种扮演吗？制作呢？你可喜欢那只剧本？'这些问题的答案归纳成下面的几类的：'最好——很好——十分好——不好——很不好'，纸上还留空白地位给听众们写特殊的见解或者写出这项节目特别好或特别坏的地方。答案收集在一起以后便由'听众研究组'编成表册，每项广播节目根据它受欢迎的程度被编在上述五类中的一类里。"②

英国广播公司的听众研究工作开展得扎实、深入，数据科学，评价也相当客观，如研究显示：之前对报纸政治消息不在意的人，"二战"期间，都迫不及待地要听英国广播公司的新闻报告，当时英国人口中百分之四十三到五十之间都听晚上九点钟的消息等。这种研究对于密切电台与听众关系，提升节目质量和传播水准，无疑具有积极作用，而英国的"无线电听众都有一种很正当的感觉，他们知道他们的鉴赏力和愿望都在被研究着和重视着"。③为此也给世人留下英国的广播听众整体素质较高的印象，

---

① 新英：《英国广播公司是怎样分析听众的》，《浙江记者》，1948年第1卷第5、6期，第25页。

② 新英：《英国广播公司是怎样分析听众的》，《浙江记者》，1948年第1卷第5、6期，第25页。

③ 新英：《英国广播公司是怎样分析听众的》，《浙江记者》，1948年第1卷第5、6期，第25页。

这些也给民国时期的广播人留有突出的印象。

科学的听众研究、听众调查是建立在"大数据"基础上的，需要采集众多数据信息再进行统计分析，需要科学的方法以及相应的软硬设备系统，这些在今天高新技术发达的时代，也许算不上难事。那么，在广播兴起的早期年代如何实现？1935年，《申报》曾发表文章介绍美国《广播电台征求听众意见的新方法》："美国WRO广播电台在音乐节目完毕后，报告员报告：'请现在本城收听本台节目的，开亮一只40瓦特的电灯，开后随即关去。'数分钟后又报告：'请喜欢这节目的，亦照样开下电灯。'最后报告员又请不喜欢这节目的开一下电灯。不到一分钟电台上已经知道本地的六万人民中，有百分之十人在收听，而这收听的人中，百分之九十五对这节目表达满意。"这一新方法是纽约无线电专家霍泼斯金氏（Hopking）发明的，其原理简单："因为当几千几百的听众同时开上一个电灯，电厂的负载（Lord）当然发生很大的变动，这种变动就由'自动记录器'记下，当播音台中特备一具副的自动记录器，从这记录下的三次变动的大小，电台就可以算出上面三个问题的答案，换句话说，就可以知道听众的意见。"①美国的广播市场化程度高，故千方百计想要了解听众的收听兴趣，作为调整节目的依据。

传统了解听众意见的方法，如写信或访谈，但费时费力，此方法来获取听众收听率及对节目的评价，及时易行且颇具想象力，又不乏趣味性，反映出那时广播研究者的善于思考和大胆实践，对于在小城镇的收听环境中的早期广播，也还是具有可操作性的。

---

① 《广播电台征求听众意见的新方法（录申报）》，《广播周报》，1935年5月11日出版，第34期，第46页。

（三）开展听众调查工作

前文提到的收集、整理听众意见等内容，为听众个体主动反映出来的，对电台而言还是某种坐等行为，其所获得的听众信息也相对零散。而有一定规模、系统的听众调查，则是媒体主动出击，收集、建立完整的收听数据，这无疑是听众研究的深化。民国时期的听众研究也开始涉及这方面的业务。有文献记载，1934年，《广播周报》在刊登听众鄂君对节目的意见（见前文）时，编辑加按语表示："我们对于听众批评节目的意见，极愿虚怀接受，本处曾为征集本京听众意见起见，发出调查表数千张，结果，得到回信者仅一千九百六十五人，发表意见者五百三十三人，无意见者一千四百四十二人，占百分之七十三，拿这点看起来，可以证明南京听众对于节目方面好不好，是多数漠不注意的，在南京如此，其他各地，亦可想而知。……惟我们为这个方案，虽努力去征集，而所得到的仅有的意见，有多偏重主观。"[1]这段文字可作为从事过听众调查的旁证，可惜这五百多位听众具体意见如何，缺乏详细的整理，或暂无文献资料的发现。

另据林华在《广播内容与播音技巧》一文中提道："节目内容与听众爱好的调查，是一种有趣的工作，过去我们很少想到去做……徐州是一个有三千架左右收音机听户的电台，曾经做了一次百人爱好的简略调查，现将调查所得列表介绍如下。"此表将节目分为新闻、演讲、儿童节目、国乐、西乐、歌咏、话剧、平剧、杂曲等九项横向排列，再用一个10到100共十档的纵坐标示意，显示出一个粗略对应数值，除演讲、儿童节目

<hr/>

① 鄂：《听众需要的是什么》，《广播周报》，1934年10月12日出版，第6期，第30页。

外，其他数值都超过 50，其中新闻、平剧达到 100。① 文中对徐州台的这次听众调查只是寥寥数语，顺带提及，其调查统计本身也很简单，但所体现意识和行为值得肯定。

抗战结束后，为了了解听众的基本状况和对节目的意见，改进广播工作，《广播周报》开展过一次听众调查，这次听众调查有较为完整的资料。1946 年 9 月，由《广播周报》复刊第 2 期、第 3 期随刊发放了一万多张单张活页的"征求听众意见"表格，活页为双面印刷，按划线由外向内折叠后即形成印有回邮地址的信封，内面为本次调查的表格，回收有 177 份，本次听众调查的详细内容见第四章第二节。

中国广播事业发展的历史，应包含不同性质、类型的电台，以及传播过程的各个环节的内容，政治评价、专业评价等为其中的不同视角，多元呈现才能还原历史的真实，学术研究对此应有全面的覆盖。民国时期广播听众的研究，是广播史研究的应有之义，其本身也为广播电视的知识生成、学科积淀提供了重要内容，通过对相关文献资料分析考察，那一时期的听众研究可以归纳如下特点：

（一）听众意识的初步确立，并着手建立与听众沟通交流的渠道。从传播学原理出发，受众是接收端，一个完整、有效的传播，必须有受众的充分介入，民国时期的广播事业当然也注意到这些，并通过广播期刊开辟相应的栏目，收集听众信息与反馈，从而吸取意见、改进节目，更好地为听众服务。

（二）系统的听众研究尚未展开，多为介绍广播发达国家的一些经验

---

① 参见林华：《广播内容与播音技巧》，《广播周报》，1946年11月24日出版，复刊第13期总第209期，第3页。

和做法。民国时期广播事业从无到有，而中国地域辽阔且各地广播发展差别巨大，相对而言宁沪地区较为发达。广播首先面临着事业发展问题，在此基础上进而生成听众研究的议题，故开始有广播人关注广播发达国家为如何办好广播所做的听众研究，并将其陆续介绍到国内，为本土化及系统的听众研究做铺垫准备。

（三）听众调查迈出了第一步，然尚显稚嫩。从 1946 年《广播周报》的听众调查可以发现，发放上万份调查表格仅回收 177 份，回收率只有 1.77%，这个比例实在太低，样本太少，影响数据的准确性和客观性。显然，对当时的广播人来说，从事听众调查完全是个初步尝试，缺乏经验，采用的是漫天撒网捕鱼的方式，没有严谨的工作流程和调查人员的落实，调查过程较松散，组织策划程度也不高，作为参照，这些不足对于完善受众调查有特别的反思意义。

第二节　民国时期的广播类期刊探析

一、广播类期刊出版的背景与概况

民国时期承接肇始晚清的西学东渐影响，中国社会有了从传统向现代化转型的新气象，在出版领域，现代印刷技术、出版机构及出版理念已发展成熟起来，进而带动期刊业的成长。期刊作为一种内容相对专门化的定期出版物，与报纸、书籍相比，在把握读者群体的年龄、职业、教育、收入、爱好等能力方面有其特殊的品质，作为一种现代媒介，期刊出版在民国时期有了长足进步，几乎不同领域、不同行业都陆续有了自己的期刊，同时也培育了期刊的读者群体。

彼时，广播作为一种电子新媒体，于 1920 年在美国诞生，同年《东方杂志》即刊文《用无线电传达音乐及新闻》，向国人介绍广播。1923 年 1 月，中国第一家电台"大陆报—中国无线电公司广播电台"由美国人奥斯邦（Osborn）在上海创办，该台："每日于一定时间递送音乐，并出售收音机，一时上海居民耳目为之一新。声气所届，宁、杭、甬各地亦有购去私装者。此为在吾国公然以无线电播送音乐之嚆矢。""城市居民无论矣，即农夫、走贩之家，每喜装置一收话机……按时收听，以供家庭娱乐。"[①] 为中国广播出现情形之写照。经过十多年的发展至 1937 年抗战前，中国广播电台数量已达 91 座，仅次于美国，为世界第二。[②] 民众对广播的好奇向往，广播电台发展都有一定的基础，中国进入了广播媒体时代。

社会大众一方面需要了解广播新知识，另一方面对广播传播需求程度也愈高，一批广播类期刊应运而生。民国时期曾出版过约六十家广播类期刊（为不完全统计，另因广播是科技的产物，故"无线电"和"广播"常归同一领域同义语使用），具体有：

《标准无线电》《大华无线电》《无线电半月刊》《无线电波旬刊》《凤鸣无线电新闻周报》《广播无线电》《国防无线电》《好友无线电》《电通无线电》《灵电无线电》《现代无线电》《上海市教育局无线电播音演讲集》《上海无线电》《上海无线电节目》《胜利无线电》《胜利无线电节目月刊》《实用无线电杂》《无线电（南京 1934）》《无线电（上海 1939）》《无线

---

① 曹仲渊：《三年来上海无线电话之情形》，《东方杂志》，1924年8月15日出版，第21卷第18期，第49–66页。

② 参见殷增芳：《中国广播无线电事业》，燕京大学学士论文，1939年，第一章表三。

电月刊》《无线电波》《无线电精华》《无线电世界》《无线电特刊》《无线电问答汇刊》《无线电新报》《无线电月报》《无线电杂志（上海 1932）》《无线电杂志（上海 1947）》《无线电周刊汇编》《新声无线电》《亚洲无线电月刊》《应用无线电》《应用无线电集》《中国无线电》《中华无线电学校同学会会刊》《敌方广播新闻纪要》《福音广播季刊》《广播半月刊（上海）》《广播半月刊（天津）》《广播歌剧选》《广播评论》《广播世界》《广播无线电》《广播之友》《广播周报》《交通部上海广播电台半月刊》《万国广播电台开幕特刊》《中国广播月刊》《大美电台周刊》《电声（上海）》《播音二周刊》《播音教育月刊》《播音天地》《电影与播音》《凤鸣播音月刊》《国际播音》《中国播音特刊》《咪咪集》等①。种类繁多，出版时间长短不一，很多是无线电技术普及读物，这些出版物为中国广播无线电事业的繁荣发展都各有贡献。

二、民国广播类期刊出版的特点

研读这些广播类期刊文本，可从以下方面把握其出版特点：

（一）出版者与内容方面

办刊主体多元化。有广播事业管理机构办的，如（国民党）"中央广播电台管理处"（后改称中央广播事业管理处）的《无线电》《广播周刊》；有政府相关部门办的，如《播音教育月刊》为教育部社会教育司编辑；有相关协会、组织办的，如"中国业余无线电社"办的《无线电杂志》，基

---

① 笔者查阅国图、上图、南图、中国传媒大学广播电视史志资料中心以及"全国报刊索引"数据库等文献统计。

督教组织福音广播社的《福音广播季刊》；有高校办的，如金陵大学理学院的《电影与播音》；有广播电台办的，如《大美电台周刊》；有无线电器材厂商办的，如胜利无线电公司编的《胜利无线电》；还有广告公司办的，如元昌广告公司的《咪咪集》；等等。

与多元的主体相关的是主体的多重身份，如广播家、工程师苏祖国（1904—1980），创办亚美无线电公司、亚美广播电台，还担任上海民营广播电台同业公会副理事长，同时编辑出版《无线电问答汇刊》《中国无线电》，其刊物注重无线电技术问题，培养广播爱好者，从不同角度为无线电广播事业发展代言。这种多元化现象，在当时的广播期刊中很普遍，在杂志出版业中也颇具特色。

期刊内容主要涉及三个方面：一是有关广播无线电知识、技术与器材，诸如收音机组装、天线设置等；二是涉及广播收听消费的服务、交流与指导，如电台节目表、节目内容文字稿等；三是介绍广播传播活动与事业发展的相关探讨，如广播的教育意义、文化功能、国内外广播事业概况等。具体内容因主办方的不同而各有侧重：如《福音广播季刊》除了讲经布道内容外，还大量刊登医药卫生健康方面的知识，在其"福音播音信箱"栏目中，每期都有诸多这方面内容和听众交流、反馈，这与西方传教活动的路径和传统有着密切的关联；而《实用无线电杂志》为"中雍无线电机厂"主办，常有呼吁无线电器材用国货的内容。

《咪咪集》为元昌广告公司发行，主打广播娱乐，内容主要有元昌广告公司广播电台的机构消息、弹词开篇、商业介绍、出品推广、广播情况、广播预告、歌曲等。刊物自身广告为："广告是宣传商业的利器，无线电宣传是广告的急先锋"（见该刊封底），即可作为把握其内容关系构成的解码钥匙。

相较而言，由官方机构主办的《广播周报》与纯技术类、娱乐类不同，为普及引导性读物，知识教育与娱乐审美并重。内容有已播的言论、演讲、各种常识、儿童节目的稿件，及待播出的话剧原稿、平剧、闽曲、粤剧、弹词等剧词或乐谱；此外还有广播节目表、广播专文以及介绍中国和外国广播事业的文章等，凸显了严谨性和专业性。

（二）出版地点与时间方面

就刊物出版地而言，上述六十家主要集中在上海达 45 家，其次南京 6 家，重庆 3 家，杭州 2 家，北平 1 家，天津 1 家，不详 2 家。

上海城市开埠早，从 19 世纪末开始逐渐演变成为中国的经济、文化中心，大量接触到来自西方技术、知识、生活方式等内容，各方面启蒙开展得也早，是当时中国现代化程度最高的大都市，其印刷出版业、广播业发达，故成为广播期刊出版的集中地；南京作为民国时期的首都，"中央广播电台"及其管理机构所在地，也有相应的广播期刊出版与之匹配；重庆是抗战中的陪都，因有大量的媒体迁徙聚集在此而产生影响。

从出版时间考察，20 世纪 30 年代至全面抗战爆发前，达到高峰。抗战期间，人员颠沛流离、物资设备匮乏，许多刊物停办。抗战胜利后有陆续恢复，然时局变化很快，故上述期刊大部分出版时间都不长，也缺乏系统的资料保存（有的甚至现在只能看到两三期），其中出版时间长，并得以完整保留的，当属（国民党）中央广播事业管理处编印的《广播周报》，该刊于 1934 年 9 月在南京创刊，抗战时期迁重庆出版，1948 年 12 月终刊，共出 312 期。该刊与"中央广播电台"相互依托，可谓强强联手，故影响大、范围广，持续时间长。

所考察的六十份广播刊物还存在种种流变，如 1932 年出版、苏祖国主编的《无线电问答汇刊》，1933 年更名为《中国无线电》，而其栏目、风格相似。

（三）刊物形态与发行方面

这些刊物版式大小不一，基本都为 16 开，如《广播周报》《无线电杂志》等，《中国无线电》《电影与播音》为 32 开，而《咪咪集》为少见的 64 开，类似口袋书，便于携带阅读。刊物页码范围从十几到百八十页不等，以四十上下居多。抗战期间能在大后方继续出版的刊物如《广播周报》《电影与播音》，页码都有一半左右的缩减，且原先使用的进口纸张，因战时物资紧张不易得之，改用草纸替代，印刷也不够清晰，然能坚守办刊理想，为中国广播文化续脉，给后人留下宝贵的研究史料。

当时广播期刊的发行及发行量等，因完整的文献史料不多，尚属研究空白。一般渠道是通过各地书店、书局代订代购，也有直接从编辑部函购。在刊物中可发现零星记载：《大美电台周报》在《订阅本报办法》提道："每月出四期，四期共只收印刷费及邮资费计法币两百正（整），……请汇款或请寄邮票，向《大美电台周报》编辑部，直接订阅。"[①]《无线电》刊发《〈广播周报〉百期纪念征求定户》有："定价五分""是一个严整而风趣的刊物""现有定户二万户"等。[②]《无线电杂志》在其广告插页显示："'广播周报'（民国二十三年 9 月发行）现销数 1.5 万册，'无线电月刊'（即《无线电》，民国二十三年 2 月发行）现销数 5000 册。"[③]

---

① 《订阅本报办法》，《大美电台周报》，1946年创刊号，第2页。

② 《〈广播周报〉百期纪念征求定户》，《无线电》，1936年，第3卷第9期，第64页。

③ 见《无线电杂志》，1936年，第11卷第4—5期，广告插页。

《中国无线电》的"读者论坛"告知："本刊发行量四千份，增加稿费每千字至少四元。"①

民国时期期刊发行量能数以千计，当属办刊成绩不俗的，尤其是突破万份的《广播周报》（具体数据由于资料来源和时间段的不同，有所不同），秘诀之一在于刊登各地主要电台的节目预告表，便于听众按图索骥收听，读者对象面向全国，规模可观，故推测应属当时发行量最高的广播类期刊。

此外，《福音广播季刊》出版形式也较为特别，前半部分为中文，后半部分为英文，可对照阅读。该刊主编王完白在刊物《前奏曲》中表示："季刊取材，仍中英文并存，盖本电台播音节目，亦有一部分用英文，使国内外侨，国外华侨，亦有闻道之机会。"②这种中英文参半的现象在中国期刊史上不多见，为学习英文提供了方便。

（四）刊物与读者互动方面

各类刊物尽管宗旨目标差异有别，但在争取读者扩大影响上都是一致的。广播类期刊在与读者交流，服务听众环节上也是不遗余力，设立了各种栏目。如《广播周报》的"听众服务""听众意见"；《大美电台周刊》的"听众信箱"；《胜利无线电》的"听众园地"；《电声》的"听众呼声"等。双方交流互动热络，有咨询求助、报告收听、建议反馈，等等。

因广播还是一种新兴媒体，读者及听众常有许多技术问题求教刊物，如《广播周报》的"听众讯问"专门提供此类服务，诸如"安徽无为十字

---

① 《读者论坛》，《中国无线电》，1941年，第9卷第6期，第207、208页。
② 王完白：《前奏曲》，《福音广播季刊》，1936年10—12月，第1页。

街西童兴祥先生问：（一）请代绘最新矿石机线路图？（二）附上矿石检波一灯收音机线路，按此收音机收听中央台声音宏亮，别台声音微弱，反不如三回路再生式一灯收音机，请赐知何故？"①等，无线电专业技术人员在刊物上一一给予回复解答。

有趣的是当时的国内外无线电爱好者，在收听到某电台广播时，会写信反馈报告自己所在地点、收听时间、内容、是否清晰等信息，而电台也比较在意这些信息收集与发布。《无线电》曾刊文《国外听众收音报告之一角》，表示中央台成立以来"音波所及，几达全世界，海外听众来函报告收听情形者"。②计有美国、澳大利亚、阿拉斯加、新加坡等地十二份听众的收听报告，这对了解当时广播传播的覆盖范围和影响等提供了实证材料。

在听众反馈中，有大量的收听意见和建议。如《电声》（上海）的"听众呼声"栏目中，有听众来信建议"筹设妇孺电台"，认为："四万万同胞中我们妇孺，起码是占着大半数。可是国内电台虽然是多如林立，却没有吾们妇孺电台。"③故提议开办以妇女儿童为特定收听对象的电台。从现代传播学观点考察，此建议涉及受众细分、媒介定位等传媒专业化、市场化的前沿问题，而在 20 世纪 30 年代亦有此主张。

---

① 《听众讯问》，《广播周报》，1947年，第56期，第8页。

② 《国外听众收音报告之一角》，《无线电》，1934年，第1卷第3期，第29页。

③ 玉：《筹设妇孺电台》，《电声》（上海），1934年，第3卷第18期，第357页。

三、广播类期刊出版意义

（一）启蒙和普及无线电广播知识

无线电广播是科学技术发展的产物，科学家为此付出艰辛的努力，从英国麦克斯韦尔的电磁研究，到德国赫兹的电波频率探索，从意大利马可尼的无线电报传播，到美国费辛登的广播实验，等等，国人都是通过民国时期广播期刊的介绍，获取来自西方的无线电知识，完成了广播启蒙，认识、了解一种与报刊文字传播不同的电子新媒体——广播。

（二）丰富广播媒介生活、促进中国广播事业的发展

广播极大地丰富了人们的媒介社会生活，广播的新闻、宣传、教育、娱乐功能给国人带来全新的媒介体验，影响了人们的物质和精神生活。民国时期的广播类期刊，刊登大量与之相关的内容，从歌曲唱词、节目预报到广播剧本，从求医问药、技术服务到各类演讲稿，等等，广播期刊与读者的互动，转换成广播媒体与听众的互动，人们的广播兴趣被培养起来，广播的市场需求得到有效激活，于是广播电台的纷纷开办，发射功率的增大，广播时间的增多，节目形态的多样，等等，中国广播事业也如此一步步发展起来。

（三）探讨广播（电视）学专业问题，积淀学术底蕴

随着广播事业的发展，专业化程度的提升，听众对广播的要求也更高，如何把握广播的传播规律，引起广播参与者的关注，作为广播业务交流的平台，广播期刊还承担了广播专业研究的功能。民国时期广播期刊发表的广播传播原理、特点、节目设置、广播语言、听众研究、广播教育、广播娱乐、广播宣传战，以及介绍、探讨国外广播事业发展等文

章，开启了中国的广播（电视）研究（如《中国无线电》《电影与播音》等刊物，在 20 世纪三四十年代刊登过有关电视学原理与介绍国外电视事业等文章，开启了国人对电视的认知）。比较报刊史研究，由于广播媒介过耳不留的传播特点，其文献资料散佚问题突出，而正是广播类期刊使得这些珍贵的广播史料得以保存下来，为构建广播（电视）学术研究的底蕴提供养分。

第三节　无线电元件器材与收音机

无线电领域的科学技术进步是广播赖以存在的基础，广播传播的原理是通过电子设备将声音的信号转化成电信号，再藉以电波作为载体将信号发射出去，然后通过接收设备，将电信号还原成声音信号进行收听。因此，广播事业的发展与科学技术、制造业发展密不可分，主要体现在广播的硬件方面，其包括各种无线电元器件，以及组装起来的广播机（广播发射系列成套设备）、收音机（如中波、短波不同技术型号的广播接受装置）。民国时期中国的无线电元器件、广播机及收音机，从无到有，从外来引进，到组装生产，也开启了广播硬件在中国发展之旅，这一历程可从国外进口状况、民营组装生产、官方设厂与规划管理三个方面考察。

一、国外进口状况

广播作为电子媒体是现代科技发展的产物，与同是媒体的报刊不同，中国历史悠久，文化发达，自古以来发明和掌握造纸、印刷技术，故报刊纸质媒体在中国是原生原发的，同样有着悠久的历史。而广播在中国的出现是在 20 世纪 20 年代现代社会，通过从国外引进的。它不仅仅是一种技术、现象的引进，更直接的是广播器材设备的引进，逐渐被国人认知、接受，最终在中国生根开花结果。这点从广播在中国的出现的早期阶段，看得很明显，当时多为外国商行办广播，其直接目的是推销广播无线电元件器材。

1922 年 12 月，美国人奥斯邦（E.G.Osborn）以亚洲无线电公司的子公司——中国无线电公司经理的名义与一位旅日华侨合作，在上海广东路大来洋行屋顶建立一座 50 瓦的广播电台，上海最早之无线电话播送站，翌年 1 月 23 日晚 8 时电台开播。之后，奥斯邦又租用永安公司屋顶花园另设电站于倚云阁上，接通天线并装置电机以播送音乐，电力 200 瓦。奥斯邦所办广播的特征是"依藉发售收音机来维持广播事业"[①]，随后一些外国商行办广播路径也都如此。

新孚洋行（Electric Equipment Co），行址在南京路五十号。行主戴维斯（Davis），系美籍，经售无线电机及一切电气材料，1923 年 5 月在商行楼上装置播送站，电力五十瓦，于每日一定时间散布音乐，以此来推销无线电材料。

美商经营电话器材的开洛公司（Kellogg Switchboard and Supply Co），于 1924 年 4 月开办电台，装设于福开森路之一草地上，有铁桅杆二株，各高九十呎。该公司即利用之，冀图其经营的收报机之推销。同时申报馆也利用之，以报告新闻及行市，晚间并演唱各种音乐，以飨当地

---

① 胡道静：《上海广播无线电台的发展》（上海市通志馆播音演讲稿），《交通职工月报》，1936年第4卷第7、8期，第66-70页。

居民。

一时间广播在上海流行起来，城市一大景观变化是，居民的屋顶到处可以仰见装挂便于无线电接受的各式天线。据统计，当时上海市面经售收话机（即收音机）的行号都具有外商背景，有下列几家：

一、西门子德律风根无线电机公司，德商，在江西路，为在吾国经营此业之最早者，然只对于官场兜售，与私家或个人可谓毫无经营，故上海私人之收话机，绝对无用德货者。

二、新孚洋行，美商，在南京路，经售美国各种机器，推售价颇昂。

三、开洛公司，美商，在江西路，比新孚洋行较稳固，货较齐备，价亦较低廉。

四、时评洋行，华商，在南京路，经售美货，并能自制小零件。

五、鸿康，华商，在南京路，开洛公司之代理人。

六、神户电气公司，日商，在四川路桥北塊，开洛公司之代卖人。

七、其他零星代卖所尽属美货，间或略带法国出品，如真空管之类者，但为数甚少。①

所销售的收音机以美国出品为最多，其种类有矿石收音机和真空管收音机两类。矿石收音机以其构造简单，用法灵便，价格低廉多为国人所用；而西方人因有一定的无线电知识及经济能力，多用技术先进且价格较高的真空管收音机。

考察无线电发明史，早先多限于军用，早先各国将无线电材料机件，均视同禁品限制使用。以后科技发展成果越来越造福社会，成为便利的通

---

① 参见曹仲渊：《三年来上海无线电话之情形》，《东方杂志》，1924年8月15日出版，第21卷第18期，第49–66页。

信传播媒介，成为人们日常娱乐生活的工具。在欧美及日本等国家，陆续开放，以资提倡，而我国仍沿旧例，一段时间仍限制进口，为此，当时的财政部长宋子文、建设委员会主席张人杰呈请国民政府开放无线电机件材料进口，表示此为潮流和趋势。"广播电台之设立者，已有南京、上海、杭州、北平、天津、沈阳、哈尔滨等地。民众方面，对于收音机件之需要日增。徒以禁令未开，奸商偷运，驯至（原文用词）私货充斥，外报讯评。职部会体察情形，非即行开放，无以应民众之需求，而正中外之观听。除税率表已由职会无线电管理处拟定，提交职部国定税则委员会审查，以备明年关税自主应用外，理合会同呈钧府，凡属无线电材料机件，概准照章纳税入口，以资提倡，而维关税。"①

此番呈请言辞恳切，合情合理，国民政府专发第一七三号训令作积极回应，训令内容如下："据行政院呈称，案奉钧府交办财政部长宋子文、建设委员会主席张人杰，呈请对于无线电材料机件，准予明令开禁，照章纳税入口，以资提倡一案，经于本年（1929年）十二月四日，提交本院第六次会议，议决照准，转请政府分别令行遵办。"②从此，无线电机件材料进口有法可依，在满足社会需求促进无线电广播业的同时，又照章纳税增加了政府税收。可是新的问题又出现了，当时的中国制造业落后，无专门的收音机制造工厂，即有相关零部件厂，因成本极昂，价格不能与国外货争，故只有完全求诸舶来品。因此每年消耗大量资金，导致利权外溢。据中国国外贸易进口货物每月报告，自1932年至1937年无线电收音机与

---

① 《呈请国民政府开放无线电机件材料禁例文》，《无线电新报》，1929年第1卷第2期，第47页。

② 《国民政府训令第一七三号》，《无线电新报》，1929年第1卷第2期，第47页。

零件进口之值如下：[①]

年份	每年所值（G.V.）	每月均值（G.V.）
1932	1700486	141707
1933	1930143	160845
1934	2328643	194053
1935	2196798	183066
1936	1899920	158326
1937(四个月)	622024	155506
总数	10678014	

依上表，以1933、1934、1935年进口值最大，也从侧面证明了那一时期中国广播电台处在一个发展正旺的阶段。而在这五年又四个月中，中国在收音机领域消费达一千六十余万美金，平均每月在二十万美金左右，这在当时可算是一笔巨额开支。

广播电台机构所需的大型仪器设备更是依赖进口，这一方面使中国广播业紧跟世界发展潮流，在亚洲处在先进行列；另一方面，也暴露了无线电技术及工业基础孱弱，需要大量的外汇，且花费昂贵。以1932年"中央广播电台"的75千瓦的大电台建设为例，先是"征集英美德法各国制造厂行，各种播音机说明书，审查比较，分举优劣各点，并调查各厂以往之名誉成绩，连同所开价格等项，详细列表"，发信函征求国内各无线电专家意见，后汇总讨论，再呈经中央选定德国得律风根（即西门子）公司承办，并签订了购置七十五千瓦的广播电台合同。"综计全台机件，连同

---

① 参见 Chinese Economic Journal and Bullin 自Vol XI至XX。（1932 to1937）每期，转引殷增芳：《中国广播无线电事业》，燕京大学学士论文，1939年，第22页。

四百呎高之铁塔两座，及六百马力柴油引擎，与各种重要设备，货价共为美金二十一万五千元。"后为配套又"订购置通话及高压电缆变压器等附属合同，共约美金一万二千元"。①毕竟价格昂贵，投入巨大，所以电台开办各环节还是很谨慎。

时逢广播事业发展，而大量的外汇花销，于国家经济不利。1935年12月出版的《中国无线电》也曾以题为"本年无线电机进口全国漏卮三百五十万（国币）"发文，警醒世人国家利益受损的问题。在这国币三百五十余万元进口无线电货物中，以美货占首，日货居第二位，按国别统计如下："美857361元、日475611元、英205480元、德157712元、荷28359元，其他各国268611元，合值关金1979056元，折合国币为三百五十三万九千二百八十一元。"②也就是在这不平衡的贸易中，中国人靠人力、靠资源一点一滴辛苦积累的财富，通过无线电器材进口快速且大量地流入外国人的口袋里去了，如此"失血"令人痛心。不仅如此，长期下去还将影响中国无线电制造业的发展，还有的分析更有危机意识，认为"我国无线电机制造事业，尚在萌芽时代，原料仍多取给外国，真空管则更无力制造，倘世界大战一旦爆发，无线电材料来源断绝，全国播音将有停顿之虞！故无线电材料之自力供给，实为目前急待解决之重大问题"。③为此提出警示，呼吁重视民族无线电广播制造业的发展，不要让这一重要

---

① 吴道一：《中央广播电台》，《工业中心》，1932年11月，第1卷第4期，第48—53页。

② 《本年无线电机进口全国漏卮三百五十万》，《中国无线电》，1935年12月20日出版，第3卷第24期，第1108页。

③ 音：《全国播音事业概况》，《广播周报》，1936年9月19日出版，第104期，第24、25页。

的制造业领域为外国人卡脖子。

二、民营厂商组装与生产

中国民营厂商生产经营无线电广播器材有个学习模仿的过程，开始是一些小的工作坊，将国外进口的零件，搭配组装某种成品、半成品。国外一些行号，也开始在中国寻找合作伙伴，将一些技术含量不高的小零部件，委托华人工厂制造，而这些华人材料华人制造的收话机，一经外国行号之手，便将声誉和价格都抬上去了，赚取了利润的大头，这也是中国民营厂商付学费的过程。时间一长，干活一多，自己渐渐地掌握了技术，积累了经验，开始了中国无线电工业的起步。

据曹仲渊观察，在1924年，此类以修理及制造为基础发展起来的小工作所，在上海有二十余家，"声誉最著工作最精者，仅有二家：一为北河南路桃源坊之善工厂，厂主为王君文生；一为徐家汇路之中国电气厂，厂主为魏君。此两君对于制造艺术，论者皆谓有科学知识之根据"。总体而言二十余家制造者，规模不大，"仅为些须之附带小小工作品，将来若联合各家为一专门工厂，前途希望当无限量"。另针对当时美国无线电器材大量进口，有美商放言：中国无线电事业将来将归美国独占，曹仲渊表示："细味其言，令人不寒而栗。国内无线电界不乏聪明才力之士，时不我待"，[①]希望有志之国人群策群力，急谋振作，不要像其他行业那样，使这一新事业落入外人之手。

在民营无线电领域生产经销的企业中，亚美无线电股份有限公司具

---

① 曹仲渊：《三年来上海无线电话之情形》，《东方杂志》，1924年8月15日出版，第21卷第18期，第49-66页。

有代表性，其事业蓬勃发展，令人们为中国无线电事业的未来感到鼓舞。该企业最初是以苏祖国（1904—1984）为代表的苏氏家族企业，1922年3月，苏祖国、苏祖斐、苏祖圭、苏祖修、苏祖尧、苏祖光等苏家兄弟姐妹七人合资在上海家中开设工场办厂，开始是经营制造五金用品及修造电气器件，后发现无线电在中国有巨大的潜力，便尝试从欧美采办各种零件，及自制用品若干种，市场反应不错，进而加大投入添置机器设备、增添工人，生产无线电原件，渐形成了自己的生产与经营的特色。1924年秋另租赁江西中路（南京路北首）一楼作门用房，经销原件、材料、工具、仪表和无线电专业书籍等。其厂、店正式名之曰亚美公司，西文为AMATURS HOME（作者注：爱好者之家意）。公司还进一步向专业化、规范化方向发展，先后设立制造厂、门市部、修理部、无线电广播电台和编辑出版部，制造供应无线电零件、器材和图书，并自行设计制造矿石收音机和电子管收音机。1929年9月，苏氏兄弟试制成一套50瓦特功率的广播电台，于12月23日正式广播营业，这是中国人最早创办的广播电台之一。同年，独家编辑发行《无线电问答汇刊》半月刊，后改名《中国无线电》。

作为国内首家民族资本的无线电公司，其"办事之宗旨，约可分为二：（一）为努力提倡国货，悉心研究制造出品，以塞漏卮。随社会之需要，按时酌量供给，使收音机中全用国产。（二）为提创科学民众化，宣传普及教育学术，襄助公共事业"。[①]亚美公司痛感国外产品大肆进入中国，致使大量外汇流失，所以在发奋图强打造国货，倡导科学实业，普及民

---

① 《亚美公司历略》，载《无线电问答汇刊·广播特刊》，1932年10月10日出版，第19期，第364页。

众无线电知识方面尽其所能。在 1928 年 8 月筹办了第一届中国无线电展览会,向市民直观展现各种无线电产品,培养大众的无线电知识和兴趣。[1]

此外,亚美公司还在圈内人士开展工厂参观活动,有五十余位无线电收音专家兴致勃勃前往位于沪南的工厂,苏家兄弟热情接待,亲眼所见"内部机器布置适当,工人各司其职,管理井井有条,出品如大小变压器、可变储电器、真空管座接线柱以及螺丝螺帽等件,较舶来品,有过之无不及,实为国货之光,现已畅销于市"。[2] 参观活动中亚美公司表示,经过不懈努力下其产品"价格已较廉,最大者可减百分之五十,最小者亦可减二成以上……即无线电物品,可由贵族化而至平民化矣"。同时提议并分析道:"在座诸位均系无线电界之领袖,各大商号中不乏资本雄厚者,不妨组织一大工厂,制造整套之收音机。观年来收音机之入口数量,已达每年万余只,平均每只二百元,则已有二百万元,至于政府机关等所用大机,尚不在内,金钱之流出殊为可惊。"[3] 为此,表示如需要公司乐于以最低价提供相关零件。

在收音机制造方面,经过多年发展,亚美公司成为国内第一家实现收音机商品化的企业。其生产的 1641 型四灯和 5TS5、5TS6 型二波段收音机等,设计符合国情,电源变压器完全按照 50 周率标准,使用经久,各

---

① 《申报》1928年8月6日,本埠增刊第二十版,以题为《中国无线电展览会》的广告形式加以介绍。

② 《亚美公司制造厂参观记》,《无线电问答汇刊》,1932年10月10日出版,第17期(广播特刊),第267页。

③ 《无线电新闻》,《无线电问答汇刊》,1932年10月10日出版,第17期(广播特刊),第278页。

项技术指标可与舶来品媲美，售价仅及舶来品一半，受到市民欢迎。1935年10月，亚美公司自行设计、生产自主品牌"亚美1651型"超等外差式五灯（收音机、电视机中的等为电子管的俗名，电子管在收音机中的作用是振荡与放大，相对而言，收音机的灯数多，来自远方的微弱的信号也能较好捕捉收听到）。因而在与洋机激烈竞争中，其技术和产品质量得到认可，逐步创出了"亚美"品牌的社会信誉，至1937年，年销售额增长率达600%。[①]

"九一八"事变前后数年间，随着广播传播的影响扩大，电台风起云涌，国人对广播的需求愈加强烈，刺激了对无线电元件器材及收音机的需求。除亚美公司外，一批民族无线电营销与制造企业也逐步发展起来。有大华公司、三极公司、中华无线电研究社、中国无线电业公司（当时在天津）、麟记、亚洲、大华、中庸、精美、华光建华等，这些商号基本上都在上海，可以说此时上海是中国无线电制造业的中心，故有评价"上海无线电材料之制销情形，亦即国内无线电材料制销之概况也"。[②]这其中又以中雍无线电机厂（1930年10月开设）规模较大，仅次于亚美无线电股份有限公司，1936年生产出标准三回路一灯收音机与直流三灯收音机等产品。此外，尚有华昌无线电机厂、绍敦电机公司、亚尔电工社等，都先后生产过一灯到五灯收音机。虽然生产手段较落后，产品数量不多，但这些产品在国内无线电制造业中占有一定地位，声望较好的有亚美、模范乐、良友等品牌。其中亚尔电工社生产的模范乐牌五灯电子管

---

① 摘自《上海收音机工业发展史简述》，http://www.360doc.com/content/12/0415/13/53158_203753206.shtml。

② 音：《全国播音事业概况》，《广播周报》，1936年9月19日出版，第104期，第23页。

收音机，1937 年还出口到暹罗（今泰国），成为中国生产出口收音机的首家工厂。[①]

1937 年 7 月，抗日战争全面爆发，上海无线电制造业进一步受到打击。1942 年太平洋战争爆发后日军进占租界，侵沪日军禁止市民使用七灯以上的收音机，并强迫市民拆除六灯以下收音机的短波线圈，各无线电制造厂在日伪统治下，被迫停止生产，亚美公司改营生产自行车链条，亚美广播电台停播。

直至抗战胜利，中国民族无线电制造业重新得到恢复，亚美无线电股份有限公司恢复电台广播业务和无线电产品生产。同时新增了宏音无线电器材厂、利闻无线电机厂等。至 1947 年年底，上海电器工商业共有 590 家，其中无线电工商业为 235 家。但由于官僚资本企业从国外进口大批成套无线电零件，低价销售组装收音机，给民族无线电制造业带来新的打击。

至上海解放前夕，上海电讯工业有 30% 以上工厂处于停工与半停工状态，从事收音机及其零件制造的仅剩 7 家工厂和工场，从业人员共 113 人，[②]民营企业的发展随着时局变化可谓是起伏跌宕一路艰辛。

三、官方设厂与规划

晚清民初之际，无线电及广播传入中国，政府管理者也给予相当的关

---

① 参见《上海收音机工业发展史简述》，http://www.360doc.com/content/12/0415/13/53158_203753206.shtml。

② 以上数据参见《上海收音机工业发展史简述》，http://www.360doc.com/content/12/0415/13/53158_203753206.shtml。

注。清光绪三十年（即 1904 年），北洋大臣袁世凯与意大利国订立合同，购置无线电机七部，同时招集人员至意使馆学习。民国十三年（1924 年）8 月，北洋政府交通部公布"装用广播无线电接收机暂行规定"，允许市民装用收音机，无线电广播的兴趣和需求释放出来，官方为此也有相应的规划管理，表现在硬件建设方面有办厂举措。

"上海无线电机制造厂"创办具有标志意义，该厂被视为"我国政府自办之制造电机机关，实以此厂开先河矣"。① 上海无线电机制造厂创办于 1927 年 4 月，先由国民革命军总司令部直辖，后归军事委员会主管，1928 年 11 月，移交建设委员会接收改组。该厂为研究及营业参半之性质，最初借助机电人才优势设在交通大学内（早期有诸多无线电广播方面的人士如吴保丰、吴道一、冯简、朱其清等，都是交大毕业的），后于 1930 年春向上海兵工厂借得高庙附近沪兵营旧址基地五十余亩，自建厂房，扩大规模。建委会接收后整合原有的无线电技术力量，开始订立规则制度，努力增强制造能力，以图将来抵制外货，供给急需，并取得瞩目的成绩。

上海无线电机制造厂成立初期，在延聘专才、采办材料方面做了大量的基础性工作。当时的建委会电气专家王崇植曾介绍："我国昔时设备任何制造场所，其重要工程人员，概系延揽外人充任，仰人鼻息，受人挟制，而设施逐无发展可言。此厂创办时力祛此弊，多方罗致留学欧美无线电专家，分任设计制造各事，无从外人侧入，完全以中国之新人才，兴办中国之新事业，此为特点。……制造所需之材料，沪上至为缺乏，势不得

---

① 王崇植：《两年来我国无线电事业之新进步》，《无线电新报》，1929 年第 1 卷第 2 期，第 26 页。

不仰给外商。每次采办时，现比较各商行价值之低昂，复查察各商行材料之优劣，几经审慎，始行订立合同成交。故材料一项，价廉物美，制出之机件，运用急灵。"①尤其是其产品与外商出品比较其效用相等而价值则极廉。故包括军方、民用的各路客户订单络绎不绝，而官方的上海电机制造厂推出，国产化的实现，使无线电产品的高价居奇之风得到一定程度的制止。

到 1932 年，建设委员会电机制造厂出品已成系列有：五百瓦广播电台、一千瓦（五百瓦、一百瓦、五十瓦、四十瓦手提、十五瓦）无线电发报机、五瓦干电池式无线电收发报机、一百瓦双波无线电发报机、广播电台收音机、收发无线电话机、其他无线电零件。②无论军用、商用、船舶用，皆精美坚固，便于应用，赢得全国交相传誉，客户纷至沓来。

官方的"中央广播器材修造所"由小到大、由业余到专业一步步发展起来，也同样具有代表意义。1928 年 8 月，中央广播电台成立，当时有"职工共九人，属于技术方面能动手装修者有五位，除了值班、管机、修理故障外，都富有研究兴趣"。③鉴于广播器材均须仰给国外，为自行试造及修理机件起见，中央广播电台在南京江东门发射台设置了修配间，曾技术人员自己动手先后组装制造广播机。抗战中，中央广播电台随中央广播事业管理处迁至重庆小龙坎，在管理处技术科组织机构内设有广播器材修造室。抗战期间因各地所属电台，业务繁忙，广播机件修理，备份零件制

---

① 王崇植：《两年来我国无线电事业之新进步》，《无线电新报》，1929年第1卷第2期，第22、23页。

② 《上海电机制造厂概括暨出品一览表》，《建设委员会电气事业专刊》，本会电气室主任恽震编辑，1932年，第91页。

③ 吴道一：《中广四十年》，（台湾）中国广播公司，1968年，第109页。

造，随之增多。同时鉴于战时状态，国内外厂商的无线电器材设备供给，无法得到保证，故在广播事业管理处 1942 年度工作计划中，列有筹设广播器材厂一项，借以研究零件制造，自备广播器材，同时训练技术人才。后经中央审核批示"先发建筑设备、购置机器等费用一百七十万元"，[①] 为制造生产广播器材做准备。

1944 年 1 月，在原先修造室基础上，"中央广播器材修造所"于重庆沙坪坝正式成立。1947 年 11 月从重庆迁入上海，成立总所，沙坪坝原址改为重庆分所。另抗战胜利，广播事业管理处接收为华北广播协会，同时接管其下属的在北平的真空管制造厂、变压器制造厂、收音机厂各一所，于 1946 年 7 月成立广播器材修造北平分所，并形成了广播事业管理处下属一个总所两个分所的格局。"沪平渝三地共有员工一百五十五人，从三十六年（1947 年）起，将由美采购的飞歌牌收音机零件第一批五千套及其他广播器材，交由沪平两地装配，供各机关团体备价采用。另制中广牌收音机、扩音机应市。"[②] 广播收音机的装配生产初具形态。

该所的组织系统为中央广播事业管理处所属，1947 年管理处改制，成立中国广播公司，施行所谓行宪，管理处不便从中央领取经费，试图将其打造成有一定规模的制造厂，实现赢利和自立。所长与总工程师为最高领导者，系中央广播事业处技术科科长与总工程师。副工所下设六个部门即：1. 零件厂（筹划组、模工组、零件制造组、检验组）；2. 装配厂（生产、实验）；3. 工务室（计划组、器材组、检验组）；4. 业务室（采购原料、推销成品、门市修理）；5. 会计室（薄记组、成本组）；6. 总务室（出纳股、

---

① 吴道一：《中广四十年》，（台湾）中国广播公司，1968 年，第 109 页。

② 吴道一：《中广四十年》，（台湾）中国广播公司，1968 年，第 110、111 页。

事务股、人事股、文书股）。[①]各部分业务开展情况如：零件厂现仅装造收音机中自己能造之零件，像是架子、开关、焊片、变压器等；装配厂系装收音机下分装件、接线、效验、装壳等程序；公务室系管理器材与成品之最后检验、盖印；业务室下设金陵电业行，推销兼门市修理，并代修造所向外采购原料。

该所能出三种收音机：RA375 交流五灯长短电波收音机（两波段）、一〇五三交流五灯长短电波收音机（三波段）、RB364 干电四灯长短电波收音机。该三种收音机全用美产零件，周率比较正确且音量大。有资料记载其产品价格及销售情况为：

三种收音机过去成本与门市售价

收音机种别	过去成本	门市售价
RA375	二十五元（美元）	三十二元（美元）
一〇五三	三十二元（美元）	四十元（美元）
RB364	二十四元（美元）	三十元（美元）

1948 年 9 月至 1949 年 4 月，三种收音机共出产一千零九架，销售九百六十九架，平均每月一百三十架。[②]

官方除办厂外，有关无线电制造业的规划及运行管理，需要有宏观层面与长远的安排，一定程度上讲这是政府方面的责任和义务。1936 年时任中央广播事业管理处处长的吴保丰，撰文探讨我国广播事业今后应取

---

① 参见《接收旧中央广播器材修造所工作报告》，上海档案馆档案，编号：Q431-1-126。

② 参见《接收旧中央广播器材修造所工作报告》，上海档案馆档案，编号：Q431-1-126。

之途径，专门就广播收音机普及和无线电器材生产进行了论述，认为：听众之多寡，节目之良莠与广播效能固发生直接关系，而收音机之普设，尤为增加听众之重要因子。否则虽节目优良，听众无工具以接收之，广播的效用则无从谈起。"以我国目前情形论，收音听众将近百万，且年有增加，惟以全国人口百分比而言，较之欧美各国及日本之听众，则相差甚远。据日内瓦国际无线电联合会之统计，一九三四年欧洲各国收音机与人口数目之比例，以丹麦为第一，平均每百人中有收音机十六具……以吾国幅员之广大，人口之众多，欲充分利用广播效能，非普设收音机不为功。"①收音机使用量在我国前景广阔，生产是大有可为的。

在谈到无线电材料当谋自给并明定标准时，我国所用广播器材，大都仰仗外国，据统计，1936年前七个月，"上海无线电材料进口总值，共计九十四万八千九百零二金单位。在广播事业尚未尽发展之日，每年输出已如此之钜，果尽量发展，则漏卮当欲甚。欲涂补救之法，惟有迅谋机件材料之自给。第一步应先详察各国出品之优劣，舍短取长，由仿制而自造。在可能的范围内，与国外厂家订立技术合作办法，同时将各种材料零件程式，明定标准，使各种机件上之零件，可以相互使用"。②这意味着收音机需求巨大，要消耗大量的外汇，收音机生产的国产化问题必须解决。

在官方开办无线电厂的过程中，曾有和国外无线电厂商合作计划。上海无线电机厂成立，德国西门子厂、英国通用公司、美国威斯丁好斯公司，均先后与本会（建委会）接洽，图制造事业之中外合作。目前虽无

---

① 吴保丰：《我国广播事业今后应取之途径》，《广播周报》，1936年9月19日出版，第104期，第1-4页。

② 吴保丰：《我国广播事业今后应取之途径》，《广播周报》，1936年9月19日出版，第104期，第1-4页。

结果，日后仍可随时进行。①1936年广播事业管理处方面曾与荷兰菲力浦无线电公司洽商投资远东、建立收音机制造厂计划，荷商不想投资冒险，但"愿提供技术协助及设厂资料，使该厂规模能达到每月制成矿石收音机五百架、交直流一灯至四灯机各二百架，五灯以上交直流式收音机五十架之能力。当将资料送回，提经中央广播事业指导委员会第三次会议通过，转陈中央拨款筹办"。②此事后因战事耽搁，但也是值得借鉴的与外商合作形式之一。

抗战时期无线电器材属于战略物资，在军事委员会最高幕僚长会议，所涉提的"战时广播改进方案建议书"中，表示："广播材料视同军用品，进口、运输、制造、分配，概由各该机关尽量协助。"③在战时环境下，无线电广播器材问题的解决凭借个人和单个组织的力量是远远不够，需要政府及官方出面做规划协调工作。为了应对抗战需求，1937年由资源委员会、中央广播事业管理处、湖南省政府三机构各出资十一万元，在湖南衡阳设立中央无线电器材厂，由资源委员会方面负责牵头，出任厂长，从事制造，以收音机为主体，后因战事迫近，迁设桂林。抗战胜利后，中央无线电器材厂总办事处于1946年6月迁至上海，筹建中央无线电器材有限公司，总办事处改组成为公司的总管理处。

为了增强国人的抗战信心，更好地指导和协调各地抗战事业，中央广播事业指导委员会进行过多次集会讨论，于1937年6月第八次会议决

---

① 参见王崇植：《两年来我国无线电事业之新进步》，《无线电新报》，1929年第1卷第2期，第23页。

② 吴道一：《中广四十年》，（台湾）中国广播公司，1968年，第106页。

③ 《中央广播事业指导委员会第十次会议记录》，教育部档案，全宗号：五，案卷号：12096（1），中国第二历史档案馆馆藏。

定"增设各县市收音机推行方案",为此,"(广播事业管理处)即向中央无线电器材厂,订购交直流式各样收音机一千架,增设收音督导科,专司推进后方收音事宜。并编具预算,呈请中央补助千架收音机总价半数三十万"。①抗战艰难,在广播器材供应及使用难以得到及时保障的情况下,广播事业指导委员会想尽办法,提出各部门以大局为重,彼此合作、互通有无、共渡难关。为此,还制定了《战时广播器材补充办法》:"拟请将旧存无用器材通盘调整,就近与其他事业机关或厂商试行以物易物办法,以不需者便为急用,无用者化为有用,俾广播器材得及时补充",②此项办法符合战时调剂物质、节约物力宗旨,可有效解决战时物质短缺的问题。

　　抗战时期,政府及官方规划协调工作无线电物质方面的大手笔是:1940年,"中央广播事业管理处"运用当时中央核拨的英国信用贷款十四万一千英镑,和美国油锡贷款余额三十万美元,分别向英美订购强力中波机三座,中型短波机二座,国际台备用真空管,各种测试仪器,及其他广播器材,约七百吨。③后这批物资经过滇缅公路,千里迢迢运抵昆明、重庆,为中国广播的抗战事业提供了重要物质保障。中国无线电及广播器材白手起家,通过学习模仿一点点积累起来,在特定时间不拘泥于程式,大量引进外援,消化吸收,使广播制造业在中国有了一定的发展。

---

① 吴道一:《中广四十年》,(台湾)中国广播公司,1968年,第107页。
② 《战时广播器材补充办法》,《中央党务公报》,1943年第12期,第26页。
③ 参见吴道一著:《中广四十年》,(台湾)中国广播公司,1968年,第112页。

第七章　民国时期的广播人物

　　民国时期广播从无到有，从小到大，形成了有一定规模和系统的现代传播媒介。这些有赖于广播人的不懈努力，他们有的是广播无线电事业的管理者，有的是广播无线电的研究者，有的是无线电广播事业的经营者，有的是在一线的采编播业务人员，等等。当然在广播还属新生事物，其运行模式、传播特点还在探索的民国时期，这些广播人物对管理、研究、经营等工作常常是兼容并行的，电台管理者当然要对广播的传播规律有研究把握，媒介经营者不仅要从市场从广告出发，同时也得经营好广播节目，还有广播无线电是技术性很强的领域，故在民国时代许多广播研究者是学理工科出身，且有留学欧美的专业背景，这样便于更好管理，这里人物分类只是有所侧重便于把握。

　　广播人物的选择主要是他们在民国广播事业史上有一定影响力，如最早开办过广播电台的，对广播有过比较系统研究的，从事广播知识普及工作、广播传播实际工作并在广播行业做过成绩的，可圈可点史料方面有记载的等。另外，有些人物在广播领域做了些事，产生过影响，但更主要的是其他领域，广播只是捎带着提及，像陈果夫、董显光、赵元任等，本研究对这类人员暂不考虑。

具体分为四类人员：一、广播业主及管理类。为早期电台创办者，及在广播事业及无线电事业管理机构、广播电台等岗位专门从事相关负责工作的人员，负责广播无线电的发展规划工作。二、无线电广播的研究者。列入研究者的主要是他们对广播无线电知识和其在中国的发展所进行介绍和总结，为这一领域的专家，以及作为无线电技术专家对广播运用所产生的影响等。三、民营广播业者。民国时期中国有大量的民营广播电台，它们依托城市，面向市场，把握听众，定位准确，把不同类型的电台，办得风生水起，其经营者为此付出种种努力，也使得中国广播事业呈现多姿多彩的画卷。四、广播业务工作者。主要是指在一线从事具体采编播人员，负责具体广播传播工作的人员。这个标准是按后来人们习惯的标准划分的，只是相对的，民国时期的广播还属新生事物，一些人物对上述情况兼而有之，管理类的也有专家型的人物，民营广播业者也有称得上专家的，尤其是早期的广播，人物常常是既办广播又研究广播的全能型，随着广播事业的发展分工才更加细致，这里的归类是看其主要成就。

由于广播过耳不留的传播特点，与同时期报人相比，有关广播史人物研究的资料散佚，相关研究基础薄弱，本章尝试对广播人物进行分类整理介绍如下。

第一节 广播无线电管理者（创办者）

一、奥斯邦

又译奥士蓬、亚司蓬、柯士彬等，英文名 E.G.Osborn，男，美国人，生卒年不详。1923 年，奥斯邦的中国无线电公司（Radio Corporation of China）在上海广东路三号大来洋行楼上，开设了中国境内第一座广播电台。1 月 23 日，该台首次播音，呼号 XRO。1 月 25 日，该台播出了孙中山的"统一宣言"，并得到孙中山的赞扬。该电台与《大陆报》合作，逐日播音两个多月。之后北洋政府交通部以电信主权为由，发出通知要求关闭奥斯邦所办的广播电台，其在上海广播事业匆匆终结。奥斯邦在上海的"冒险"毕竟是获得成功的，他建立了中国第一座广播电台，使国人第一次接触到广播这种电子媒体，受到整个亚洲的瞩目。

1923 年 6 月，奥斯邦前往香港，当时香港《士蔑西报》头版刊登了记者对其的访问文章，同年 8 月 2 日，奥斯邦与香港无线电广播学会合作，在香港邮政局的演播室进行了一次公开演示，这是奥斯邦开拓香港市场的初次大规模试验和正式亮相，而且得到了政府的许可。奥斯邦在香港的广播事业进展顺利，每晚播放广播音乐及其他娱乐节目，据称在香港、澳门、广州等地有几千人收听。他还成立了无线电通讯公司，推销收音器材，以每天新装 10 到 12 个收音机的速度迅速发展。后来，奥斯邦发现香港殖民地政府管制严格，无法在香港开办无线电广播电台，他迅速作出决定，前往澳门发展。

1924 年 3 月 17 日，奥斯邦的无线电广播公司正式向澳门官方申请在澳门设立无线电广播电台。经过澳门市政府与澳门财政局的一番内部沟通，最终奥斯邦于 5 月 7 日得到澳门总督的正式批准。1924 年 7 月 13 日，澳门历史上第一座广播电台举行开播仪式，澳门总督罗德礼及夫人出席。香港的许多无线电业余爱好者十分关注澳门这座广播电台，积极试验收听，却始终未能达到理想效果。1927 年，香港东方无线电有限公司在香港注销，奥斯邦在中国的无线电广播事业宣告结束。

之后，奥斯邦又前往东南亚的马尼拉、新加坡等地，继续从事广播工作，进行其20世纪20年代新媒体冒险家的生涯。[①]

二、刘瀚

刘瀚（1891—1941），字东樵，河北通县（今北京）人，中国早期无线电专家，中国自办第一座广播电台的创建人。1912年在上海、北京等地从事无线电报业务。1914年于交通部传习所培养完成学业，被派往交通部上海吴淞电台做报务员。1919年冬，刘瀚任陆军无线电教练所教官，参与教练几百名学生，培养了早期无线电方面的人才。在此期间，他加深了对无线电话的感性认识和理性认识，对于电话的结构、部件、功能、连接掌握得更加透彻，还因为教练有功被陆军部授予一枚"文虎勋章"。

1921年刘瀚到东三省无线电专门学校任教，继续为东北地区从事人才的工作，后任东三省无线电台总台副台长。1926年10月在奉系当局支持下，他办的哈尔滨广播无线电台XOH，以600千周的频率开始播音，这是中国人自办的第一座广播电台。而后刘瀚曾架设剧场转播专线，进一步扩大了广播电台节目源，这种转播属于实况转播的一种，属于一种新的广播节目形式，表现出新的开拓和创造精神。在任东三省无线电台总台副台长期间，也展现了其统筹才能，在兼顾中发展广播，贯彻守本与发展兼顾、现实与长远兼顾、广播与通信兼顾、本地与外埠兼顾、中文与外文兼顾、本台与剧场兼顾、电信与新闻事业兼顾的发展思路。

[①] 参见刘书峰：《"新媒体冒险家"奥斯邦的中国广播创业历程》，《现代传播》，2019年第10期。

1927 年末，刘瀚建设了哈尔滨广播无线电台专用楼，楼不算大，却是全国第一座广播专业楼。此外，还开展过了无线电传照相业务，此为电视的原型，还积极推进广播法规的制定，为维护东北电信主权，同日本人不屈不挠地斗争，得到人们的赞许。1930 年，因为复杂的原因，东北交通委员会发来公文没有继续任命刘瀚，他失去了台长的职务，只有辞别电台，离开广播。同年 8 月，刘瀚返回北平。1931 年"九一八"事变后辗转流亡关内各地。1941 年病逝于陕西。①

三、李范一

李范一（1891—1976），湖北应城人，是我国无线电事业首创人之一。在 13 岁时，参加了清末最后一次科举考试，中了秀才，是清末最年轻的秀才之一，并以秀才资格进入两湖书院。读书期间，受民主革命影响，极力主张推翻满清，并剪掉辫子以示反清。武昌首义爆发时，他积极投入，因智勇双全，曾得到黄兴赏识。后获准公费留美，在哥伦比亚大学先学经济，后改学无线电，毕业后在美国无线电器制造厂工作。

1924 年，李范一应召回国参加北伐，初任总司令部交通处长，随军北伐到上海后，曾任南洋公学、南洋大学（今上海交通大学）校长、国民政府军事委员会交通处处长、军事交通技术学校校长、建设委员会无线电管理处处长等职。在此期间，先后创办学校和工厂，培养无线电通讯人才，制造发报机、收报机、电台和收音机等无线电器材。同时，积极改变无线电只限于军用的状况，力主开放民用，并开设无线电通讯营业所。

---

① 资料参考陈尔泰著：《中国广播之父——刘瀚传》，中国广播电视出版社，2006年。

1928 年初陈果夫、戴传贤、叶楚伧提议，办中央广播电台，因李范一在美国专攻无线电，并在美国无线电制造厂工作十多年，相关知识经验丰富，便委托他做办台的规划筹建。1928 年春，李范一向陈果夫报告说，上海有一架 500 瓦广播机待卖，包括发射机、放大机、增音机、传话器、电话机、发电设备、天线铁塔等重要设备需关银 1.9 万两。陈果夫陆续设法筹垫这笔款，订购了这套设备。1928 年 5 月，勘定了南京丁家桥中央党部后院西南角的一块空地，建造了机房，装置铁塔。8 月 1 日下午，广播电台在中央党部大礼堂举行落成及开播典礼，并正式命名为中央广播电台。

1928 年 11 月，李范一任安徽省政府委员兼建设厅厅长，1930 年后任陕西省政府委员兼教育厅厅长，1932 年 5 月任交通部电政司司长。1933 年初，李范一视察应城、天门、京山三县时，产生了在汤池创建农村改进实验区的想法，搞实业办教育，意欲从改变落后的农村入手振兴中国，为此，他创办"应城县汤池碾米、榨油、织布生产供销合作社"。

1937 年"七七"事变后，湖北建设厅在汤池办一个农村合作人员训练班培养抗日骨干力量，为开展抗日游击战作准备，李范一为训练班主任，学员多是全国各地流亡到武汉的大学毕业生或肄业生，教学内容主要是政治、军事、合作业务，前后培养了 600 多名干部。学员们在学习期间常外出宣传抗日，唱抗日救亡歌曲，演抗日救亡戏剧，练习行军打仗。汤池训练班高举抗日旗帜，培养抗日骨干，成为当时鄂中抗日的一个中心。

1949 年后，李范一曾任燃料工业部副部长、石油工业部副部长。①

---

① 部分资料参见：https://baike.sogou.com/v6499417.htm？fromTitle=%E6%9D%8E%E8%8C%83%E4%B8%80。

四、吴道一

吴道一，嘉定安亭镇人，1893 年 9 月 16 日生，2003 年 1 月 13 日在台湾去世，享年 110 岁。吴道一是中国广播界长寿之人且长期致力于广播事业，成绩斐然。台湾媒体称其为"中国广播事业的播种者""推动中国广播事业的巨擘""中广创台元老"等。

1920 年吴道一毕业于上海交通大学（前身南洋公学）电机工程系，同年进入交通部与美国西电公司合办的中国电气公司，制造共电式电话机。1927 年应邀至国民党中央组织部工作。翌年 5 月奉命筹办"中央广播电台"，任筹办处主任，旋即担任中央广播电台台长。1928 年 8 月 1 日，"中广"在南京开播，呼号为 XKM，开播时播音机电力只有 500 瓦。1932 年 11 月，中央广播电台正式启用 75 千瓦强力播音机，为东南亚第一大电台，呼号为 XGOA，东邻的日本称之为"怪放送"，因为当时日本电台播音机的电力仅 10 千瓦。1935 年冬，吴道一前往欧美考察广播事业一年，同年，吴道一代表国家出席日内瓦国际广播会议，并应瑞士电台之请，用国语播音两分钟，开启中国广播界与国际同行交流先河，中国广播加入国际广播大家庭。1936 年任"中央广播事业管理处"副处长，并兼任短波无线电台主任及广播无线电台主任。

1937 年抗战军兴，他致力于重庆、昆明、兰州、贵阳等后方大城市的广播网建设，还建立流动电台，有的设在舟车上甚至马背上，可以随着战局地域的变化机动灵活，有效进行抗日广播，以压制敌伪宣传。在各种复杂的环境下，吴道一使中国抗战的声音，通过广播保持持续发出。抗战期间，每次日军轰炸都是以"中广"为最大目标，当时日本曾在东京的 NHK 广播电台，称 XGOA（中央广播电台呼号）为"炸不死的重庆之蛙"，成为战时精神力量的象征。1943年吴道一任"中央广播事业管理处"处长，抗战胜利后，负责接收敌伪电台各项工作，积极扩充北京、上海、杭州、汉口各地的广播设备，1946年兼任中央广播电台台长，参与广播电台公司化改制，规划广播事业发展。

1949年11月，吴道一在台湾任"中国广播公司"副总经理。1961年3月，任台湾电视广播公司筹备委员会委员，1961年6月任"中广"副总经理。1974年4月自"中广"副总经理任内退休，被聘为"中广"终身顾问，著有《无线电通讯与广播事业》《中广四十年》等。①

五、王崇植

王崇植（1897—1958），字受培，江苏常熟人。1913年入上海浦东中学，1917年夏毕业，同年秋，考入上海工业专门学校电机科。1921年毕业后赴美国留学，入麻省理工学院。1922年获电机硕士学位后，在美国奇异电气公司工作。20世纪20年代中期王崇植回国，任浙江公立工业专门学校电机科教授及南洋大学（交通大学）电机工程科教授。

1926年任国民革命军总司令部交通处无线电训练所主任，兼实习工厂无线电机制造厂训练部主任。1928年2月，在国民政府建设委员会先后任国际无线电台筹备主任，无线电管理处处长，电气标准局局长。1931年任青岛市工务局局长，建设委员会技正。1932年10月，任南京市社会局局长。王崇植投身无线电事业，一方面致力教育开设培训课程，培养了一些无线电方面的人才；另一方面，推动了在全国一些城市开设收发电

---

① 部分资料参见网上文章《中国广播事业的播种者——"起死还生"的吴道一》，2014-06-08 08:31:50。

报的无线电商报电台，大大提高了电报的收发效率。1934 年任天津开滦矿务总局经理，之后一直在开滦矿务工作，1945 年日本投降后任总经理，1946 年任开滦总经理兼国家资源委员会委员。1946 年任开滦总经理兼国家资源委员会委员。1948 年当选为行宪国民大会代表，1949 年去台湾。[①]

1928 年王崇植主编出版中国最早的无线电专业期刊《无线电月报》，1930 年王崇植、恽震著《无线电与中国》由商务印书馆出版，该书对中国无线电事业发展起到积极的推动作用，也是了解早期中国无线电广播发展的重要文献。

六、吴保丰

吴保丰（1899—1963），字嘉谷，江苏昆山人。1921 年毕业于上海交大机电系，1923 年吴保丰赴美，在乔治·西屋公司工作，一年后考入密歇根大学，1925 年获机电硕士学位。在美期间加入中国国民党，回国后在广州国民政府从事组织工作。1927 年随北伐军进南京。历任国民党中央组织部总干事、秘书科长、昆山县县长，1931 年后历任交通部技正、电信管理局局长。1936 年起，任中央广播事业管理处处长，中央广播事业指导委员会副主任委员。其间发表《十年来的中国广播事业》等。

1943 年，吴保丰辞去上述职务，离开广播系统，转入教育领域，任重庆交通大学校长。抗战胜利后，1946 年 2 月吴保丰随校迁回上海，仍任交大校长。在行政管理上实施教务长、训导长、总务长三长制，并坚持专家治校、民主管理校务的原则，成立了正副教授组成的交大教授会协助他管理学校。1947 年四五月间，因交大学潮，吴保丰保护学生，被蒋介

---

① 部分资料参见网上《民国人物小传》，http://www.qijieshuzhai001.com/? p=3869。

石召到南京训话。7月，吴保丰以身体欠佳为由提出辞职，后离开经营六年多的交大，北上天津，改任开滦矿务局总顾问。

1949年5月，上海解放后，由津返沪，任华东人民广播电台、上海人民广播电台顾问，华东新闻出版局广播事业顾问。不久加入中国国民党革命委员会，并担任上海市政协委员，至1963年病逝于上海，享年65岁。[①]

七、恽震

恽震（1901—1994），字荫棠，别字秋星，江苏常州人，电机工程专家，中国机电工业的先驱。1917年考取南洋公学（交通部上海工业专门学校，后称交通大学）电机系，与无线电领域专家王崇植、吴保丰同学。1921年毕业于上海交通大学电机系，后去美国威斯康辛大学攻读硕士。1922年到宾州匹兹堡西屋电气公司实习，同年获美国威斯康辛大学电机硕士学位。

1923年夏，恽震回国先后在杭州公立工业专门学校（后称浙江大学）任电机系教师，南京东南大学物理系任教授，南京军事交通技术学校任教务部主任，南京中央军事学校任教等。1928年，建设委员会为加强无线电短波电报事业，成立无线电管理处，恽震任副处长。

1930年，恽震在南京建设委员会任技正[②]兼电业室主任。1933年建设

---

① 部分资料参见《吴保丰教授生平》，《电气电子教学学报》，2004年第26卷第3期。

② 技正为民国时期技术人员的官职，在政府的交通、铁道、实业等部（会）及省（市）政府的相应厅（局）大多设置此官，以办理技术事务，相当于总工程师级别。

委员会下设立全国电气事业指导委员会，恽震任主任委员。该委员会主管全国公私营电气事业的登记、注册、发营业证和指导考核，以及电力法规的拟订审查，电力数据的全国统计和出版。恽震撰写了《电气事业概论》，由建设委员会印发。1937年至1945年，恽震先后任建设委员会专门委员、委员，中央电工器材厂总经理，电业处处长等职。1946年，恽震赴美国纽约任中国资源委员会驻美办事处主任。1947年回国任中央电工器材公司总经理。

恽震为我国电机工程界的前辈。自从长短波无线电报电话问世以来，世界各国电讯事业发展迅速，恽震等主张中国应该大兴无线电。1930年，与王崇植合著的《无线电与中国》一书，由商务印书馆出版，全书约20万字，收集了诸多资料，对中国无线电事业的兴起和发展，起了促进作用。恽震与他人合作编译制定了《电气事业汽压、气温选订规则》《屋内和屋外电气布线的安全规则》等资料，由建设委员会批准，由恽震担任主任委员的电气事业指导委员会，编印了《中国电厂调查》和《中国各大电厂纪要》等。

1935年夏，电气事业指导委员会主张及时训练电业中级人才，成立"电业人员养成所"，恽震任所长，在全国各大城市招收高中毕业生50人，分为工程班、业务班，两年毕业，这批学生后来大部分成为电力电工的中坚干部。同年（1935年）资源委员会派恽震为专门委员兼中央电工器材厂筹委会主任，开展建设。全面抗战爆发，中央电工器材厂辗转湘潭、昆明、桂林，国民政府内迁重庆，恽震任电业处长兼中央电工器材厂总经理，克服了重重困难，解决材料问题。

1944年，恽震奉命赴美国考察，主要目的是与美国西屋电气公司商谈技术转让及建厂合作事业，以及劝导美国财团对华投资或贷款。后又参观了美国通用电气公司，考察了加拿大东部和西部的工业，美国中、东、西部的工业。1945 年 8 月初，恽震带团去英国参观考察，参观了英国电气公司等，了解到当时英国电气工业的情况。当时正值 8 月 14 日日本投降，恽震参观考察后立即回国，依照资源委员会命令，接手中央电工器材厂工作，派人去天津、上海、沈阳等地接管相关敌伪产业。1947 年，任中央电工器材公司总经理。

1949 年后，恽震曾任贵州工学院一级教授，一机部外事局、电工局和上海发电设备研究所顾问等。[①]

第二节　广播无线电的研究者

一、曹仲渊

曹仲渊（1892—1972），名肃，浙江省玉环人，早年在玉山书院、上海复旦公学、南洋中学等校读书，1916 年毕业于南京海军雷电学校无线电专科，1926—1927 年任黄埔军官学校无线电高级工兵上校教官。1928 年秋，公费赴英国马可尼无线电专科学校攻读无线电工程专业，毕业后，又去德国柏林得力风根工厂及罗伦茨工厂实习机电及无线电工程。1932 年回国，在上海开设大华无线电公司，自任总经理兼总工程师。抗日战争爆发后，奉命去江西建设无线广播电台，任江西省建设厅电讯总队

---

① 相关资料参见《电力电工专家恽震自述》，《中国科技史料》，2000年第21卷第3期。

长。1943 年受聘于内迁贵州的上海大夏大学，任理科专任教授兼理学院院长。1946 年，在国民党海军司令部任电工上校处长。1949 年春，受聘于上海吴淞商船专科学校为教授，不久任代理校长。新中国成立后被任命为吴淞商船专科学校校务委员会主任委员，后该校改名为上海航务学校，任总务长。1953 年，学校北迁大连，改名为大连海运学院，仍任总务长。

主要著作有《马可尼传》《无线电发明及发展史》《通俗无线电学》《无线电常识》等，1924 年 8 月在《东方杂志》发表长文《三年来上海无线电话之情形》，涉及广播电台设置、节目播出、无线电组织及器材等内容，为早期广播研究的重要史料。陈独秀曾为曹仲渊题写"绝地天通"四字，是对无线电特点和其在这一事业领域成就的最好诠释。[①]

二、冯简

冯简（1896—1962），字君策，江苏嘉定人，我国电信工程界的著名专家，有"中国无线电泰斗"之嘉誉。1913 年，冯简入南洋公学就读，后升入上海交通大学电机科，1919 年以优异成绩毕业。1920 年入美国康奈尔大学专攻无线电通信工程，获硕士学位，并先后到美国奇异电气公司及德国柏林大学进一步深造，又在德国 AEG 电气公司工作。

1924 年回国，执教于南京工专、苏州工专等校，先后任东北大学电机系教授、北平大学电机系教授。1927 年，国民革命军兴师北伐，冯简

---

① 部分资料参见赵玉明主编：《中国现代广播史料选编》，汕头大学出版社，2007年，第24页。

积极应召，主持北伐军总司令部采用短波通信的工作。1930年，冯简在东北大学执教的同时，兼任中央广播事业管理处总工程师，在南京负责主持建设当时远东功率最大的75千瓦广播电台，日夜奋战，两年竣工。这是第一座完全由中国人自己创建的电台，远东功率最强的广播电台。

抗战初期，冯简在重庆主持修建了我国第一座35千瓦短波电台，即"中国国际广播电台"，属中央广播电台系列。该台1936年4月底派工程总务人员前往重庆，择觅电台用地，勘定重庆西郊小龙坎沙坪坝为播音台，歇台子为收音台建筑地点，之后开展征地、建设等工作，至1939年2月6日，正式以中央短波电台名义，呼号XGOX、XGOY开始播音。冯简参与了该电台的创办并任台长兼总工程师。

1939年9月3日该台的机房、发电设备遭日机轰炸，后建起坚固的防空设施，使不间断的安全播出有了保障。据中国国际广播电台每月工作计划实施报告记载：1941年7月在敌机空袭频繁之威胁下，全力维护广播节目。有时电源中断城内无法发射，即改机房所在地播出，故"中国之声"无一中断。

1941年珍珠港事件爆发后，远东反法西斯各盟国电台尽落入日本之手，中国国际广播电台成为盟军在远东唯一可利用的短波电台，也是驻渝外国记者转播、发稿的阵地，是陪都重庆进行对外宣传最重要的渠道。中国的不屈之声也从这里源源不断地传到了全球，使国际台成为一座坚不可摧的精神堡垒。

冯简于1938年担任重庆大学电机系主任兼教授；1941—1949年任重庆大学工学院院长，在电波通信领域取得突出成就。短波通信全靠地面上空40—400公里处的电离层反射才能实现，需有电离层数据，为此，冯简决定在重庆小龙坎国际广播电台范围内建立我国第一个电波研究所。他据观测所得结果出版了《1945年重庆上空电离层观测报告》一书，受到了国际电波研究同行的重视。

1947年秋，冯简代表中国出席巴黎国际文教会议，随后只身进入挪威的北极圈内地区开展考察，成为中国第一位进入北极开展科学考察的中国科学家。由于重庆至美国东部电波传播的最短线路要经过北极，故在异常艰苦的环境和条件下采集了所需要的第一手科学数据和资料，进行与重庆长达6900公里的通信试验，获得成功，首开世界超越极区通信的先例，实现了他多年以来想"观察北极光，研究北极磁场对短波通信的影响"的夙愿。回国后，冯简在重庆图书馆协会开办讲座《北极圈内之重庆电波》，[①] 著有《余在北欧时所见之北极光》。

1949年冯简去了台湾，在台湾大学机电系任教。1962年5月26日因心脏病骤发病逝于台湾，终年66岁。

三、朱其清

朱其清（1898—1973），上海嘉定人，是我国电机科技和工业界早期开拓者和领导者之一，也是我国无线电发展史不能不提到的先驱者。特别是在我国无线电广播事业方面，他是主要的始创者和最早的组织者。曾任无线电世界出版社社长、资源委员会业务主任、军委会军令部技术室技监主任等职务。

早年毕业于南洋公学（上海交大前身）电机系，1919年获交通部公派，

---

① 《关于检送讲题〈北极圈内之重庆电波〉致重庆市图书馆协会理事会函》，国际广播电台档案，编号：0004000100111170000003，重庆市档案馆馆藏。

公费出国深造，到美国斯坦福大学攻读无线电技术，获博士学位，后来又到英国马可尼工厂实习工作。1922 年回国，参加了由康奈尔大学中国公派留学生发起组织的我国最早的科学团体"中国科学社"。除了研究还宣传普及科学知识，所出版的《科学》杂志是当时国内最主要的科学刊物。那时，无线电通信技术刚传入中国，设备、技术和通信机构全部为洋人所掌握，因此组建由国内著名科技专家组成的各种科学团体和科学研究试验机构具有十分重要的意义。

1924 年 7 月 10 日，中国科学社在宁开会，由朱其清试验刚建成的无线电话，成功地传输了方子卫在上海用无线电话向南京中国科学社所做的题为《无线电的趋势与用途》的演讲，首次试验效果良好。朱其清等中国人自己设计的首台无线电话机的建成，打破了外国资本垄断中国通信技术的局面。

1927 年，为了发展我国自己的无线电工业，朱其清和留英学者陶胜伯、南洋公学教授张廷金等人集资创办了三极锐电公司。该公司为我国最早期的无线电公司之一，和上海电机制造厂、大华无线电公司（曹仲渊开设）以及中华无线电研究社制造厂（陶胜伯开设）一道，是国内最早期从事生产无线电收发报机的单位，产品多为海岸电台和海上船舶的设备。1932 年 5 月，朱其清作为无线电专家被聘为"国防设计委员会"委员。1935 年该机构进行了改组，名称由"国防设计委员会"改为"资源委员会"，工作的内容从原来的咨询参谋性质转变为工业建设领导机构。同年 12 月，资源委员会建立电气研究室，下设电话、电线、电瓷和电子管 4 个研制组。朱其清任研究室主任，领导电子管组于 1936 年利用国外材料试制成功中国第一只电子管——三极收讯放大管（30 号），以及小功率发射管（210 号），它们被用在国内中程通信设备上。

1937年7月7日，日寇发动卢沟桥事变，抗日战争全面爆发。当时中国业余无线电爱好者的抗日情绪十分高涨，大家希望把自己的无线电通信技术贡献于抗日救国的大业。1937年10月10日，"军事委员会业余无线电人员战时服务团"（简称"战时服务团"）成立，朱其清处理"战时服务团"事务，挂靠在"军事委员会第六部"下面。"战时服务团"下设通信宣传股、侦察股、制造研究股、训练补充股四股。"战时服务团"通过呼号为XUOA的总台指导全国各地的业余无线电台参加和配合抗日救国的通信，为改变中国人在战场上缺乏通信设备和技术人才的局面，献出了一份力量。

后来，朱其清认为应该参考美国等发达国家的先进组织经验，把业余无线电组织从"战时服务团"扩大到整个国内业余无线电爱好者的范围。1940年，他借有关机构改组之机，建议"战时服务团"取消原有的挂靠隶属关系，变成一个纯粹的民间团体，改名为"中国业余无线电协会（CARL）"，原来的正、副"团长"变为正、副"会长"。其他业余无线电活动一切照旧，协会总部仍在重庆，直至1945年抗战胜利。

1947年秋，朱其清作为中国代表团成员，出席了联合国外围组织国际电信联盟（ITU）在美国大西洋城召开的大会，并参与其第八工作组的工作，同时还代表CARL列席ITU大会。会后应邀访问了国际业余无线电联盟设在美国的总部。经过他的努力，促成了中国业余无线电协会成功加入国际业余无线电联盟，第一次获得了代表地位。

1949年，国民党撤退台湾，朱其清留在大陆，被邀请参加中国人民解放军华东军管会电讯处，聘为顾问，并参与了上海市电信局和市广播电台的接收工作。1949年6月6日在其填写的新闻出版人物调查记录表的"政治关系"一项中坦荡表示："对主管长官万能，对于利用地位与公款作威作福，供私人生活上享乐之大小首长们，大为深恶病疾，赞成民主政治、为人民服务。"① 作为无线电广播领域的专家，朱其清发表了大量的无线电广播的文章、著作，同时在其身上体现了继承了传统知识分子的刚正不阿、嫉恶如仇的优良品格。

四、方子卫

方子卫（1902—1991），又名方善堡，出生于宁波镇海柏墅方氏家族。著名无线电专家，中国无线电工程学校校长，《无线电杂志》主编。

1924年方子卫从美国学成回国，在上海创办了中国第一所无线电学校，培育了许多人才。他还和当时一批有志人士努力呼吁要振兴中国的科学，要建立中国自己的无线电网线，同时多次呼吁北京政府重视无线电事业的发展。6月中旬，中国科学社理事会成立，选举方子卫、胡刚复等5人为委员，竺可桢任理事会书记，议决立即组织研制无线电话机。1924年7月10日，中国科学社在宁开会，方子卫在上海用朱其清试验刚建成的无线电话，向南京中国科学社作题为《无线电的趋势与用途》的演讲，首次试验良好。

1933年12月无线电之父马可尼来华，方子卫陪同其上海地区的活动，为纪念此次活动，方子卫特捐赠给上海交大一尊马可尼纪念柱。20世纪40年代后期，方子卫曾在上海购地（现今上海市枫林路附近）一

---

① 《新闻出版人物调查记录》，上海档案馆档案，编号：B1-1-1871-4。部分资料参见王传善：《记我国无线电事业先驱者朱其清》，《中国无线电》2013年第5期，朱湘：《穿越百年认识朱其清和中国无线电事业的发展》，《现代通信》2013年第5期等。

块，准备扩建无线电工程学校，然而未成。1949 年后去香港，后又转去台湾，办过杂志。20 世纪 70 年代退休后去美国，1991 年在旧金山去世。[①]

五、钱凤章

钱凤章（1902—1968），现代无线电专家，字振声，上海青浦人。1925 年毕业于上海南洋大学（今上海交通大学），后在上海电报局工作。1927 年去广西坞州建无线电台，任台长，1929 年去安徽省建设厅工作。1930 年出国，先后在美国芝加哥自动电话公司和德国西门子电话公司实习。1931 年冬回国任交通部技正。1935 年受聘为北平大学电信系教授，1936 年冬日寇侵占冀东，他带学生随系迁往西安上课。1936 年出任首都电话局局长兼总工程师。

1937 年他到南京中央广播电台工作，迁到重庆后任电台工务科科长。1943 年初奉命去印度加尔各答空运从美国订购的国际短波无线电台机器以及发射机组等，经"驼峰"运回重庆，保证了我国与国际通讯畅通无阻。1944 年夏，钱凤章与范式正、彭精一等人赴美国考察广播事业，1945 年底回国任电台总工程师。抗战胜利后获镌有"抗战有功"勋章，还都南京后兼任扩建工程处副主任，领导建造广播大厦、扩建发射台天线阵和安装当时全国最大的中波广播发射机和从英国引进的短波广播发射机等。1946 年南京建造"国民大会堂"，钱凤章负责设计安装了扩音系统和表决系统。1947 年起他兼任中央大学电机系教授。1948 年 10 月他被派赴墨西哥出席国际电信联盟会议。1949 年 5 月坚持回国，此后一直在南京工学院任电

---

① 部分资料参见：http://blog.sina.com.cn/s/blog_91e68ade01015ftp.html。

机系教授。[①]

第三节　民营广播业者

一、王完白

王完白（1884—?），民国时期著名医生，1884 年 4 月 2 日生于浙江绍兴。其父王从谦，为当地著名牧师。早年曾在常州参与创办医院，1932年"一·二八"事变爆发，王完白从常州前往上海避难，此后一直在沪悬壶济世。来到上海后，王完白在同窗周邦俊所开设的沪上著名的中西大药房坐诊，同时受周邦俊之邀在其药房所办中西电台主讲卫生知识和宣传基督教。因为播音效果良好，在上海著名基督徒赵晋卿、李观森、李登辉、谢颂羔等人支持下，建立基督教专门的福音广播电台。

该台于 1933 年 12 月 2 日在上海虎丘路 128 号正式播音，台址设站广学会大楼。呼号 XHHA，发射功率为 150 瓦。1936 年元旦该台 1000 瓦发电机启用，呼号改为 KMHD，同时福音广播电台发起成立了福音广播社，创办《福音广播季刊》杂志。通过会员的会费和捐赠，使得电台的运转经费得到保证。上海福音广播电台是以宣传基督教为己任的电台，曾引起相当轰动，王完白为福音广播电台总经理。此后，王完白除了在药房坐诊，主要精力投入到电台日常运营，并负责《福音广播季刊》的编辑和发行。

---

① 以上资料参见：孙文治主编，朱建设、徐浦伟、戴清副主编:《东南大学校友业绩丛书》（第一卷），东南大学出版社，2002年，第364–365页。

该广播电台"主每日早晚之各项节目,皆全沪教会领袖热心赞助,义务演讲,每星期之讲员达百人之多"。[①]另外,还邀请蒋夫人宋美龄女士等各界基督教徒发表演讲,影响甚广。1934年上海民营无线电台播音业同业公会成立,王完白被推任公会主席。

卢沟桥事变爆发后,全面抗日战争开始。8月13日,沪战打响,上海卷入战火,大量难民涌入租界。上海基督教会为拯救难民而组织了非常时期的服务委员会。该委员会有委员150余人,王完白负责医疗救护,积极投身到救济难民活动中。日本军队占领上海后,为了避免日本人所设广播监督处的登记要求,福音电台由美国传教士向美国领事登记。王完白在战争初期救济难民的行为可以解释为宗教精神中的慈善与人道,而拒绝向日本占领者登记,显示出其正义立场和英勇气节。

1941年12月8日,珍珠港事件爆发,日本军队进占租界,同一天福音电台被日本人接管,停止播音,电台设备为日本人所占用。抗战胜利后恢复播音。1946年10月11日,经交通部核准,原"上海民营无线电台播音业同业公会"更名"上海民营无线电台商业同业公会"正式成立,福音广播电台负责人王完白再次被推任为公会主席。

1949年上海解放后,福音广播电台曾与民营新沪台共用1430周率,之后王完白本人及福音广播电台情况不明。1950年3月10日,在《上海市军事管制委员会文化教育管理委员会新闻出版广播室关于广播电台管制工作报告》中,将福音电台作为个别问题提出,表示因该台不做商业广告,指出完全仰仗信徒的捐款,"它既非公营,又非一般私营电台的有商

---

① 王完白:《前奏曲》,《福音广播季刊》,第一卷第二期,1936年10月至12月,第1页。

业性……一个这样的宣传基督教的电台应该如何处理，是一个尚待继续研究的问题"。^①表明了福音电台类型独特，处理是十分慎重的。

二、苏祖国

苏祖国（1904—1980），亚美广播电台经理，上海民营广播电台同业公会副理事长，上海私营广播电台同业公会副主任委员，是无线电广播领域苏氏家族的代表。1904年，苏祖国出生在上海的闽商家庭，苏祖国这一代为四男二女，苏祖国行四。苏氏兄弟受到父辈影响，家中安装各种家用电器，自制幻光灯、投影灯、弧光探照灯，还制造牙粉、牙膏、果子酱、发酵粉等等，父母均极力支持。因此，苏氏兄弟在无线电广播事业上的成功，与家庭的支持是分不开的。苏祖国多才多艺，爱好广泛，据1950年苏祖国本人填写的《上海私营广播电台工作人员登记表》，在"有何种专业技术"中，除无线电外还掌握摄影、驾驶等。^②

苏祖国1922年中学毕业后考入一家银行当练习生，出于爱好利用业余时间考入美国万国函授学校学习无线电专业。苏祖国与二哥苏祖圭、三哥苏祖修、六弟苏祖尧都对无线电技术有着强烈的爱好，他们在家中设立实验室，组装无线电接收器（即收音机）委托电器行销售。当时广播刚刚在上海流行，苏氏兄弟自己组装的收音机比国外产品便宜很多，销路很好。1924年3月，苏家兄弟发起组建成立了亚美无线电股份有限公司，这也是中国最早的民营无线电厂。亚美无线电股份有限公司的业务有制造

---

① 《旧中国的上海广播事业》，第804、805页。部分资料参见王淼：《王完白与孤岛时期上海重整道德运动》，《抗日战争研究》，2013年第4期，第60—68页。

② 《上海私营广播电台工作人员登记表》，上海档案馆档案，编号：B91-1-24-1。

五金用品及修造电气等机件，贩售无线电书籍，采办欧美各种零件及自制电气用品若干种。

20 世纪 20 年代的上海广播还比较少，苏家兄弟把早有自建亚美公司电台的计划提到议事日程，于 1929 年 9 月建成功率 50 瓦的亚美广播电台（AMA Radio Station），功率 50 瓦广播电台，地址在江西中路 323 号，于当年 12 月 23 日正式开播。苏氏兄弟自谦地认为是无线电业余爱好者，亚美电台也是音译自英文"amateur"业余意。

他们在推广无线电广播方面不遗余力。苏氏兄弟于 1932 年 1 月出版了专门解答无线电技术问题的《无线电问答汇刊》（后改名为《中国无线电》）。苏祖国翻译和著作、刊印了不少中文无线电小册子，如《无线电入门》《矿石收音机》《来复式收音机》《超等外差式收音机》等，及《苏氏科学丛书》。这是中国第一批出版发行的有关无线电的中文书籍，在普及无线电广播知识、培养无线电广播人才方面发挥了重要作用。

此外，苏祖国还对广播媒体发展取向和广播节目内容进行探讨。认为广播节目中娱乐过多是节目问题根源所在，呼吁"希望业播音者，随时在可能范围内，逐渐增加学术节目，以辅助教育之不足，而减少无意义之娱乐"。[①]正因如此，亚美电台在无线电广播爱好者心中有着独树一帜的地位。

1932 年 1 月，淞沪抗战爆发，亚美电台不畏强暴，坚持抗日宣传，募捐支持前线。1934 年 11 月，成立上海市民营无线电播音业同业公会，经过选举，苏祖国任上海市民营无线电播音业同业公会执委。1937 年

---

① 苏祖国：《播音与教育》，《中国无线电》，1934 年 5 月 5 日出版，第 2 卷第 9 期，目录编辑余话。

"八一三"事变之后，作为上海市民营无线电播音业同业公会的重要领导人之一，苏祖国联系其他民营电台联合广播，通过战地新闻、爱国歌曲合唱、爱国人士演讲、防空知识介绍等，鼓舞上海人民抗日爱国的斗志。"孤岛"时期，亚美广播电台因抗日活动被列入日军的黑名单。日寇占领上海后，1937年12月1日，亚美电台停止播音，为防止电台被敌人利用，亚美公司拆毁全部广播机器，并停止一切电子产品的生产。1942年7月，苏祖国和苏祖圭被日本宪兵队抓去关押了19天才被放出。

抗战胜利后，亚美电台与其他因抗战而停播的电台联合要求恢复播音，后南京政府指定与麟记电台共用一个频率，改为"亚美麟记广播电台"，苏祖国任亚美麟记广播电台经理兼工程师。1949年后，苏祖国任公私合营上海联合广播电台股份有线公司董事、监察人，上海市工商联常务委员。[①]

第四节　广播业务工作者

一、刘俊英

刘俊英（1909？—？），女，河北沧县人，早年在北平念小学和中学，后在北平女子师范大学学习教育专业，中央广播电台播音员，有着"南京的夜莺"美称。

---

① 参见刘书峰：《苏祖国与亚美电台：从无线电爱好者到爱国广播人》，《新闻春秋》，2013年第1期。

20 世纪 20 年代，国内广播处于草创阶段，当时国民党中央广播电台几乎无固定的、合格的国语播音员。1932 年，国民党中央广播电台扩建，成为东亚第一，专业播音员队伍建设迫在眉睫。国民党中央广播电台和中央广播事业管理处，于 1933 年在北平招考播音员，考试形式由笔试和口试组成。笔试内容包括历史、地理、国文、数学，用拼音字母撰写一篇行文流畅的文章；口试由主考官就文史哲等领域的知识广泛提问。从小生长在北平的刘俊英，时为北师大学生，选择了报考播音员岗位。刘俊英在笔试中，各科成绩名列前茅，进入复试环节更是出类拔萃。在口试中，面对主考官在文史哲各领域的广泛提问，她从容自如，对答如流，得到主考官的赏识。主考官为我国无线电专家、国民党中央广播电台总工程师冯简。这场考试最终录取三人，分别是刘俊英、张洁莲、吴祥祜三位女播音员。

1933 年 10 月，刘俊英来到南京工作，她才思敏捷，文笔流畅，嗓音圆润，多年的北平生活为她准确发音打下坚实的基础，加上良好的文化素质，工作不久便崭露头角，成为 20 世纪 30 年代中国最出色的女播音员。在电台刘俊英除播报新闻专题外，还与另外两位女播音员主持儿童节目，节目中的文章，趣味横生，知识丰富，再配上其娓娓动听、令人迷醉的声音，不但受孩子欢迎，甚至许多成年人也成为这个节目的忠实听众。

刘俊英除播报新闻外，她文笔流畅，能写稿，歌咏，播演话剧，自编自播儿童节目，无数听众为之倾倒，她的来信电话不断，访问者纷至沓来。1935 年 4 月 15 号，日本《朝日新闻》以《南京的夜莺》为题报道了刘俊英（见本书附录），文中写道："南京有一位有着优美动听声音的女播音员，她的声音美得好像金银的树叶飞舞飘落，又像春之少女摆动着金铃的声音……"于是"南京之莺"的美称随着广播远飘海内外。

抗日战争爆发，日本侵略军一步步进逼南京，在不断的空袭下，刘俊英仍然坚持播音。因为实行灯火管制，条件异常艰苦，她经常在昏暗的灯光下备稿，以至于得了严重的眼疾，视力下降。即使在这种状况下，刘俊英仍坚守工作岗位，没有放弃播音。1937 年 11 月 23 日午夜时分，中央广播电台在南京沦陷前最后一次播音，她吃力地辨认着稿件上的字，用悲愤的声音做了告别播音。同时因为严重的眼睛疾病，刘俊英也离开了播音岗位，辗转到大后方，在贵阳、昆明等地电台工作。在昆明参加电台参与节目设计，担任该台人事代理主任，做过资料工作，直到抗战胜利。之后去向不明，有在重庆当中学语文教师一说。

二、吴祥祜

吴祥祜（1913—1997），女，国民党中央广播电台播音组长，播音名吴暄谷。祖籍广西桂林，生于北京。北京师大附中高中毕业，后于 1933 年考取国民党南京中央广播电台播音员，1937 年参加国民党，升为三等播音员。抗战爆发后，先后在长沙、重庆、昆明广播电台担任播音工作，1943 年担任重庆中央广播电台播音组长，参与安排日本投降抗战胜利的播音工作。抗战后回到南京，任中央广播电台二等播音员。1949 年 1 月任广州广播电台二等播音员，同年 8 月改任华中军政公署桂林广播电台播音组长，少校编审。1949 年 12 月南宁解放后，她参加人民广播工作，后任广西人民广播电台播音组长，1953 年后因病改做其他工作，曾从事节目编辑工作兼做播音工作。1980 年退休。①

---

① 参见赵玉明主编：《广播电视辞典》，北京广播学院出版社，1999年，第542、543页。

吴祥祜的工作严谨，记忆清晰过人。20 世纪 80 年代，江苏省广播电视厅因对其广播史进行整理，专程去广西拜访过她。她详细回忆了日本投降时中央广播电台对此事的广播，给人留下深刻的印象。据其回忆 1935 年有《朝日新闻》曾采访过播音员刘俊英，后该报道被发现，等等，提供了许多有史料价值的材料。

三、甘涛

甘涛（1912—1995），字汉波，南京人。出身金陵书香门第，系清代南京名儒甘熙之后，现代著名民族音乐家、音乐教育家、中国民族管弦乐奠基者，国民党中央广播电台音乐组长。著有《江南丝竹音乐》《怎样吹笛箫》《江南丝竹演奏艺术》《二胡音准问题》《二胡运弓艺术》《二胡基本练习曲》《中国民族乐器常识》《中国打击乐器》等。

甘涛自幼在家庭环境熏陶下，学习京、昆、笛、箫、二胡等民间艺术，20 年代以"南胡圣手"名闻乡里。中学时即登台演奏乐器。高中毕业后，甘涛考入中央大学电机系学习，后因病辍学，后考入上海国立音专。1934 年进入国民党中央广播电台工作，任干事、总干事、音乐组长及"中央电台国乐团"负责人。抗战时期重庆的音乐人才济济，国乐团实力大增，除承担电台节目播出工作外，还是一支重要的社会演出力量，一些重大活动及外事活动都有电台乐团活动的身影。抗战胜利那一年，甘涛曾亲自率"中广"乐团赶赴重庆曾家岩中共办事处举办音乐晚会，还招待美国五星上将马歇尔和苏、美、英、法四国驻华大使，民族音乐的精彩演出令国际友人赞叹不已。

1946 年初，尚在重庆的中央广播电台成立了"还都委员会"，之前电台有不少技术骨干、部门负责人被抽调各地接管敌伪广播。作为音乐组长的甘涛担任中央广播电台"还都"总领队，在人员物资一番准备之后，4月，率领电台工作人员及家属共 500 多人，连同各种仪器设备、办公用品，满满装了四大船，沿江而下，过三峡，防盗匪，带领大家终于安全抵达南京。

1949 年后，甘涛曾在南京大学、金陵大学、南京师范大学、南京艺术学院等执教音乐专业。①

---

① 部分资料参见 https://baike.sogou.com/v34658392.htm？fromTitle。

第八章　共产党领导的人民广播事业

第一节　人民广播事业的发展历程

一、抗战烽火中诞生

中国共产党的广播事业即人民广播事业的建设提出是在抗战初期。①
为更有效地向大后方和敌后同胞宣传党的抗日民族统一战线政策，推动抗

---

① 有研究者认为在江西苏区时代就有了广播。20世纪30年代初期（约1931年年底），在以江西瑞金为中心的中央苏区，诞生了一个共产党最早的重要新闻单位——红色中华新闻台，它是我党创建的最早的红色广播电台，也是人民广播事业之根。参见刘卫国、刘照龙：《寻访中国人民广播事业之根——关于红色中华新闻台最新史料的考证》，《声屏世界》2002年第11期，第4-6页。但上述说法仅一家之言，还缺乏足够材料支撑，本研究关于人民广播事业诞生日采用权威的说法，即中央宣部批准，中央广播事业局发的通知为1940年12月30日。参见《关于将人民广播诞生纪念日改为一九四〇年十二月三十日的通知》，中央广播电台研究室、北京广播学院编：《解放区广播历史资料选编》，中国广播电视出版社，1985年，第3页。

日战争的胜利，向世人发出中国共产党的声音，共产党提出在延安创办人民广播事业。

1940年3月，周恩来同志从苏联治疗臂伤回国时，带回一部广播发射机，经拆卸装运，途径迪化（现乌鲁木齐）、兰州、西安后抵达延安。党中央立即决定成立广播委员会，开展广播电台的筹备工作。当时，周恩来同志担任主任，中央军委第三局（为通讯联络局）局长王诤、新华社社长向仲华等同志都是该委员会成员。三局九分队担负建台任务，该团队由30多人组成，只有少数无线电技术人员，大多数是老红军战士和知识青年，承担新华社的文字广播和延安新华广播电台的口语广播的播发任务。

广播电台的台址选择在王皮湾村，这里距延安城西北50多里地，相对比较隐蔽，地形也偏远。九分队的同志在半山腰中开凿出两孔相通的石窑洞用来当作发射机房和动力间，在与石窑洞隔河相望的一孔土窑洞内设置播音室。一支30多人的警卫部队专门驻扎在附近，来防止敌人搞破坏。当时，抗日战争处于极其困难的阶段，在日本侵略者和国民党反动派的围困和封锁下，陕甘宁边区的无线电设备来源非常困难。九分队同志首先对发射器进行了多次修改和调试。除少量所需部件由敌占区或大后方秘密运达延安，其余部分由延安通信材料厂工人制作。延安没有发电厂，九分队的同志用烧木炭产生的煤气代替汽油作燃料，来驱动破旧的车头转动，进而带动发电机运转来解决供电问题。发射天线的铁塔由几根大木杆连接的"木塔"代替。经过大半年的努力，建台任务终于在1940年底初步完成，并开始进行试验广播，发射电力大约 300 瓦左右。[①]

"延安新华广播电台，XNCR，现在开始播音……"[②]1940 年 12 月 30 日，在延安的一个偏远山村的窑洞里传出的声音，飞向广袤的天空，响彻中国大地，为遭受苦难的中国人民传递真理和希望。这一天，意味着中国人民广播事业的诞生。呼号 XNCR 的含义是，根据当时国际上的规定，X 代表中国的无线电台，NCR 系英文的 New Chinese Radio 缩写，即新中国广播，这是中国共产党广播事业的开端。

党中央和毛泽东同志非常关心和重视延安台的筹备和试播。试播开始后不久，1941 年 5 月 25 日，党中央在《关于统一各根据地内对外宣传的指示》中要求"各地应经常接收延安新华社的广播，没有收音机的应不惜代价设立之"。[③]1941 年 6 月 20 日，中宣部在《关于党的宣传鼓动工作提纲》指出"应当在党的统一宣传政策之下，改进现有通讯社及广播事业的工作"。[④]并强调发展广播业的重要性，党中央也通知各地及时听取延安广播并作出反馈，以改善他们的广播工作，争取尽快正式广播。

延安新华广播电台实验广播时间不长，正值"皖南事变"发生，在公正舆论被严密封锁的情况下，电台承担了传播真相和人民之声的任务，肩

---

① 参见赵玉明：《延安新华广播电台筹建和试播始末》，《新闻研究资料》，1980年第3期，第131–133页。

② 参见杨兆麟、赵玉明著：《人民大众的号角——延安（陕北）广播史话》（增订本），中国广播电视出版社，2000年，第10页。

③ 《中共中央关于统一各根据地内对外宣传的指示》（一九四一年五月二十五日），中央广播电台研究室、北京广播学院编：《解放区广播历史资料选编》，中国广播电视出版社，1985年，第8页。

④ 《关于党的宣传鼓动工作提纲》，中国社会科学院新闻研究所编：《中国共产党新闻工作文件汇编·上卷（1921—1949）》，新华出版社，1980年，第111页。

负着宣传党的战略方针，内聚人心、鼓舞斗志的历史使命。在宣传战线上，为坚持和做好抗日民族统一战线的宣传工作作出巨大的贡献，出色地完成了历史使命。

抗战时期，中国共产党有了自己的广播事业，标志着党的新闻体系更加完备。有了报纸、杂志、通讯社，现在又有了电子媒介，从此党的新闻事业发展进入一个新的阶段。中国共产党非常重视广播及其广播科学技术，提出要把无线电成果运用到新闻宣传中，成为党进行抗日宣传的得力工具，这一时期还专门指出"在现代无线电发展的情形下，以及在中国交通工具困难的情形下，发展通讯事业，无线电广播事业是非常重要的"。[①]延安台的开播为党培养和锻炼了一批急需的懂技术、懂宣传的广播方面的人才，为后来人们广播事业的发展打下了队伍基础。

由于战争环境的影响，广播条件及设备简陋，故障频频，设备供应非常困难。因此，广播时断时续，于1943年春，被迫完全停止。

二、解放战争中不断成长

抗战胜利后经过多方努力，延安新华广播电台于1945年9月5日正式恢复播音[②]。主要内容有国内外时事新闻、解放区消息、解放区建设情况，以及言论、记录新闻等，此外还有一些文艺节目。总之，随着解放战争形势的变化，广播的内容和形式在不断调整，以满足听众的需求。

---

① 《中共中央宣传部关于党的宣传鼓动工作提纲》（一九四一年五月），中央广播电台研究室、北京广播学院编：《解放区广播历史资料选编》，中国广播电视出版社，1985年，第10页。

② 1945年9月5日起广播正常播出并持续下来，故长期以来这天被当作人民广播事业的创建日。

延安台为适应斗争需要，不断加强自身建设，改进宣传业务。延安台播出的《介绍 XNCR》《庆贺新年 XNCR 的自我介绍》和《大家办广播》等，集中反映当时延安台办广播的方针和路线，其主要观点为：一是对谁宣传，立足于解放区，以国统区的听众为主，面向全国的宣传对象；二是宣传什么，介绍共产党及其人民军队和解放区的情形，揭露国民党及美帝国主义的阴谋，驳斥国民党的造谣与污蔑；三是如何办台，即提出"大家办广播"的口号，既要办给大家听，又要大家讲。

这一时期延安台广播宣传的主要内容经历了两个阶段。第一阶段是从1945年8月日本投降到1946年6月内战全面爆发前。这一阶段的主要内容是：一方面宣传中国共产党的和平、民主和团结思想，揭露国民党反动派的阴谋；另一方面积极宣传贯彻政协决议，揭露美蒋反动派"假和平真内战"的阴谋，介绍解放区各项事业成就，揭露国统区法西斯统治；与此同时开办文艺节目，介绍解放区的革命文艺作品。第二阶段是从1946年6月内战全面爆发到1947年3月中旬延安台撤出延安。这一阶段的主要内容有三：一是集中揭露国民党反动派发动内战的罪恶行径，号召军民自卫反抗来保卫解放区；二是号召国民党军队退出内战，停止内战；三是组织各界名流讲座，组织专题节目，声援国统区民主爱国运动。

自1947年3月中旬至1948年5月中旬，一年多的时间里，随着解放战争形势的发展，延安台曾经做过三次斗争转移。第一次：转移子长，坚持播音。1947年胡宗南部进犯延安，3月14日延安新闻广播电台停播，但当天就由设在瓦窑堡（陕北子长县）好坪沟一座小庙里的战备电台继续播音，21日，改名为陕北新华广播电台（呼号未变）。第二次：太行山麓，再建新台。4月1日又随新华社总部迁往太行山麓新社址广播（台名未变）。9月11日开办英语新闻节目。陕北台在太行山的播音一直持续到1948年

5月22日，宣传的主要内容为：及时传达中共中央重要文件和毛泽东的著作、讲话，指导全国的解放战争；根据解放战争形势的发展，发表有关战局时评，报道人民解放军战略反攻的胜利；开办《对国民党军广播》节目，从政治上分化瓦解敌军；恢复文艺节目，反映解放区文艺活动情况。

第三次：胜利声中，北上平山。1947年夏初，解放军转入大反攻，陕北台随新华社北上，由于解放战争形势发展，1948年5月23日陕北新华广播电台迁至河北省平山县播音。其间继续加强对国民党军队的政治宣传攻势，三大战役胜利后，重点揭发国民党"和平"骗局，号召全国人民建立真正的人民民主共和国，彻底消灭一切反动势力，并于1949年3月，广播了七届二中全会公报。在平山时期，广播管理、思想及业务进一步提高：明确了新闻工作指导思想；制定有关广播政策；加强广播工作管理；积极培养新闻工作领导干部。一个以陕北台为中心的解放区广播宣传平台已初具雏形。①

从1948年底到1949年7月，人民广播事业得到空前的发展。随着各城市的解放，将各地电台通过恢复、接管、改造成为人民广播电台。据统计，截至1949年7月，华北地区有北平新华广播电台（前身是延安新华广播电台，这是全国性的中央广播电台）、北平人民广播电台、天津台、张家口台、唐山台、太原台等六处；东北地区有沈阳台、哈尔滨台、长春台、齐齐哈尔台、延吉台、吉林台、安东台、牡丹江台、锦州台、四平台、鞍山台、营口台、通化台、承德台、抚顺台等十五处；华东地区有上海台、南京台、济南台、青岛台、徐州台、杭州台、南通台、无锡台、常

---

① 这部分内容主要参考赵玉明主编：《中国广播电视通史》，中国传媒大学出版社，2004年，第118-134页。

州台、绍兴台等十处；华中地区有武汉台、南昌台等二处；西北地区有西安台一处，共有三十四处。①

它们的建立，标志着党领导下的人民广播事业在解放战争的后期，已经具备了相当的规模。

三、新中国成立前后的新发展

中国人民革命的胜利和中华人民共和国的成立，揭开了中国历史的新的一页。它标志着一百多年来内外战乱频繁、国家四分五裂的历史从此结束，人民企盼已久的统一独立的新中国终于诞生了。中国共产党积极领导的人民广播事业从此续写新的历史篇章。

1949 年 2 月 1 日，陕北新华广播电台取消了 XNCR 呼号。3 月 25 日，新华总社和陕北台从平山迁至北平，陕北台更名为北平新华广播电台，并具有中央台的功能和作用。1949 年 6 月 5 日，党中央决定将语言广播部门与新华社总社分开，成立中央广播事业管理处，负责管理和领导全国广播事业，广播电台就成了独立的新闻机构。9 月 27 日，更名为"北京新华广播电台"。中国人民政治协商会议于 9 月 21 日晚 7 时在北平中南海举行，晚上 9 点 15 分电台播出了毛泽东致开幕辞的演讲录音，其内容包括著名的"占人类总数四分之一的中国人从此站起来了"。10 月 1 日下午 3 时，北京新华广播电台开始直播报道中华人民共和国开国大典现场实况，全国各地人民广播电台进行实时转播，这也是第一次在天安门城楼上进行实况广播。中华人民共和国的成立标志着旧中国广播事业的结束，人民广播事

---

① 参见《中央广播事业管理处广播电台介绍》，中央广播电台研究室、北京广播学院编：《解放区广播历史资料选编》，中国广播电视出版社，1985年，第101–106页。

业发展迈入新的历史阶段。

中央广播局局务第一次会议于 1949 年 11 月 29 日举行，会议根据中共中央的指示确定了中央广播局的具体任务：1.领导全国各地人民广播电台；2.直接领导中央人民广播电台对国内和国外的广播；3.普及人民广播事业；4.指导和管理各地私营广播电台；5.培养和训练广播事业干部。[1] 经中共中央批准，1949 年 12 月 5 日北京新华广播电台第一台定名为中央人民广播电台，仍归属中央广播事业局直接领导。随后，各地的新华广播电台也陆续改为"某地人民广播电台"。

新中国成立初期，初步形成了以中央人民广播电台为中心，大行政区台、省（直辖市）台及市台协同的四级广播宣传网。先后建立了华东人民广播电台（上海）、东北人民广播电台（沈阳）、中南人民广播电台（武汉）、西南人民广播电台（重庆）和西北人民广播电台（西安）五大行政区广播电台。各大行政区台担负着面向全区进行广播宣传和促进本区广播事业发展的双重使命。

第二节　人民广播事业取得的成就

一、体制建设逐步完善

人民广播事业在体制建设方面，从原先为新华社下面的口播组，后来成立了口播部、广播语言部。广播宣传工作安排方面，抗战时期，1942

---

[1]　左漠野主编：《当代中国的广播电视》（上），中国社会科学出版社，1987年，第34页。

年初，中共中央发布了一系列有关新闻广播工作的决议和通知。首先，中共中央政治局决议要求"决定由中央各部委（中央同志在内）及西北局每月供给广播新闻消息一件，写社论或专论一篇"①，以加强各级组织对广播工作的关注和更好地利用。1942 年 3 月，中共中央书记处办公厅下达《关于党务广播条例的通知》，对党务广播工作的各个方面做了明确的规定和指示，它是这一时期中共新闻广播管理的代表性文件。中央重新对收听党务广播的规定进行修正，规定了党务广播的收报规范和对于党务广播文件的使用办法。这些规定对于加强广播的后续宣传作用和指导各部门实际工作具有重要的现实意义。其次，中央政府还要求在党务广播工作中建立"回报制度"，要求"对党播工作意见及各地收到的处理情形，限每月底由各该地区党委以上，各军各师及独立支队以上的负责同志向直属回报一次"。②"回报制度"的建立有利于上下级党务广播工作之间的监督和管理，广播事业的管理体制更加系统化。

1948 年 3 月关于中央文件口播规定，中共中央宣传部发出指示："凡文件及文件性质的东西，陕北台口头广播时应严格依照文件本身，不要改动删节增添，这是原则。"③1948 年 10 月，广播电台工作会议在新华总社

---

① 《中共中央政治局关于给〈解放日报〉写稿与供给党务广播材料的决定》，中国社会科学院新闻研究所编：《中国共产党新闻工作文件汇编·上卷（1921—1949）》，新华出版社，1980年，第118页。

② 中共中央宣传部办公厅、中央档案馆编研部编：《中国共产党宣传工作文献选编（1937—1949）》，《中央书记处办公厅关于党务广播条例的通知》，学习出版社，1996年，第359、360页。

③ 《中共中央宣传部关于文件口播的指示》（一九四八年三月），原载新华总社《本周业务一览》，第五期。中央广播电台研究室、北京广播学院编：《解放区广播历史资料选编》，中国广播电视出版社，1985年，第30页。

召开，会议决定短波台的增设要遵循少而精，关内短波台一律转播陕北台短波广播。总社广播管理部成立两个编辑部，功能定位为：一个负责新闻编辑部，一个负责对外宣传的专稿编辑部，同时"一个设立技术管理的部门，以便有步骤地完成全国各广播台之技术及技术行政的统一管理，为此，目下尤应注意罗致和培养广播事业的专门技术人才"。①上述规定对广播管理进行了制度化规范。

新中国成立前，中共中央对广播事业进行制度改革。1949 年 6 月 5 日中共中央发出通知，将原新华总社语言广播部扩充为中央广播事业管理处，管理并领导全国的广播事业，廖承志为处长，李强为副处长。中央广播事业管理处与新华总社为平行组织，由中央宣传部统一领导。

1949 年 6 月 30 日，中央广播事业管理处发布对各地广播电台临时管理办法，规定了各地广播电台一律统称某地人民广播电台。9 月 29 日中国人民政治协商会议第一届全体会议通过了《中国人民政治协商会议共同纲领》，纲领第 49 条规定"发展人民的广播事业"，为人民广播事业建设奠定了制度基础。1949 年 10 月 1 日，中央人民政府将中央广播事业管理处改组为广播事业局，李强任局长。

二、广播内容和形式日趋丰富

党中央把广播电台作为抗日根据地和解放区最有力的对外宣传武器，

---

① 《关内广播电台会议记录》（一九四八年十月八日整理），中央广播电台研究室、北京广播学院编：《解放区广播历史资料选编》，中国广播电视出版社，1985 年，第 176、177 页。

为增强广播宣传的有效性，加快广播事业的发展，对其传播的内容和形式，从中央层面进行规划和要求。中宣部于 1941 年 5 月 25 日发文《中宣部关于电台广播的指示》，从广播内容、广播材料、电讯形式和广播时间等四个方面，作出了工作部署，明确提出："（一）广播内容应以当地战争及政治、军事、经济和文化教育等各方面具体活动为中心，根据具体事实来宣传根据地的意义与作用。（二）广播材料应力求短小精彩，生动具体，切忌长篇大论和令人生厌的空谈。（三）广播均应采用短小的电讯形式，每节以三百至五百字为宜，至多不超过一千字；当地负责同志的讲演和论文，如有特别重要意义的，应摘要广播，至多亦不得超过一千字。（四）每节电讯应一次广播完结，不得拖延时日，至多不得超过两天广播时间。"[①] 要求播报内容要结合当前实际，形式要短小精悍，符合广播快捷的传播特点。

共产党的广播电台随着战时形势变化也在积极拓展自身内容和形式建设。

第一，注重结合时间节点进行重要的广播内容宣传。这是共产党新闻宣传的特点。1941 年的"五一"国际劳动节到来，延安台广播了《新中华报》的文章《伟大的国际劳动节》和中共陕甘宁边区政府中央局颁布的《陕甘宁边区施政纲领》，号召中国工人阶级和全国人民要动员一切力量，坚持抗战，坚持团结，坚持进步，求得中华民族的解放；1941 年"十月革命纪念日"，毛泽东发表了重要广播讲话，号召全国人民加强团结，驱逐

---

① 《中宣部关于电台广播的指示》，中国社会科学院新闻研究所：《中国共产党新闻工作文件汇编·上卷（1921—1949）》，新华出版社，1980 年，第100页。

日本强盗出中国，把世界反法西斯的斗争推向更高阶段。[①]

第二，配合军事斗争，开设针对国民党军的专题节目。这方面广播超时空的优势充分发挥出来。国民党空军上尉刘本善不愿打内战，经常收听延安台的广播，1946年6月26日，毅然架机起义飞往延安。1946年7月起，延安台开始播放国民党军队起义军官的讲话，刘本善多次来电台发表《赶快退出内战漩涡》《这里的人情充满了温柔》等广播讲话。[②] 自1947年9月以来，陕北新华广播电台举办的第一个对象节目——《对蒋军广播》栏目播出，后改名《对国民党军广播》，这是电台最具特色的节目之一，其报道事实准确，事理与人情结合，宣传中国共产党的政策和对待士兵投诚的宽容方针，帮助国民党官兵认清解放战争的发展大局，对分化瓦解国民党军队士气产生了巨大作用。

第三，安排文艺类节目播出。文艺类节目不仅可以调剂生活，更可以用来寓教于乐，开始的时候，延安台的文艺节目并没有固定的播出时间，只有在周末或者节假日举行，或者配合重大宣传活动，延安台曾邀请鲁迅艺术团来电台演唱冼星海的《黄河大合唱》。当时唱片的数量少且大都作为插曲使用，受条件有限，节目主要以文艺报道和文学节目为主，辅之少量的戏剧、音乐。1947年8月1日晚上，为了纪念南昌起义20周年，新华社和陕北台的编辑杨兆麟、叶华、左荧等同志改编、排练了《红军回来了》到播音室播放，这是延安台发展史上首个广播剧。1947年9月，陕

---

① 参见杨兆麟、赵玉明著：《人民大众的号角——延安（陕北）广播史话》（增订本），中国广播电视出版社，2000年，第16、17页。

② 杨兆麟、赵玉明著：《人民大众的号角——延安（陕北）广播史话》（增订本），中国广播电视出版社，2000年，第37页。

北台每逢星期天开始固定《星期天文艺》。①

第四，开办适合城市经济生活的节目。随着解放战争的节节胜利，一个又一个城市回到人民的手中，广播电台节目开始设置适应城市经济生活的节目。如天津台"为了适应工商城市的特点，另外专设了经济台和职工台着重报道经济消息和职工运动播送外文类节目。人民广播电台从入城的第一天，就考虑如何首先为城市的劳动人民服务"。②此外，还有广告播报，如东北新华广播电台"在每天下午一时半到二时半对沈广播时间，用一个小时作为广告时间，愿对沈阳市公私企业和文化事业有所服务，希望各企业文化娱乐机关惠赐广播广告"③。人民广播事业很早就开办经济台播出广告，对经济领域的问题，对如何面向城市的听众满足其需要的问题等十分重视。

第五，开办国际广播。对外广播是广播的传播优势，也是电台实力的象征。1941年12月3日，在抗日战争中延安台第一次日语播音，每天播出约30分钟，主要对象为日本士兵，标志着中国对外人民广播事业的开端。1947年9月11日，继日语广播之后，陕北台又增设了英语新闻节目，于每天广播的最后20分钟播出，通过电台向世界各地说英语的听众播报关于中国方面的简明新闻、真实的报道，开启对外广播的新事业。

---

① 参见杨兆麟、赵玉明著：《人民大众的号角——延安（陕北）广播史话》（增订本），中国广播电视出版社，2000年，第62页。

② 金凤：《人民广播事业的成长和发展》，《人民日报》，1949年8月31日，第6版。

③ 《东北新华广播电台广播广告条例》，中央广播电台研究室、北京广播学院编：《解放区广播历史资料选编》，中国广播电视出版社，1985年，第310页。

三、宣传效果更加显著

伴随广播事业的发展，广播宣传的成效也不断显现。在思想建设方面，共产党广播有效影响扩大了舆论阵地，继承和发展了马克思主义新闻观，开辟了马克思主义新闻宣传思想的中国道路。1941年5月，延安新华广播电台播出《陕甘宁边区施政纲领》；6月，播出了一系列纪念"七一"的专题稿件，如《在毛泽东旗帜下前进》《选举工作中的宣传工作》等，重点宣传了党的理论思想与实践情况。"中国共产党成立的二十一年间，中国革命分别经历了两次国内战争和抗日战争，积累了宝贵而丰富的革命经验，坚持和发展了马克思列宁主义理论。马克思主义在中国的发展最主要、最明显的代表，是我们党的领袖毛泽东同志。他善于把马克思列宁主义的本质，灵活地、巧妙地、深刻地运用到中国的具体问题之中。……引导我们向着中华民族解放的前途迈进。"[1]延安台对毛泽东思想的宣传，使党在意识形态工作上更加明确和统一。

在1941年秋天，美国评论家艾金森到清凉山上的延安新华社参观时，他很惊讶地看到土窑洞里最原始的收报机，便问道："生活这么艰苦，是什么原因，使你们能这样努力完成自己的任务呢？"新华社的同志回答："革命，打败日本帝国主义，建设新中国和社会主义。"又问："你们为什么有信心能打败日本侵略者呢？"回答是："真理和正义都在我们这边，我们有党中央和毛主席的正确领导，有世界一切进步人类的支援。"最后，艾金森说："我发现，你们的青年都是有信心、有崇高理想的人，这就是

---

[1] 苏力编：《延安之声——延安（陕北）新华广播电台纪闻》，陕西旅游出版社，1990年，第11页。

你们取得胜利的根本。"①这些都是思想传播造就出坚定信仰，所产生一种气质，一种精神的力量。

延安新华广播电台通过广播共产党的重要文件、实时传达根据地的建设情况，将党的方针政策和民主政权的建设情况广泛宣传。《陕甘宁边区施政纲领》的反复播放，向全国乃至全世界宣传了陕甘宁边区人民坚持长期抗战、建设抗日大后方的光荣事迹，让全国人民更加深刻地理解了党的政策和党的建设等方面的能力。

在传播实践方面，推动了民主政权建设，扩大了抗日统一战线，及时报道并揭露国民党反动阴谋，击退了国民党反动派的反共高潮，进一步推动了国统区第二条战线斗争的发展。为了能够争取国内外民众支持，创造良好的舆论环境。

抗日战争胜利后，国民党反动派大搞"两面派"做法抢夺胜利果实。一方面，要求八路军和新四军必须"原地驻防待命"，不准收缴敌军武器；另一方面，命令其他战区的国民党军队，加紧作战努力，勿稍松懈，企图掠夺抗战胜利战果。延安新华广播电台播发了8月10日朱德总司令为日寇投降一事向各解放区部队发布的七道命令，要求各部队向伪军发出最后通牒，限期缴械投降，如果拒绝投降，就"予以坚决消灭"。随后，8月11日，延安新华广播电台播发给日本侵略军头目冈村宁次下达命令，责其命令华北、华东、华中和华南的日军，除被国民党军队包围者外，都向八路军、新四军和华南抗日纵队投降。延安新华广播电台的广播工作，粉碎了国民党反动派的阴谋。

---

① 吴文涛：《清凉山怀旧》，新华社新闻研究所：《新华社回忆录》，新华出版社，1986年，第93、94页。

延安台节目播出有国内新闻、国际新闻、记录新闻、广播评论、时事讲话、解放区介绍、中共政策介绍，还有故事、小说、歌谣、音乐和名人演说等等。全国有那么多的广播电台，延安台与它们不同之处在于："我们播音的内容，和国民党统治下的电台的播音，根本不同，我们播的，是国内跟国际的最真实的消息和动向；是解放区人民的生活和各种建设情况；是中国人民的政党中国共产党的政策和时局主张。"①这些节目生动活泼，又是听众想听而从国民党统治下的电台是听不到的，深受听众的欢迎。

延安新华广播电台有计划、有步骤地对海外侨胞开展广播节目，包括使用潮州话、闽南语、粤语等，让中国同胞和海外华人及时地了解到国内战争形势和中国共产党的成就。此外，中共中央决定开展日语和英语广播，加大广播发射功率，"1944年9月，新华社的英文广播开始使用一部500瓦的发射机进行"②，争取更多的国际人士理解和支持中国共产党的主张和中国人民的解放事业。

延安新华广播电台，秉持开放办广播的方针，"你有什么意见，就随时把它记下，随时向XNCR反映。更重要的，把你的收音机走出斗室，放到街头巷尾，放到公共场所，放到群众中去，从'独乐乐'变成'同乐乐'，使它真正成为有力的宣传工具，教育民众的最好的武器"。"XNCR

---

① 《大家都来说话——XNCR两周年纪念广播》，延安《解放日报》，1946年9月5日，第四版。

② 吴文焘：《清凉山怀旧》，新华社新闻研究所编：《新华社回忆录》，新华出版社，1986年，第92页。

是我们的，是中国人民的，要合力经营，要大家办。"①广播成为人民群众喜闻乐见的宣传工具，广播实践作为宝贵的财富，对新时代中国新闻广播事业的发展具有重要指导作用，它告诫媒体从业者，要坚定不移地走群众路线，实实在在反映民众需求，为群众的利益代言。

中国共产党的广播在抗日的烽火中诞生，从延安的山村窑洞起步，坚持自力更生、艰苦奋斗精神，忠实地为党和人民服务。随着解放战争形势发展，越来越成熟起来，后经过对旧政府广播电台的接管、改造，所拥有的数量和规模更加壮大，人民的广播事业体系逐步建立，为新中国的广播事业发展奠定了基础。

---

① 《大家办广播》，延安《解放日报》，1945年10月25日。赵玉明主编：《现代广播史料选编》，汕头大学出版社，2007年，第298、299页。

结语：民国广播于中国现代化进程的影响

　　民国肇始，中国结束封建统治，社会发生了一系列变革，由封闭走向开放，从近代向现代转型。1923 年无线电广播在中国开始出现，标志着中国社会开始进入了电子媒介时代，国人时空观念也随之发生了革命性的变化，社会节奏实现了提升换挡加速发展。与纸质媒体不同，广播可以进行远距离的共时的传播，可以让天南地北的人、识字与不识字的人都参与到这一传播活动中来。"海内存知己，天涯若比邻"，这一美好的愿景在无线电广播时代得以实现。从国家社稷到黎民百姓，从宏观世界到微观生活，广播媒介都全面地参与进来，而对此把握和评价，除了人们习惯了的纸质媒体外，还要置身到无线电广播环境下考察的方方面面的影响。因此，民国广播于中国现代化进程的影响，是从媒介进化论的观点，毕竟到了 20 世纪 20 年代中国开始有了电子媒体——广播，即从技术发展的视角，无线电广播的信息传播方式，考察它是如何给当时的中国社会的政治、经济、文化的改变带来催化和整合作用的。

　　与此同时，广播媒介的强大超时空的传播能力，正引起国人兴趣和关注，广播事业得到快速发展。1932 年，"中央广播电台"发射功率已达 75 千瓦，系"当时公认为东亚最大之电台"。[①]1937 年，中国的广播电台数量已达 91 座，仅次于美国，为世界第二。[②]像欧洲等国土面积不大，广播功率强大且覆盖全境，故广播电台仅就数量而言不多但已够用。而对中国而言，地域广泛，人口关系复杂，很适宜发展广播事业。广播即是这一时期中国社会现代化转型的成果，同时身处其间，又对现代化进程起到了重要且独特的推动作用。

一、广播于中国社会功能的认识

中国历史悠久，文化灿烂，在相当长的时间里是通过纸质媒介进行文明的传承。到了 20 世纪 20 年代初期，作为现代科技产物的广播传入中国，广播属大众传播媒介范畴，其基本功能是声音的超远距离传播，原理为通过仪器设备进行无线电发射与接收，以电波为信息载体，进行声音的传播。这也决定了其信息传播实现了超越时空，迅即到达，令人有"天涯若比邻"之感，而声音的抑扬顿挫，急重徐轻，与人的情感起伏变化同步共振。于是中国社会藉此种传播力道，使各种新变化加速发生，并产生持久广泛的影响。

与之前国人熟悉的报刊个体阅读、反馈延时的传播方式不同，广播传播是由一个声音发出、众多个体受众同时接收参与的一项活动，这种传播

---

① 陈果夫：《中央广播电台创办经过》，台北市新闻记者公会编印：《中华民国新闻年鉴》，1961年，第47页。

② 参见殷增芳：《中国与列强各国广播电台数目比较表》，《中国广播无线电事业》（燕京大学学士论文），1939年，第4、5页。

方式形成一个互动的传播场和共同体效应，广播特有的、强大的社会功能也由此产生。广播传播在地域上不分远近城乡，在听众上不分男女老幼，在文化程度上更是高低多寡皆宜展开，故广播内容丰富、听众广泛。世界各国都极重视其事业的发展，各国政府都在努力通过广播谋求国民对政治、经济、军事、外交等国家行为的理解和支持，同时对国民施以思想观念教育，以求团结合作。此事关国家政策推行与实现安定繁荣。所以，民国时期即有"广播是国家的责任，收听是国民的义务"①的普遍认知。

1923 年广播传入中国，当时的社会实情是国家积贫积弱，各地交通闭塞，人员往来不畅，有四万万人口，但文盲众多。广播作为大众传播媒介在那个时代、那种环境之下，其意义不仅仅只是和报刊一样，只是简单的报道的媒介而已，而是被赋予更宏大的主旨，它是进行国家宣传、国家建构，培养现代国民意识，促进社会发展，具有不可替代的且非常有效的工具。民国时期的广播研究者从不同的角度探讨过广播的社会功能问题，提出"广播的国家性、广播的国民性和广播的文化性"（赵树正：《广播特有性能的检讨》），以及大力"提倡无线电工业"（《申报·无线电》专刊第一期发刊词）与发展中国经济的关系等具有代表性的观点。希望通过这些功能的发挥，使中国能够改变面貌，加速进入现代化进程，从一个各方面落后的国家发展成一个现代化的国家。

（一）广播的国家性　广播具有超越时空的强传播能力，有着号令天下、一统江山的隐喻。传统上中国人对盛世有着四海同心、九州归一的期盼和礼赞，如今现代国家依赖广播就可以实现。因为"在广播收听者已遍

① 赵树正：《广播特有性能的检讨》，《广播周报》，1948年第272期，第3、7页。

及全国的今日，广播已成为国民日常生活必需的一部分，所以它的影响也充分具有了国家性和社会性，因之，广播事业的经营如何，与国家利益及社会利益，是有极密切的关联"。[①]广播是推行国家政策的重要工具，能够引导舆论，振奋国民精神，加强政府与人民的合作，促进国民相互间的团结，因此"其具有国家的重要性，因之世界各国，都把国家的繁荣与社会的安定，寄托在广播事业上"。[②]

环顾世界，凡是现代化的国家，都有反应快捷、覆盖广泛的广播媒介与之相匹配。中国要成为现代化国家，在世界之林占有一席之地，也必须建立现代广播系统。此外，广播发展涉及频率资源分配使用，需要从国家层面进行统筹规划管理，否则就会出现相互干扰的无序状态。另一方面，频率资源的分配使用，在国际间涉及国家主权问题，当由国家来管理。

（二）广播的国民性　这点可从广播作为大众传播媒介的接收角度来理解，尤其广播是"一对众"传播，与报刊纸质媒体个体阅读的接触方式不同，广播传播为众人同时参与，媒体与听众及听众间的横向交流的互动性强。从国家传播行为角度考察，这有利于受众与国民身份之间转换确认，国民和听众是个整体，从国家与生活在同一片土地上人的关系出发，听众与国民具有同一性。当然听众与国民的同一性，在中国也有个演变过程，起初广播收音机还是个奢侈品，为有钱有闲人士所消费得起，由于其强大的传播功能和广泛的社会需求，广播变得日益普及，"已成为一般家庭必须和不分阶级、地域、老幼、男女的共有物了，此外再由于以广播来

---

① 赵树正：《广播特有性能的检讨》，《广播周报》，1948年第272期，第3、7页。

② 赵树正：《广播特有性能的检讨》，《广播周报》，1948年第272期，第3、7页。

谋求增进国民福祉一点看来，那么广播则必须重视这普遍性，积极的使之达成国民接听的目的"。[①] 随着广播的普及、听众的增加，广播的节目内容和形式等都随之调整和改进，为听众服务，不再局限某个阶层，而是追求传播效果的最大化，为全体国民服务，进而是对全民产生影响。

（三）广播的文化性　广播是科技进步的产物，凝聚着人类的智慧，给人们带来福祉。"在近代物质文明已达最高潮时而诞生的广播事业，其不可思议的作用，实已离开了人们的物质生活和经济生活，而完全以人类的精神生活为对象，同时他更是一个伟大的文化机关，所有广播中的一切节目都与人类的精神发生直接关系，甚而支配着人类的全精神生活，这诚是人类的文化生活与文化活动的一大革命，盖广播的效果，早已超出一切新闻，杂志，电影之上，而占据着人类文化生活的全领域，所以我们正可以将广播是文化生活的革命者，以强调他的文化性。"[②] 正是广播的文化性，衍生出广播与新闻、宣传、艺术、教育等各种节目，并通过这些节目内容反映种种社会的征象和变化，帮助人们认识世界、把握世界，增强彼此的共存感，丰富着人们的生活。同时作为文化的结果，广播在传播实践过程中，也逐渐形成某种共同的思想观念和价值观，并维持着人们的某种信仰。

（四）广播无线电工业的经济属性　《申报》曾辟无线电专刊，对此大力倡导。民国时期开始有了广播，国家无线电事业突飞猛进的发展势头，从城市都会到穷乡僻壤，人们多有装置收音机收听各类节目，广播电台也相继成立，研究者随之接踵而起。能运用无线电收音这一最新的文明利

---

① 赵树正：《广播特有性能的检讨》，《广播周报》，1948年第272期，第3、7页。

② 赵树正：《广播特有性能的检讨》，《广播周报》，1948年第272期，第3、7页。

器，在科学落后的中国在奋力追赶，势头令人欣喜。

然而，中国的无线电的发展还不能令人满意，在《申报·无线电》的发刊词中分析道："一为无线电工业之未发达，凡无线电上所需要之机件大多犹未能仿造，遑论复制。二为无线电常识之未普及，常见有人购买收音机，未数月而机件即行损坏，于是弃而不用，重行购置，就全国计算，此种损失，恐不在小。"这些都严重制约了无线电在中国的发展，而要改变这种状况，"吾人正应急起直追，一面提倡无线电工业，一面将无线电常识灌输于一般民众，同时使中国之无线电事业，亦如欧美先进国，利用于种种最有效果之方面，此国之推广无线电事业切要之图"。[1]明确提出了发展无线电事业的关键是要发展无线电工业，这是个基础问题，表明了国人实业救国、改变落后面貌的大背景下，开始有了发展无线电工业的自觉意识。在广播无线电制造领域，随之有了大力发展民族制造业，倡导买国货、用国货的氛围。1935年5月4日，《申报·无线电》专刊刊登中雍无线电机厂实行国货年的广告："敝厂自出品以来，素以价廉物美为宗旨，故甚受爱用国货诸君所爱护，荣幸之余，决定首先实行学生国货年，谨将大部分出品削价倾销，欲使国货无线电用品日益发达，端赖全国业余家共同提倡焉。"[2]与国外无线电厂商竞争，支持自己民族企业的发展。

媒介的社会史考察，因有广播媒介的参与，民国时期中国社会的变迁有着与之前其他媒介所不同的催化作用，而广播的国家性、国民性、文化性和发展广播无线电工业的经济属性，给传统社会带来新的发展生机，有了路径、模式的变化，从而产生点穴对症的效果，影响中国现代化进程之

---

① 《申报·无线电》专刊第一期发刊词，《申报》，1933年3月4日，第17版。

② 《申报·无线电》专刊，《申报》，1935年5月4日，第18版。

政治、经济、文化的方方面面。

二、民国广播的政治方面考察

广播对国人现代国家意识的培养有着潜移默化的作用。现代意义上的国家是一个政治地理概念，涉及拥有共同语言、文化、领土、政府的社会群体，政府与百姓、官与民依据一定的法律关系，分清各自的权利与义务。而中国社会由于长期的封建统治和小农经济影响，造成封闭保守的社会心理，"家天下""臣民意识"根深蒂固。一方面封建统治者大搞愚民政策，沉醉膨胀在"普天之下莫非王土"的虚幻之中；另一方面，在民间百姓那边又有在"天高皇帝远""县官不如现管"生活经验主导下的行事准则。人们更多只是关心眼下，只是考虑身边事，也没有信息渠道和兴趣真正去了解、研究外面世界。再加上近代中国屡遭列强凌辱，一盘散沙、国将不国的现实，这显然不是一个现代的、正常的国家与国民的关系。1923年广播在中国出现后各方面有了改变，这里将此前后中国社会发生一些事件稍做比较，即可清楚把握广播于中国现代进程的时空观念变化，以及所带来的有关国家、民族意识的培养与认同影响。

1900年，八国联军攻入紫禁城，慈禧太后西行，当时天下几人知晓？就是在统治层内部，中央政府与地方政府之间联系手段也是同样落后，还有用驿站传递信息的，效率低下，以致出现清廷西巡，东南督抚互保，彼此各顾各的奇怪现象。如此不堪的国家结构系统，其中通信技术的落后是个不可忽视的原因。时隔19年，到了1919年北京的学生火烧赵家楼，发生轰轰烈烈的"五四运动"，当时上海《申报》虽有电讯的使用，可也是在五月六日才刊发消息："各校学生五千人入使馆界，执旗书誓死争青岛及卖国贼曹陆章字样，后又拥至曹宅，初极文明，警察弹压激动公愤，有举火烧宅者，警察遂逮捕，被捕者甚众，经钱派员慰谕，尚相持未散，东交民巷已戒严"云云。[①]而有了广播媒介之后就情形不同了，外界的变化，可以直接通过广播与听众发生联系，快速成为民众关心热议的话题。1932年"一·二八"事变，日军攻占上海期间，中国的广播电台更是头顶着敌机，向国人报告战场动态，同时播放爱国戏曲节目，进行募捐报道，激励民心士气。1937年11月20日，在南京沦陷前夕，中央广播电台即奉命广播《国民政府移驻重庆宣言》，告知天下"国民政府兹为适应战况，统筹全局，长期抗战起见，本日移驻重庆，此后将以最广大之规模，从事更持久之战斗"[②]，中央政府仍有效地掌控全国抗战局势，进行全面抗战、全民动员。抗战之前无线电广播在中国经过十多年的推广运用，故在抗战中大放异彩，发挥了出色的传播效用。国民彼此认同，团结一致，保卫自己的家园，抵御外来入侵，一个现代国家、现代民族的观念，通过广播得到强化，在国人心目中得到有效确认。

此时，中国人的国家观念和1900年的庚子年时代已不可同日而语。人们对国家观念已有了广播操作性的体认。1936年元旦，国府主席林森，行政院院长蒋介石，通过中央广播无线电台，向全中国四万万人民，向全亚洲各民族，放送其新岁演辞。全中国几十家无线电广播电台同时放送此项演说，一时间"边塞之地，南洋一带，凡吾中国人民所到之处，皆可藉此科学新利器，于长空中收取南京所传之声音，而恍若与中国政治领袖相聚一室，此种现象，其裨益于民族之团结，国家之统一，效力之伟，可胜

---

① 《专电》，《申报》，1919年5月6日，第3版。

② 汪起学、是翰生编著：《第四战线——国民党中央广播电台掇拾》，中国文史出版社，1988年，第97页。

言哉？" ① 对此《申报》感慨万端，刊发时评称道："夫国家之统一，要在人民有统一之意识，有统一之见解与决心，此种统一心理之建设，最有效之工具，一为新闻事业，一为广播事业。战后新兴诸国，民族主义推行不遗余力，于此二工具莫不充分利用，作有效之控制，然新闻事业，在鼓动民族感情方面，其力量不弱无线电，盖以文字与人民相见，不如以语言与人民相交通也，且中国人识字者不多，交通不便利，藉报纸传播一种意见及命令，不能立刻达到全中国各隅，无线电不受时间及空间之限制，一语既发，举国可闻，喜怒悲欢，均可以因演说者之作用，而引起听者之直接反应。中国领土广大，人民思想及意见，参差不齐，使人民知有国家与政府，使人民知为国工作之途径，则此后于无线电广播，当更积极利用。使南京之亚东第一大广播电台充分发挥其机能，以建设统一之国民心理，坚强之民族意识。" ② 国家统一才能不受欺辱，才能发展壮大，而对于如何实行统一，多少仁人志士为之探寻为之奋斗，故《申报》对广播事业与中国统一的价值给予了热情盛赞，字字珠玑，言之凿凿。全国各地人们，通过收听广播，知晓天下事，通过广播政府和人民彼此互动，从而建立起一个共同的精神维度，这对一个现代化国家和现代国民而言是不可或缺的。

从当时世界广播考察，美国、苏联、英国、法国、德国、日本等不管什么样政治体制的国家，都要利用广播实现其主张和目的，都有一个官方或被视为代表国家准官方的国家广播系统。国民政府自然也要充分利用广播扩大影响，宣传其党国政见，其中一个重要举措就是规定：1936 年 4

---

① 星：《广播事业与中国统一》，《申报》，1936 年 1 月 6 日，第 2 张第 6 版。
② 星：《广播事业与中国统一》，《申报》，1936 年 1 月 6 日，第 2 张第 6 版。

月 20 日开始，在晚上八点的广播黄金时段，全国广播电台统一转播中央台节目。当时的中央广播事业管理处，鉴于中央电台播音覆盖可达南洋及美澳各处，同时节目水准高，除宣传党义政治之外，注重成人教育，儿童教育，并提倡高尚娱乐与智德修养，故"呈经中央执行委员会，转函行政院，令行交通部及各省市政府，转知民营及公营各广播电台，自即日起①，每日于下午八时起至九时零五分（星期日除外）须一律转播中央广播电台节目，现悉暂为简明新闻，时事述评，名人讲演，学术讲演，话剧，音乐等六个项目，均系预行延揽编拣极有价值者，嗣后将逐渐改进，使全国民众得所熏陶，各地电台，减少延揽节目之困难与代价，惟各民营电台，无转播设备者，应于此节时间内，暂行停播，以杜分歧，务使意志集中，收效宏速，而各地民众无论远近，即使仅装简单之矿石收音机，或一二真空管，价值极廉之收音机者，均可无代价畅聆高尚优良节目"。②此政府令出台影响重大，通过广播信息的集中供给与同时收听，国人对外界的认知，话题的讨论，能够协调一致，形成舆论，大大增强人们的共生共存感。

虽然，民国时期的中央政府和地方政府还有些脱节，地方政府在组织、施政等环节有些局限，像老话说的"天高皇帝远"那样，有时不作为和自行其是，但毕竟有了广播，人们联系更加紧密，它可以同时营造出中央与地方的自我认知，潜移默化中形成了共同的国家意识。这种全国联播方式是传达政令、开展宣传的有效利器，在抗战中更是为抗战胜利作出特殊的贡献，也令世人对广播的政治功能刮目相看。因为广播"随时抓着成

---

① 即1936年4月20日。参见《全市广播电台转播中央节目二十日实行》，《大公报》，1936年4月15日，第2张第6版。

② 《全国无线电台一律转播中央节目，政院令各省市政府遵办，每日下午八时起实行》，《实用无线电杂志》，1936年第8期，第18页。

千成万的听众，将某一个所在的消息，在同一个时间内，迅速地普遍地广播到大众，这又是他比较其他一切宣传手段，来得迅速普遍的长处"。[①]各地民众同时得到的消息，了解当局的政治设施政令推行，民众和政府高效沟通，协调产生强大的舆论动员力量，尤其惠及僻处一隅交通不便、报章刊物不易运到地方的民众，通过广播可及时周知时事的演变和抗战的情形，从而与全国抗战保持一致。

这种各地电台在某一时段，同时转播中央台的举措，抗战时还发挥独特的功能，即解决了日伪方面对"中央广播电台"的信号干扰，便于各地听众接收问题。因为从技术的角度考察，对所有广播电台都进行无线电干扰难以进行，而各地尤其偏远地区的听众可以就近的电台收听。这种转播联播方式也构成了一种广播网的特有传播方式，建构起广播强大政治功能，对后来的广播节目播出也都产生深远的影响。之所以晚上传播，是因为这个时段的天电现象适合无线电传播，它的信号可以在更远、更清晰的地方收听，久而久之它培养起人们一种接触媒介的生活习惯。

因抗战期间中国广播电台的出色表现，美国广播公司、英国广播公司等机构，纷纷与中国"国际广播电台"合作，转播彼此的节目，发表广播演讲，向国际社会发出中国的声音，展示中国的力量，并得到了世界的认可。从世界反法西斯战争全局考察，中国在东方战场上的表现，令中国的国际地位和声望得到空前的提升，并跻身世界大国之列，这与广播的传播影响是分不开的。

---

① 梁仲谋：《我们对于广播事业的认识和评价》，《广播周报》，1940年第187期，第11页。

三、民国广播的经济及无线电行业方面考察

西方国家工业革命后，率先开启了现代化进程，同时伴随着科技革命、政治革命，于是有了都市繁荣、财富积累、市场开拓等，经济基础壮大起来，成为所谓的列强国家。近代中国在现代化进程中，一方面备受列强的凌辱，另一方面也以列强为参照，尝试借鉴、谋求发展。广播出现后人们很快认识到它不但是一个事业，也是一项新兴产业。民国时期国人提出发展经济、实业救国的主张，无线电专家朱其清[1]认为自己办厂，"可以抵制外人之垄断，外商以吾国无无线电制造厂，各物均任意故昂其价。……故设厂不独可以抵制其狡恶伎俩，且可挽回权利有利民生；可以利国富民，工商勃兴；国内电台可维持久远，机件材料随时配置修理；可供社会遍享幸福"。[2]在这一思想影响下，无线电科技及相关制造业方面，中国从无到有，建立起民族现代无线电及机电业，国家经济实力得到提升。

1924年8月，广播无线电刚进入中国不久，北洋政府交通部公布装用广播无线电接收机暂行规定，允许市民装用收音机时，而元器件都是来自国外的。之后情况有所改观，政府建设委员会于1928年在上海创办无线电机制造厂，其出品有：五百瓦广播电台、一千瓦（五百瓦、一百瓦、五十瓦、四十瓦手提、十五瓦）无线电发报机、五瓦干电池式无线电收发报机、一百瓦双波无线电发报机、广播电台收音机、收发无线电话机、其

---

[1] 见"民国时期的广播人物"部分。

[2] 朱其清：《论吾国无线电事业》，《太平导报》，1926年第1卷第40期，第51页。

他无线电零件等。① 同时民营的无线电企业也有较快发展，1924年10月，亚美无线电股份有限公司成立，该公司由苏祖斐、苏祖圭、苏祖修、苏祖国、苏祖尧、苏祖光等姐弟合资，在上海创办的国内首家民族资本无线电公司，公司先后设立制造厂、门市部、修理部、无线电广播电台和编辑出版部，制造供应无线电零件、器材和图书，并自行设计制造矿石收音机和电子管收音机，以亚美公司为代表的相当一批无线电产品，在国人中享有很好的知名度和美誉度。

当然，就国情而言，这种制造还有个从小到大、从易到难、从简单到复杂的过程。"无线电公司收入均赖无线电收音机之销售，此项收入因装用人士日间增加，极为丰富。开洛公司每月可获净利在二三万以上至四五万，亚美公司每月则在数千元以上。"② 开洛公司是国外的，而亚美公司是国内的，可见外国公司还是获利丰厚，中国所付的学费代价昂贵。

广播是个复杂的系统工程，其软硬件方面西方国家发展均走在世界前列，中国的广播事业发展有很长的路要走。据1937年美国商务部贸易委员报告显示：中国拥有收音机三十五万架，每十万人口74具，而同时期每十万人口美国为18950、英国12030、德国16900、俄国1970、日本3950、印度10。③ 可见中国收音机之总数与人口比，与列强诸国比较，尚差数十倍以上至数百倍，这个差距的背后是经济的落后，制造业的落后，国人对此有清楚的认识，并为缩小差距而努力。无线电广播器件设备依赖

---

① 参见《上海电机制造厂概括暨出品一览表》，本会电气室主任恽震编辑：《建设委员会电气事业专刊》，1932年，第91页。

② 朱其清：《上海广播无线电现状》，《电友》，1926年第2期，第8、9页。

③ 《The Japan–Manchukou Year Book 1939:192》，转引殷增芳：《中国广播无线电事业》（燕京大学学士论文），1939年，第22页。

进口不仅受制于他国，还造成外汇漏卮，伤及本国经济，影响国力。抗战前有相关统计："我国每月进口无线电用品大两百万元，可购20架飞机，建设两个国防工业的工厂。"①有识之士对此心焦不已，多年来一直呼吁自己办厂，故必须有自己的无线电广播制造业，这也是一个现代化国家的不可或缺的能力。

抗战时期环境艰苦，形势紧迫，中国的无线电及电子工业受到一定的限制，如亚美公司在日本占领下的上海，只能生产自行车配件。1945年抗日战争胜利后，中国民族无线电制造业重新得到恢复，有资料显示1947年底，仅上海一地电器工商业共有590家，其中无线电工商业为235家。②1946年6月，国民政府资源委员会中央无线电器材厂，将总办事处迁至上海，筹建中央无线电器材有限公司，总办事处改组成为公司的总管理处。同年7月国民政府广播事业管理处所属中央广播器材修造所迁来上海。1949年5月，上海解放，上海市军事管制委员会先后接管中央无线电器材有限公司、中央广播器材修造总所等机构。1949年6月，中央广播器材修造总所改名为上海广播器材修造厂，并迅速恢复生产。民国时期广播无线电产品的制造，为中国的无线电业及相关行业发展做铺路和探索。

正因如此，当时有识之士喊出了"提倡无线电工业"的口号，大力发展民族工业，为国家保有了这方面的人才和工厂企业，有了这些基础后，才有了后来的一步步发展，不再是又穷又白，成为国家电子工业的重要

① 《编辑者言》，《无线电杂志》，1936年第11卷第3期，第1页。
② 参见《纪念广播100周年1910-2010（上海市收音机工业发展史）》，https://ld.sogou.com/article? aid=3001506569。

方面。无线电工业在整个现代国民经济体系中是个基础性的行业，对其他行业具有明显的支撑和带动效应，其发展水平是衡量一个国家现代化程度的重要标志。以往的广播史研究很少涉及"技术—制造—经济"的关联层面，这也是考察民国广播事业史时值得关注的和需要拓展的重要领域。

四、民国广播的文化方面考察

一个现代化的国家，无论是城乡社会还是机构个人需要有现代精神面貌和知识素养与之相适应，而现代精神面貌、知识素养的形成，可以归结到文化的范畴，这些离不开媒介的传播和熏陶。广播的文化建设直接地体现在广播的各类文艺节目里，所制作的音乐、戏曲、广播剧等，已充分表现这种文化性。此外，大量的知识性、教育类节目的文化含量也占有重要地位。就是在涉及政治、军事、经济等为主报道节目中，其传递新闻使人们增加时事知识，也能使人们的思想活跃、文化活动丰富起来。广播在文化建设方面，促进人与人心灵沟通，"进而更能使一般社会文化向上，并且更可以使之互相接近而达成统一，在国内具有融合各地不同文化及使民族文化向上发展的伟大作用之外，在国际上更可以使一国的文化，向国际上宣扬，以融合或促进世界文化"，[①] 它体现的是一种广播的软实力。

两千多年前，秦始皇统一中国，推行"书同文"的政策，中国地域辽阔，历史悠久，其大的文化传统能保持基本统一，是依赖一个以文字、书本、经典等书写为核心而维持的。各地的文化人通过书写和阅读能与他人

---

① 赵树正：《广播特有性能的检讨》，《广播周报》，1948年第272期，第3、7页。

沟通交流，语言方面的统一问题就显得不那么紧迫。但到近代，中国落后了，遭受西方列强凌辱，从语言方面考察，一个重要因素是泰西各国使用拼音文字，语言一致，简便易学，它有利于其教育普及，而中国文言不一，朝野不能一体，内外交流不畅，底层民众识字艰难，成为国家积贫积弱的一个重要原因。因此，要开启民智，改变这种重文轻言现象被提出来。在中国近代史上，维新派人士鼓吹变法图强，为启蒙新民奔走呼号做了大量工作。启蒙新民，就是要改造国民，突破传统禁锢，接受新知识、新观念，即所谓文明开化、文化育人。对此梁启超有所谓教育、演讲、办报的新民三路径说，其毕生都致力这三大事业。广播是放大的演讲，成千上万在不同地域的人可以收听，如此可令新民的价值和效果千百倍增加。

为了交流，发音也需要统一。从清末至 20 世纪 30 年代，中国语言文化经历变革即"国语运动"。1909 年，清政府设立了"国语编审委员会"，将当时通用的官话正式命名为国语，这是清代汉语首次得到官方命名。民国时期也多次制定国语读音，1932 年，经国民政府教育部颁布《国音常用字汇》确定国语标准，还灌制"标准国音国语留声片"。然而与文字书写不同，语言习得有在场性的要求，需要的是口耳相授，听说结合，在生活中学习使用效率更高，无线电广播作为听说媒介无疑是推广国语的最佳媒介选择。

语言学家赵元任先生表示："要建设统一而立得住的国家，统一的国语也是一个极要紧的条件，在促进统一国语的工具当中，以无线电广播的影响为最广，再加上有了现在各地转播中央电台的帮助，这个影响当然一定是很大的。"①1935 年 4 月 25 日，交通部出台《通饬各广播电台用国语报告令》，明确将无线电广播作为推广国语工具。1936 年 10 月，交通部出台《指导全国广播电台播送节目办法》，对推广国语的时间安排和节目内容等方面做出了具体而细致的规定，要求："各广播电台除娱乐节目外，对于宣传、教育、演讲节目应以国语播送为原则，暂时兼用当地方言者，应另加教授国语节目。"②同时对广播电台播音员也有国语"口齿伶俐，发音纯正"的基本要求。③在统一使用国语播音的同时，教育部"国语推进委员会"与广播电台密切开展合作进行国语播音传习，1935 年该委员会"于每星期派员在河北广播电台播音，传习注音符号，其讲义已节登《国语周刊》，又由委员赵元任等在中央电台担任教育播音"。④同时，教育部还印行《国语训练大纲》《广播须知》等教育播音小丛书，各广播电台在教育类节目安排专门时间开展国语教育，为听众提供纯正的国语学习环境和规范训练。国语的推广使用，使本操持各地口音的人们，可以便捷地进行听说交流，大大提高国人之间信息沟通的效率，广播作为有声语言的传播媒介做了扎实的推进工作。

声音文化通过宣教、演讲、辩论、口号、课堂等形式，已成为人们思想交流的新取向，民国时期的无线电广播无疑起到了推动的作用。而国语

---

① 赵元任：《转播中央广播电台节目对于促进国语统一的影响》，《广播周报》，1936 年第 91 期，第 19、20 页。

② 《指导全国广播电台播送节目办法》，《广播周报》，1937 年第 132 期，第 27 页。

③ 《中央广播事业管理处招考技术、播音补充人员报告员简则》，《广播周报》，1936 年第 90 期，第 45 页。

④ 《教育部国语推行委员会会务报告》，教育部档案，五：12284，中国第二历史档案馆藏。

之统一，既是一种文化问题，也是一个现代化国家必须解决的问题。但"十里不同音"的现象在中国比比皆是，言说发声甚为庞杂，交流沟通不畅，缺乏社会效率与整合合力，各项事业的发展就要受到制约。因此，语言文字的统一是国家统一的一个标志，而民国广播作为大众传播媒介，以其听说传播方式在国人充分实现"语同音"的交流方面居功至伟。

都市化是考察广播的文化功能一个直观的载体。都市是与乡村对应的概念，是传统社会向现代社会演变的产物，都市文化与商业繁荣互为表里，都市繁荣有林立的高楼、宽敞的马路、漂亮的橱窗、衣着时尚的男女等目不暇接的视觉元素外，它应该还有不可或缺的听觉元素，如收音机里传出的流行歌曲、戏曲说唱以及商业广告的喋喋促销声，这不仅是都市生活的标配，也成为都市文化的符号，这在号称"十里洋场"同时也是中国广播发达地的上海更具代表性。流行歌曲是都市文化典型特征之一，中国早期流行歌曲，也与广播有着不解之缘，由黎锦晖词曲、黎明晖演唱的《毛毛雨》《桃花江》等都借助电台，成就了早期流行音乐。1934 年，上海各民营电台联合举办了一场歌星比赛，推选出了"金嗓子"周璇等十大歌星而风靡一时，广播成为人们现代文化娱乐生活的组成部分。

一切人化的东西都可以理解是文化，所以广播文化现象也可以说是无所不包，广播的出现改变了人们的文化生活，广播节目有大量的歌曲、音乐、戏曲等节目播出，这些都可使人们不出门，在家中有个收音机而得到满足，消遣娱乐方式也由此改变。从更大的视角考察，广播教育也属于文化的范畴，民国时期国家开始有了新型的教育即"播音教育"（类似现在的电化教育、广播电视大学），有各类民众教育的广播电台，内容可以是系统的，也可是百科的，不分年龄大小，不分男女职业，都可以参与，广播在推进教育、发扬文化方面也作出了自己的贡献。以上所提及的广播与国语、广播与都市化等等，作为认识线索和观察标的，有助于从文化的视角考察把握广播对现代化的影响范围和程度。

　　一个国家在现代化的进程中的政治、经济、文化等各方面是彼此相互作用、相互影响的有机体。1925 年，无线电专家朱其清曾撰文极力倡导作为新媒体新事业的无线电广播，认为"如能开放此事业，其必能发达，定可预卜。而对于国语之统一，内地风俗之开化种种前途，当大有裨益也"。① 其中"国语之统一"，既是一种文化问题，也是个政治问题，与经济发展也是分不开的。现代社会人们交流越来越频繁，但"十里不同音"的现象在中国比比皆是，言说发声甚为庞杂，交流沟通不畅，缺乏社会效率与整合合力，各项事业的发展都要受到制约。因此，语言文字的统一是国家统一的一个标志，而民国广播作为大众传播媒介，以其听说传播方式在国人充分实现"语同音"的交流方面作出了重要贡献，一个国家的共同体成员，终于可以操持着统一的有声语言沟通交流了，也更具有现代的意味。这仅是个开始，客观地讲，中国底子薄，基础差，现代化的进程步履蹒跚。

　　近代中国区域关系复杂，往来交通不便，导致分裂割据的状况严重，国力孱弱而又一盘散沙，备受列强凌辱，这已是历史的惨痛教训，故国家统一问题是需要解决的当务之急。换句话说，没有统一就谈不上国家的现代化，而国民缺乏知识常识，耳目闭塞，心智不发达，也不是一个现代国民所应有的素质，国家和国民非常需要有一股与现代化发展相适应的精气神，"今日中国亟应解决之问题，莫此为甚"。这是 1925 年广播在中国出现的第三个年头，这年的双十节，《申报》刊发《无线电之有利于中国》

---

① 朱其清：《无线电之新事业》，《东方杂志》，1925年第22卷第6期，第69–85页。

时论，提出当下中国问题症结与解决之道即找到了无线电广播这一法宝。

该文为无线电启蒙及普及，介绍无线电设备可分报机和音机两种，从国际政治商业社会大端之言，离不开报机收发，收音机用于个人及公共场所，用于新闻之报告、音乐之娱情等。文章认为："无线电之发明，固为伟大之事业，而在其负有统一之力量……因国人发言，言语不同，甚形庞杂。而欲谋国家之统一，必须先图统一于语言，尤须藉无线电以传播。"文章满怀信心指出："无线电交通及无线电传播，实于中国有绝大之希望，可以促进其经济社会及政治之发达。"① 这是对广播的预言也是对广播的期待，而之后二十多年民国广播事业的所作所为，日积月累，广播充分体现了以信息传播的方式整合社会的能力，促进国家政治、经济、文化等各项事业的整体协调地向前推进。

正如恩格斯所说："历史是这样创造的：最终的结果总是从许多单个的意志相互冲突中生产出来的。而其中每一个意志，又是由于许多特殊的生活条件，才成为它所成为的那样。这样就有无数互相交错的力量，有无数个力的平行四边形，由此就产生出一个合力，即历史结果，而这个结果又可以看作一个作为整体的、不自觉地和不自主地起着作用的力量的产物。"② 历史的发展从来就不是单个要素决定的，而是合力作用的结果。从观念层面到实践层面全方位的推进，国家现代化需要有自上而下的有效管理，有民众的广泛参与，各方意志都牵扯在其中。一个国家现代化的进程是这个国家文明开放、社会进步的反映，它是通过工业化、科学技术、市

---

① 《无线电之有利于中国》，《申报》，1925年10月10日，第40版。

② 《恩格斯致约·布洛赫》，《马克思恩格斯选集》第4卷，人民出版社，2012年，第697页。

场经济、民主制度、文化教育等方面一步步积累起来的，人们可以从政治、经济、文化的宏观层面考察到发生的改变。就无线电广播而言，作为现代传播媒介，可以覆盖到各个领域，当时社会环境之下，人们认识到无线电广播在建立现代化国家中的作用，在尝试做相关方面的事，为这种累积性变化，尽了广播应尽的历史之责。

参考文献

民国报刊类：

[1]《申报》

[2]《大公报》

[3]《中央日报》

[4]《东方杂志》

[5]《广播周报》

[6]《无线电》

[7]《无线电问答汇刊》

[8]《无线电杂志》

[9]《中国无线电》

书籍论文类：

[1] 艾红红著：《中国民营广播史》,（台湾）花木兰文化出版社，2016年。

[2] 艾红红著：《中国宗教广播史》,（台湾）花木兰文化出版社，2014年。

[3] 本会电气室主任恽震编辑：《建设委员会电气事业专刊》，1932年。

［4］毕一鸣著：《世界广播电视发展史》，中国广播电视出版社，2010年。

［5］蔡铭泽著：《中国国民党党报历史研究》，团结出版社，1998年。

［6］陈尔泰著：《中国广播发轫史稿》，中国广播电视出版社，2008年。

［7］陈尔泰著：《中国广播史考》，中国广播电视出版社，2008年。

［8］金耀基著：《从传统到现代》，中国人民大学出版社，1999年。

［9］李陀编选：《昨天的故事——关于重写文学史》，生活·读书·新知三联书店，2011年。

［10］李勇军著：《图说民国期刊》，上海远东出版社，2010年。

［11］刘增杰著：《中国现代文学史料学》，中西书局，2012年。

［12］彭乐善著：《广播战》，中国编译出版社，1943年。

［13］钱钢：《旧闻记者》，上海书店出版社，2008年。

［14］上海市档案馆、北京广播学院、上海市广播电视局合编：《旧中国的上海广播事业》，档案出版社、中国广播电视出版社，1985年。

［15］申启武、安治民著：《中国广播研究90年》，暨南大学出版社，2010年。

［16］史斌：《电报通信与清末民初的政治变局》，中国社会科学出版社，2012年。

［17］汪学起、是瀚生编著：《第四战线——国民党中央广播电台掇实》，中国文史出版社，1988年。

［18］王建明、黄克武主编：《两岸新编中国近代史·民国卷（上下）》，社会科学文献出版社，2016年。

［19］王文利著：《中国广播电视学术研究史稿（1920—2011）》，新华出版社，2013年。

［20］王余光、吴永贵著：《中国出版通史八·民国卷》，中国书籍出版社，2008年。

［21］吴永贵著：《民国出版史》，福建人民出版社，2011年。

［22］吴道一著：《中广四十年》，（台湾）中国广播公司，1968年。

［23］夏维奇：《晚清电报建设与社会变迁——以有线电报为考察中心》，人民出版社，2012年。

［24］徐小群：《民国时期的国家与社会：自由职业团体在上海的兴起1912—1937》，新星出版社，2007年。

［25］岳淼著：《中国电视新闻节目发展史研究》，厦门大学出版社，2009年。

［26］岳南著：《南渡北归》（第一部南渡增订本），湖南文艺出版社，2015年。

［27］岳南著：《南渡北归》（第二部北归增订本），湖南文艺出版社，2015年。

［28］岳南著：《南渡北归》（第三部离别增订本），湖南文艺出版社，2015年。

［29］赵玉明、艾红红、刘书峰主编：《新修地方志早期广播史料汇编（上、下卷）》，中国广播影视出版社，2016年。

［30］赵玉明、王福顺主编：《广播电视辞典》，北京广播学院出版社，1999年。

［31］赵玉明主编：《中国广播电视通史》，北京广播学院出版社，2004年。

［32］赵玉明：《赵玉明文集（三卷本）》，中国广播影视出版社，2014年。

［33］赵玉明主编：《中国现代广播史资料选编》，汕头大学出版社，2007年。

［34］赵玉明主编：《日本侵华广播史料选编》，中国广播影视出版社，2015年。

［35］赵玉明、艾红红主编：《中国抗战广播史资料选编》，中国广播影视出版社，2017年。

［36］中央人民广播电台研究室、北京广播学院新闻系编：《解放区广播历史资料选编（1940—1949）》，中国广播电视出版社，1985年。

［37］倪延年主编：《民国新闻史研究》（2014），南京师范大学出版社，2014年。

［38］倪延年主编：《民国新闻史研究》（2015），南京师范大学出版社，2015年。

［39］倪延年主编：《民国新闻史研究》（2017），南京师范大学出版社，2017年。

［40］王东杰著：《声入人通：国语运动与现代中国》，北京师范大学出版社，2019年。

［41］哈艳秋：《中国新闻传播史研究》，中国广播电视出版社，2005年。

［42］哈艳秋主编：《勿忘历史：抗战新闻史学术研讨会文集》，中国广播影视出版社，2016年。

［43］［法］皮埃尔·布尔迪厄著、许钧译：《关于电视》，南京大学出版社，2011年。

［44］［美］尼尔·波兹曼著、章艳译：《娱乐至死》，广西师范大学出版社，2009年。

［45］［美］芮哲非著、张志强等译：《谷腾堡在上海：中国印刷资本业的发展（1876—1937）》，商务印书馆，2014年。

［46］王凌霄：《中国国民党新闻政策之研究（1928—1945）》，台湾政治大学硕士论文，1992年。

［47］高雅郁：《国民党的新闻宣传与战后中国政局变动（1945—1949）》，台湾大学博士学位论文，2002年。

［48］李煜：《国民党广播研究（1928—1949）》，中国传媒大学博士学位论文，2008年。

［49］刘章：《近代民营广播电台行业及其行业组织研究（1922—1949）》，华中师范大学硕士学位论文，2012年。

［50］招宗劲：《民国时期广播事业研究——以上海、南京、广州为中心（1923—1949）》，中山大学博士学位论文，2010年。

［51］王存銮：《广播事业研究》，燕京大学学士论文，1949年。

［52］殷增芳：《中国广播无线电事业》，燕京大学学士论文，1939年。

［53］赵泽隆：《广播》，燕京大学学士论文，1946年。

档案文献类：

［1］陈云林总主编、中国第二历史档案馆、海峡两岸出版交流中心：《馆藏民国台湾档案汇编》，九州出版社，2007年。

［2］季啸风、沈友益主编：《中华民国史史料外编》，广西师范大学出版社，1996年。

［3］张其昀主编：《先总统蒋公全集》，（台湾）中国文化大学出版部，1984年。

［4］中国第二历史档案馆编：《汪伪民国政府公报》，江苏古籍出版社，1991年。

［5］中国第二历史档案馆编：《汪伪中央政治委员会暨最高国防会议会议录》（1940.3—1945.8），广西师范大学出版社，2002年。

［6］中国第二历史档案馆编：《中国国民党中央执行委员会常务委员会会议录》，广西师范大学出版社，2000年。

［7］中国第二历史档案馆编：《中央党务月刊》，南京出版社，1994年。

［8］中国第二历史档案馆编：《中央周刊》，南京出版社，1997年。

［9］《中华民国法规汇编》，（伪）立法院编译处（1940.3.30—1941年底）第五册第十编交通第二类电政。

［10］总编：李新、主编：韩信夫、姜克文：《中华民国大事记》，中国文史出版社，1997年。

［11］中国历史第二档案馆：国防部史政局及战史编纂委员会，全宗号：七八七。

［12］国民党宣传部档案，全宗号：七一八。

［13］国民党中央秘书处档案，全宗号：七一一。

［14］教育部档案，全宗号：五。

［15］社会部档案，全宗号：十一。

〔16〕交通部档案，全宗号：二〇。

〔17〕国防部档案，全宗号：七八三。

〔18〕汪伪行政院档案，全宗号：二〇〇三。

〔19〕重庆市档案馆：国民党中央宣传部，全宗号：0002。

国际广播电台，全宗号：0004。

〔20〕上海市档案馆：涉及民国时期广播的有关政府、工商、宗教等档案。

附一：中国广播电台一览表

参见殷增芳著：《中国广播无线电事业》（燕京大学学士论文，1939
年），第一章中国广播无线电事业史略，"中国广播电台一览表"，第4、
5页。

所在地	台名	呼号	电力（瓦特）	周率（千周波）	备注
南京	中央	XGOA	75000	660	公营
南京	南京短波	XGOX	500	6820	公营
上海	交通部	XOHC	500	1300	公营
上海	市政府	XGOI	250	500	公营
长沙	长沙	XGOV	10000	790	公营
长沙	湖南	XGOH	1000	590	公营
福州	福州	XGOL	1000	1030	公营
西安	西安	XGOB	500	1290	公营
北平	北平	XGOP	300	950	公营
成都	成都	XGOG	10000	560	公营
济南	山东	XGOF	500	852	公营

所在地	台名	呼号	电力（瓦特）	周率（千周波）	备注
山西	太原	XGOT	50	1000	公营
开封	河南省	XGOQ	200	1070	公营
镇江	江苏省	XGOZ	100	1150	公营
无锡	江苏省	XLIJ	75	790	公营
徐州	徐州	XHIA	60	1410	公营
淮阴	淮阴分台	XGOU	100	1350	公营
杭州	浙江	XGOD	2000	990	公营
重庆	重庆	XGOS	1000	711	公营
南宁	广西省	XGOE	1000	1300	公营
南昌	江西省	XGOC	5000	1130	公营
昆明	云南	XGOY	250	6973	公营
广州	市政府	XGOK	1000	750	公营
汉口	市政府	XGOW	5000	1010	公营
青岛	市立民教馆	XTGM	100	1210	公营
上海	华泰	XLHB	45	560	民营
上海	大陆	XHHK	100	620	民营
上海	东陆	XLHG	100	640	民营
上海	华侨	XMHC	500	700	民营
上海	建华	XHHB	100	740	民营
上海	亚东	XLHJ	100	760	民营
上海	新新	XLHA	50	780	民营
上海	福音	XMHD	1000	840	民营
上海	安定	XHHD	50	860	民营
上海	友联	XHHV	100	880	民营
上海	富星	XHHK	100	920	民营
上海	李树德	XHHE	100	940	民营

所在地	台名	呼号	电力（瓦特）	周率（千周波）	备注
上海	明远	XHHF	100	960	民营
上海	佛音	XMHB	300	980	民营
上海	东方	XHHG	100	1020	民营
上海	中西	XHHH	100	1040	民营
上海	华美	XHHI	100	1060	民营
上海	上海	XHHS	100	1100	民营
上海	元昌	XLHM	50	1120	民营
上海	亚声	XLHN	200	1120	民营
上海	大中华	XHHU	100	1160	民营
上海	航业	XHHZ	150	1180	民营
上海	国华	XHHN	100	1200	民营
上海	麟记	XQHG	250	1220	民营
上海	利利	XHHY	100	1240	民营
上海	华兴	XHHP	100	1260	民营
上海	华东	XQHD	200	1360	民营
上海	惠灵	XLHF	50	1380	民营
上海	新声	XLHE	50	1380	民营
上海	鹤鸣	XHLQ	30	1440	民营
天津	青年会	XQKB	150	750	民营
天津	仁昌	XQKC	200	870	民营
天津	中华	XHKA	200	1050	民营
天津	东方	XQKA	150	1350	民营
宁波	四明	XHID	75	770	民营

所在地	台名	呼号	电力（瓦特）	周率（千周波）	备注
宁波	黄金	XLIA	15	1320	民营
芜湖	亨大利	XHI	30	830	民营
芜湖	大有丰	XLIH	15	1270	民营
杭州	敬亭	XLIQ	50	850	民营
杭州	宏声	XLIR	50	1230	民营
杭州	亚洲	XLID	50	1370	民营
苏州	百灵	XLIL	75	870	民营
苏州	苏州	XLIP	50	1310	民营
苏州	久大	XLIB	15	1450	民营
嘉兴	县党部	XGKA	15	895	民营
嘉兴	容德堂久大	XLKS	20	1490	民营
厦门	同文	XLIM	30	910	民营
无锡	时和	XHIB	75	970	民营
无锡	国泰	XLIF	100	1170	民营
无锡	兴业	XLIE	50	1250	民营
无锡	世泰盛福星	XLIN	50	1390	民营
广州	无线电专校	XKRI	100	1070	民营
绍兴	越声	XLIO	20	1090	民营
高邮	杨氏	XLIG	15	1110	民营
上海	中华研究社	XHHL	100	1140	民营
定县	中华平民	MABS	35	1250	民营
汉口	华中	XHLA	100	1280	民营
常州	武进	XLIK	75	1330	民营

所在地	台名	呼号	电力（瓦特）	周率（千周波）	备注
北平	育英	XLKA	100	810	民营
济南	齐鲁	XOOL	7.5	1500	民营
上海	大东	HQHA	250	580	西人
上海	华美	XMHA	600	600	西人
上海	奇开	XQHB	30	820	西人
上海	法人	FFZ	250	1400	西人
上海	其美	XQHE	250	1460	西人
北平	燕声	XGOM	15	1450	西人
总计	共91台	总电力=114587.5瓦特			

附二：《朝日新闻》1935 年 4 月 15 日
　　　第 11 版报道——《南京的夜莺》
　　　（中央广播电台播音员刘俊英的报道）

南京的夜莺与五十七组鸳鸯①
寻找美丽声音的主人，美丽的女播音员确实是金铃般的声音

在南京有一位拥有绝妙美声的播音员，其声音之美仿佛能让金银树的叶子纷飞飘落，又像那佐保姬（译者注：日本传说中的春之女神）在摇动金铃一般。听见南京的播报人们议论纷纷："到底是谁，这是怎么样的一位女性呀？"这次就拜访了这位只闻其声、不见其人的"南京的夜莺"其本人。

【南京宫崎特派员发】我拜访了这位播音员，通过南京的中央无线电台70千（赫兹）的电波，别说全中国，连日本也能听到其美声的女性播音员。八号上午过了十一点，穿过中央党部的大门，从正门进去向右第三条路，挂着"中央广播电台无线电台管理处"的地方就是南京中央放送局，"南京的夜莺"就住在那里。我告诉了我的来意："虽然我不知道她的名字，但是我想见一见那位有着绝妙美丽声音的播音员。"对方马上就说："啊，您是要找刘俊英吧？"

打开门，出现的人是一位二十四五岁的美丽的女性："我就是刘俊英……"，果然是这声音……

_____

① 这是《朝日新闻》1935年4月15日第11版的一组海外的新闻报道，有"南京的夜莺"报道中央广播电台播音员刘俊英；"五十七组鸳鸯"是介绍在上海的团体婚礼仪式。朱闻起译。

"您是说我的声音在您的国家广为人知？您太过奖了！"刘说着，脸上染上红晕的样子，是中国南方的女性难以见到的贤淑的态度，说起话来是优雅的纯北平话。

"我被录用在这里工作已经一年半了。我父母是河北省沧县人，可是我从小在北平念小学和中学，在北平女子师范大学学习教育专业，也并不是与音乐特别相关的专业。如果说我因为美好的声音而受到喜爱的话，与其说是因为我天生下来的好嗓音，不如说是北平话所具有的悦耳的发音的原因吧。"她谦逊的话语同在电台中听到的金铃般的美音别无二致。

刘俊英小姐说："南京时间每晚七点半到八点的儿童教育的时间对我来说是最重要的。教材大部分都是中央规定的，但是我也会自己补充一些播送出去。""还单身吧？已经27岁，为什么不结婚呢？"正感到很尴尬，正午的铃声响起来了。"哦，到中午了。"刘俊英小姐端庄地问候了一句，就回到放送局里面的宿舍了。【照片上是刘俊英小姐】

附三:《第四战线》作者汪学起先生访谈

谢鼎新

按语:1988 年,中国文史出版社出版了由汪学起、是翰生所著的《第四战线——国民党中央广播电台掇实》,作者走访了多位当年"中央广播电台"的老人,收集了大量一手资料。在 2015 年底 2016 年初,本人因从事"民国广播史"课题研究,多次拜访、请益已从江苏广电系统退休的汪学起先生,就有关研究问题,求证交流、神游畅谈。汪先生经历丰富、谦和严谨,通过他的娓娓道来,民国的那些人和事,在我的生活中变得鲜活起来,让我找到了研究民国广播的历史情境感,现将访谈录音内容整理如下。

谢鼎新(以下简称谢):汪老师您的广电事业经历是如何开始的?从事广播史研究的缘由又是怎样的?

汪先生(以下简称汪):我老家在苏北滨海的小县城,家里早先是工商户后破产很穷很穷,后来我上了"江苏煤矿干部学校",分配到南京灵山煤矿工作，再以后煤矿撤销，那时候江苏电台在筹建大型的基建工程，因我学过测量制图，我便进了江苏人民广播电台，那是在 1964 年。我不是科班出身，但喜欢读书，文字表达也还可以，后到台政工组当秘书。政治工作组是负责保卫、人事等，当时的机构设置中，这是一个很红的部门，管理台里大一摊事情。我个人希望能去搞搞文字什么的，我对文字工作有一种发自内心的喜爱，老是参与那些行政、官场活动实在心烦，总想着调到业务部门去。

我和台里同事是翰生（《第四战线》另一个作者）是无话不谈的好朋友，他是 1959 年南大中文系毕业的。1982 年，我俩创作了一个电影剧本，西安电影制片厂有拍摄意向，我们还在西影厂住了八个月，讨论剧本修改事。而家里（江苏台）一个劲地催我回来，我就想就这个机会换下工作。剧本事后来搁浅，西影厂还给了三百元稿费，那时算是不少了。

1983 年我回到台里，盛世编史修志，当时正赶上全国性的，各行各业编辑出版"当代中国——"系列，由广电部统一抓的《当代中国的广播电视》正布置各省编写资料，要的时间还紧，厅里谁来干这活，没有人愿意搞，这吃力不讨好啊。我主动提出承担这项工作，出于公心话，我可能比较合适一点，别人可能没有我这个条件，因为我在厅里十多年负责秘书工作，各方面都能接触到，都熟悉些，不像有的技术干部、宣传干部，只是某一块，我来可能比较合适些。后来江苏成立一个编史组，全省广播电视系统抽了七个人，我当组长。几个月下来整理出稿 40 多万字的资料性文稿《江苏广播电视》和一本大事记。我是这么想的，这帮人真是太淳朴了，几个人、五六个月、四十多万字，这工作效率，我都不敢想象。

谢：后来的《第四战线》是怎么想起来写的？书中的资料是通过什么

渠道收集的、如何进行的？

汪：参与编写"当代中国——江苏广播电视"的过程，我对民国史有了兴趣。我有一个朋友，他父亲叫任崇高，是国民党高层的大佬，后来跟蒋闹翻了跟共产党站到一起，是江苏政协副主席，他家里有一套政协编写的"文史资料选辑"，有几十本书，我一次五本一次五本的基本上全借阅了。这套系列丛书是老民国人写的一些回忆录，其编写原则是"三亲"即亲历、亲见、亲闻。当时周恩来总理有个讲话，意思是不要他们负责任何政治任务，就是对历史负责。要把事情如实地讲出来，记录下来，这很重要，也不容易，它留下一系列的比较可靠的一些历史资料。接触到这些文史资料，有助于我冷静、客观地看待一系列的历史问题。

江苏广电的民国史部分有两个人写，我专门负责国民党中央台，还有汪伪台由周道纯负责。当代广播电视的编写，对资料文献要求不那么详细，梗概性的、大的目录出来就行了。因为我有看那些政协书的底子在那里，积累了一些历史素材，我就想利用这些，写一个以国民党中央台为主干，有可读性、趣味性的东西，又是史料性的东西。

有了这个想法后，接着我做两个工作：一个是在南京图书馆特藏部去查阅资料。南图的管理员提供了极大的方便，像《中央日报》拿出来，纸张都发脆了，翻阅很不方便，还有就是国民党中央台发行的《广播周报》。我那时候有个照相机，海鸥牌的，当时就不错了，再配上近距近视器镜头，我拍了很多资料，然后慢慢消化整理。那是 1984 年，我为了这一件事在图书馆里泡有 8 个月。还有"二档馆"，那边民国史料，特别是汪伪史料有不少，但调阅档案限制多，不如南图方便。

另一件事就是外地调研，走访当年国民党中央台的老广播人。我们去了上海、昆明、成都、重庆、雅安、南宁、北京等地，经历四十多天。第一站到上海，那边采访的对象有几个人，像原来中央台编辑周旧邦、播音员杨玉茹，还有一个在小学教书叫宋啥呢？不大记得清了。还有华东台，吴保丰主要材料是华东台找来的，材料保存得相当好。

重庆是抗战时候的陪都，那边有些人，有不少档案。再下是成都，后来又去雅安，原先没有这个计划，去重庆、成都后了解到，日本人对重庆狂轰滥炸，还想从缅甸这边包抄，志在必得，民国政府也做了再西撤退的预案，有很多档案移到雅安去了，我们在雅安档案馆从早到晚也记了许多资料。接触的人越多、收集的资料越多，研究的兴趣也来了。

谢：《第四战线》书中涉及吴道一、吴祥祜、甘涛、张维和等诸多人物，他们如何发现、建立联系的？另外，书中提到当年日本《朝日新闻》报道中央台播音员，这个资料是如何获取的？

汪：当时厅里（广电厅）还有些老人和档案资料线索，你找到一个人讲了一些事，他又提到一个，然后你再去找。周旧邦我是专门去他办公室的，吴祥祜我在《广播周报》上看到"儿童节目"三姐妹介绍她的，后来是哪个人，有三十多年了这个弄不清了，提供说的是她人在广西，这个线索就拖拖挂挂地连带下去了。

吴祥祜是国民党中央台播音员，1932年电台扩建后从北京招来的，她籍贯广西，在北京出生的，新中国成立后回广西。后来下放在广西巴马，被不断审查、批斗，"文革"时遭受到极大伤害。

后来我到南宁，通过广西广播局，找到了吴祥祜。当广西广电局里通知说江苏那边来人，想要了解情况，她非常抵触，多次回避，后来我一直在门口等候至傍晚她回来家。我发自内心地尊重，诚恳地请教，渐渐地她从冷淡到开始接纳，她发现我跟其他外调人员不同，对民国社会、政治情况有一定了解，能比较客观地、准确地跟她交流些情况。后来我们成了好朋友，从她那获得很多宝贵的资料，她是个活体资料库，对我帮助很大。

1985年，我专门邀请吴祥祜老两口（她老伴也曾在中央台有过一段工作时间）来南京故地重游，还安排和甘涛（中央广播电台音乐组组长）见面。两人见面情景令人动容。当进门时，甘涛知道是我们来了，他身体已不太好，慢慢站起来，整个人都在颤抖啊，走到门口，彼此拉着手就都哭了。真是恍如隔世啊！当年的风华青年现在都成为老头老太了，中间受各种的委屈，经历多少劫难，再重逢，你可以想象是怎样的场景！我难以忘却。

吴祥祜后来把一些笔记交给我，中间又经常来信，想起什么事又细细说来。那个当年《朝日新闻》报道（即1935年4月15日《朝日新闻》刊发的《南京的夜莺——寻找美丽声音的主人，美丽的女播音员确实是金铃般的声音》）刘俊英的线索就是吴祥祜提供的。我佩服吴老的记忆力，不得了！时间、内容都能说得大差不离的，情境都能记得。后来我就试着以江苏广电厅局的名义，给《朝日新闻》社写了一封公函，请他们查找下这一报纸资料，希望能给我们提供帮助。回信很快就来了，我记得没超过一个礼拜，连报纸的复印件都寄来了。这个日本鬼子我肯定比你们更恨，因为我小时候经过，那些都是真的事，但是你不得不佩服他们的工作效率。

谢：《第四战线》书的出版过程是如何，有什么需要修改的地方，审稿有什么限制，都顺利吗？

汪：书稿大约在 1986 年完成，当年夏天，广电系统在大连有个会，会议期间中央人民广播电台老台长杨兆麟看了书稿，觉得很好，带到北京推荐给全国政协秘书长杨拯民，就是杨虎城的儿子，又推荐到中国文史出版社。出版社方面也很感兴趣，还请一些政协方面的人看了书稿，觉得有许多有意思的内容，但他们也很慎重的，还组织了个专题讨论，当时沈醉都参与了，提出一些问题来让我回答，怕言之无据啊，除了书稿外，还把收集的史料也一并提供。另外还有三个附件，有四五万字，其中有吴祥祜写的大块头的回忆补漏性材料，吴的文笔很好，有一万多字都附上去了，可惜正式出版附件给拿下来了。

我提供的材料包括《朝日新闻》的那篇报道，还有附件等，后都没下文了，非常可惜，我对吴祥祜老人家都不好交代。当然，作为一个国家级的出版社它也认可了，应该不要怀疑内容的真实性，不然它不会出版的。

这本书呢最起码扫除一点成见，就是广播史中，一切都是共产党的、都是好的；国民党的一无是处、一切都是坏的。实际上，国民党中央台主要的以知识分子为主干，很多人有那种读书人的风骨，家国情怀还是有的。这个书如早一年出，杨兆麟跟我讲过，可能被评为一个叫什么奖的，但是再迟一年可能又胎死腹中了。

写书的那个时期还是相对宽松的，开始的书名叫《党国喉舌》，出版社都认可，没提什么不同意见，后来改成《第四战线》。我考虑当时（民国时期）对广播提得多高啊，说是海陆空之外第四条战线，就用了这个名字。当时写书那阵子，思想文化领域有个宽松、宽容、宽厚的"三宽"提法，那时（20 世纪 80 年代）中国人精神状态很好的，感到思想解放了，对明天也有期盼了，是这种感觉。

谢：书中有场景、细节及心理描写等，比如那段叶桂馨作为接受专员接管日伪台时，开始如同探亲访友般，显得彬彬有礼，倒是一起来的美方工程师提醒，应拿出胜利者的姿态；还有提到刘俊英北师大求学时，受到鲁迅思想影响……这些是否有史料佐证。写作时对书的体例、架构、风格等方面有什么规划和考虑？

汪：那本书的结构采用的是人物加故事的串联方式，所以书名还有个"国民党中央广播电台掇实"的副题，写作风格上，有人物分析、有心理描写等，与一般的历史研究是有不同，具有某种史话特征。我是这么想的，它不同于文艺作品，文艺作品当然也要来自于生活，这个毕竟是个历史，它要牢牢抓住以基本的史实为主线往下面走，但是它也有重新构思、组织材料的需求。我们不要说这样的史话了，就算是正规的史书，它也可以带一点"评弹"，就是司马迁写《史记》他也有"评弹"，不能多，不能绘声绘色，一多就假了。

所以本着这样的认知，我想能让读者饶有兴趣地看下去，而这种写法也被允许，但不能过，分寸一过就完了，你做的分析、心理活动，必须让人听的是言之有理的东西。根据这个逻辑关系推下去，我举个例子，像吴保丰最后把国民党党证给烧了，这个都是有材料可以查的，他是和国民党决裂了，但具体如何材料并没有提到，我给他写了简单的心理活动和场景："二十余年的往事尽到心头，怔怔地看着它化为灰烬，在升腾的气流中翻飞飘零。"我认为应该是符合他这个人的思想和行为的，这样的分析、写作应该都是可以接受的，你可以设想一下，此时此景的他，要有起码的一个思想逻辑，我就是按照这个分析的。一定以事实为主线为主体，然后适当来点描写分析，可以增加阅读的意味，但即使这样，你得节制，得合情合理，合乎人物的思想、性格，不好说他对国民党党证皱了三次眉头，一字一句地讲什么什么的。专门搞史学研究的，可能是很忌讳这个的，所以，我写的书是定义在史话上。

另外，关于播日本投降新闻的那一段，我还怕写得有些过了，但是看过书稿的人都特别喜欢看这节。当然，这个事情也是比较重大的。那个广播本身也很简单，就是下面播日本决定停战投降什么的，那个时候录音器材很简陋的，钢丝录音机都舍不得用，通常播音就是直播。吴祥祜是"中央广播电台"的播音股长，她讲述了当时的情况：1945年8月10日下午，电台获知日本决定投降的信息，马上安排靳迈和潘启元播音，他俩坐到话筒前，已经激动得不得了，结果坐在那里话讲不出来，吴祥祜给他们倒杯白开水，叫他们一定要冷静。而播音室外现场走道上的电台工作人员，知道了要播这个消息，都想一听为快，怕影响播音都保持安静，但都禁不住热泪滚滚。你可想象八年抗战，背井离乡，家破人亡，得知胜利啦，都有什么样的情感在里面要迸发啊！这些不是我发挥出来的，吴是亲经者，这一过程她讲得很细，可我也不能完全按她讲的那么写。

谢：您当时采访的那些老广播还有联系的方式吗？您在江苏广电系统多年，还有其他我可以接触到的采访线索？还有什么关于"中央台"见闻啊？

汪：哎呀……这些人早就去世了，像张维和、吴保丰在20世纪50年代末60年代初就过世了，我是查档案资料的；吴祥祜、甘涛他们活到今天的话也有一百多了，我今年都77（2016年）啦！采访他们也都是三十多年前的事了。后来我在厅里主要从事音像出版工作，好些事也都记不清了，至于其他线索都多少年过去了。我当年曾听讲过台里有一位王姓的师傅给吴道一拉黄包车的事：吴是（中央广播电台）台长，有一天去江东门发射台，走上一座桥时，因是上坡路，吴道一和车子重心一起向后倾，而王师傅身材瘦小，一时没压住车把，在前面被高高翘起，结果两人都摔倒在地。因自己失手将既是乘客又是台长的给摔了，王师傅赶紧爬起来去扶吴，心里还是比较忐忑，吴倒是很关心地问王没摔着吧，此事令王师傅很有感慨。这个生活小事有助我们了解吴的品性为人吧。

谢：通过《第四战线》的写作，您对民国广播史、国民党中央广播电台的研究还有什么提醒和建议的？

汪：至于有什么建议，就是要实事求是，不要太唱高调，有些东西你不可能真正要颠覆它，可要想法跳出窠臼，至少语言表达方式要平实点。你搞历史研究，一定要对历史负责，要有事实依据，要经得住推敲，有的东西一时感到不错，时过境迁，人家会弃之如敝屣的。

依我切身体悟，研究占有的材料要多，选择余地就大，材料之间相互碰撞又会有新的发现，激发你的思维。夸张点要知其一万，用其万一，这个最好的，知其一用其一可能还不够。《第四战线》实际上20万字不到，但是有多少材料在支撑它啊！材料越多，让你思绪活跃，能生化出许多新的东西来。民国时期广播，有关汪伪广播、民营台的研究尚不足，你可想法挖掘材料研究研究。

还有一个历史叙述问题，历史事实是基础、是前提，太过分的干巴话，在历史研究小圈的人里可以接受，而你要想让更多的人了解那个历史，得让人有阅读兴趣，行文表达方面的修辞艺术也该考虑考虑。

再有，你可要接受我的教训，提交给出版社的那些材料，我要是都复印保留一份就好了。当时情况是一切事务都是围绕着这个活动（指江苏广电编写），书出版了活动就结束了。像吴祥祜写的个人回忆，第一手资料都遗失了，可惜了。

附四：部分广播史图片资料

播送台棚房及办公室

德音科全体工作人员

中央大电台　四百呎高之铁塔

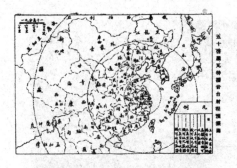

五十瓩兄特播音台射程範圍圖

播送時工作情形

播音室

灌製唱片時之情形

首都播音教育館年成績報教育播音時之情形

歌詠團全體

本年七月九日為國民革命軍誓師第十週年紀念，中央最盛日上午在飛機場舉行紀念典禮及閱兵式，本台特在該場佈置播音台與擴音喇叭，播送演講演說。石瑛市黨部委員長在傳話器前宣讀中華民國陸海空軍軍人讀訓時之情形。

汉口市商播电台外景

天津廣播電台 播音室

中華民國二十一年一月念八日倭
寇犯上海我第十九路軍奮勇守
上海即以弱寇之計勢力閣北閘次
黨兒孫諸姑姊妹即興丁庄閣祖
助以慰軍需嗣以敵兵稍餉財
族秉情神柏軍糧書畫物品叙
訴衷情神柏有蛇少将斯寧
知仁人已也之心誼酬敬言永銘
高檀

第十八路總指揮 蒋光鼐
十九軍軍長 蔡廷鍇
淞沪警備司令 戴 戟

月 日

音乐队

收音员训练毕业典礼

電台外景

由大電台門及棚房與公墓大廈

重慶廣播大廈。
Chungking's Broadcasting Station

中央大電台
大播音室

國語報告新聞

中國播音協會之會證

中國播音協會

第　號
會員
先生
公司
此證由本會發給　每年自　月　日起至　月十八日止
由中華民國二十七年

閩語音聯播轉

珠聯璧合

中國提琴家成桓　思馬者聽校泰達史士〔伴教者〕士達留音攝影

中央電台大廈之正面　播音者在播上遙小磁唱片之右邊

中廣工作人員

1948年 长春广播电台

吴保丰

吴道一

播音者吴光杰

民国二十三年十二月八號於南京中央演播電台

苏祖国登记表

馬可尼紀念柱植基禮攝影

行政院蔣院長中正

軍委會副委員馮玉祥

司法院居院長正

中常會葉秘書長楚傖

中政會汪主席兆銘

立法院孫院長哲生

考試院戴院長傳賢

中常委陳立夫先生

后　记

　　20 世纪 20 年代初，广播被引进到中国，此后，广播作为那个时代的新媒体受到国人的关注，各种类型广播电台纷纷设立。广播成为大众传播媒介体系的一个重要方面，有着广泛的社会影响力，有着丰富的历史内容。可广播史研究的资料收集颇有些难度，广播媒介过耳不留的传播特点，使得一些史料没能很好地留下来，散佚情况突出。基于材料方面原因，当年导师、广播电视史专家赵玉明先生曾建议我以"中央广播电台"作为博士论文的选题，做相关方面的研究，经再三考虑后还是没敢触碰，好在先生比较开通、随和，由我写别的题目去了。虽没以此作为论文的选题，不过还是翻阅了一些资料，写过一两篇小文章的，从此开始关注这方面的研究。2009 年初，我调到南京工作，和导师交流时他叮嘱我，要多利用南京中国历史第二档案馆、图书馆的资源，做些民国广播史方面的研究。

　　这一领域的研究在新闻传播学中非主流热门，发文章也不易，但作为基础研究的重要性不言而喻，正因如此，2015 年我以此为选题，申报国家社科基金的研究项目获批。自己也沉浸在研究当中，仿佛置身在民国现场，去徜徉、游荡、观望、聆听，感受着民国的气息和氛围。我的母亲是位老南京，1949 年刚上初中，听她对过去电台广播点滴回忆的讲述，无形中我也一次次地进行穿越，建立起研究的对象感来。每当我去二档馆查资料，看到门前那一排高大的梧桐和古色古香的牌楼，见到了它们在四季变化的情景时，不禁发出"民国的树、民国的路、民国的建筑今犹在，民国的故人在何处？"的感叹。

史学方面的研究要有铁杵磨针的性子，常常是花时间、费功夫查阅的资料可用的却无几，其中的甘苦自知。从事这段广播史学科研究的人其实也寥寥，它不存在时髦，也无所谓落伍，一路走来显得静悄，可我还是发自内心地喜爱这一领域，在慢慢地做，慢慢地淘，享受着这份宁静。为此，常默念着陆游《卜算子·咏梅》里的词句："无意苦争春，一任群芳妒。零落成泥碾作尘，只有香如故。"抒发自己对民国广播研究的学术情感，心里充满着找到归属感的一份从容与平和，真是此心安处是吾乡！

研究过程始终得到赵老师指导和关心，我的心愿是：等到图书出版时请老师作个序，能共叙师生在书稿中的这段学缘，那该是我研究生涯的一段佳话啊！可遗憾的是他老人家已于四个月前去世，念兹在兹，本书献给先生在天之灵。

书中第八章反映共产党领导下的人民广播事业，由尹召凯和我共同撰写。书稿的研究和出版还得到二档馆廖利明馆员、团结出版社时晓莉编辑等的热心帮助，在此一并表示感谢。对书中存在的不足之处，还望各位方家能不吝赐教。

谢鼎新

2021 年 1 月 10 日